高等职业教育在线开放课程配套教材

高等职业教育改革创新教材

审计基础与实务

SHENJI JICHU YU SHIWU

新准则 新税率

主　编　李　凌　张晓清
副主编　招　燕　蒋锦芳　陆雅琪

新形态教材

本书另配：智慧职教在线开放课程
　　　　　教学课件
　　　　　课程标准
　　　　　教　案
　　　　　微课视频
　　　　　参考答案

中国教育出版传媒集团
高等教育出版社·北京

内容提要

本书是高等职业教育改革创新教材。

本书分上下篇,上篇为审计基础,包括审计基础认知,审计准则、审计职业道德与法律责任认知,审计方法应用,审计证据获取与审计工作底稿编制,审计计划编制,风险评估与风险应对和审计报告撰写七个项目;下篇为审计实务,包括销售与收款循环审计、采购与付款循环审计、生产与存货循环审计、货币资金审计、审计信息化五个项目。为了利教便学,本书配有智慧职教在线开放课程,部分学习资源(如微课视频、操作录屏)以二维码形式提供在相关内容旁,可扫描获取。此外,本书另配有教学课件、教案、课程标准、参考答案、课程思政案例库等教学资源,供教师教学使用。

本书既可作为高等职业本科院校和高等职业专科院校财务会计类专业教学用书,又可作为广大财会人员培训自学用书。

图书在版编目(CIP)数据

审计基础与实务/李凌,张晓清主编. —北京:高等教育出版社,2024.2(2025.1 重印)

ISBN 978-7-04-061407-7

Ⅰ. ①审⋯ Ⅱ. ①李⋯ ②张⋯ Ⅲ. ①审计学-高等职业教育-教材 Ⅳ. ①F239.0

中国国家版本馆 CIP 数据核字(2024)第 004222 号

| 策划编辑 | 钱力颖 张雨亭 | 责任编辑 | 张雨亭 钱力颖 | 封面设计 | 张文豪 | 责任印制 | 高忠富 |

出版发行	高等教育出版社	网址	http://www.hep.edu.cn
社　　址	北京市西城区德外大街 4 号		http://www.hep.com.cn
邮政编码	100120	网上订购	http://www.hepmall.com.cn
印　　刷	上海新艺印刷有限公司		http://www.hepmall.com
开　　本	787 mm×1092 mm　1/16		http://www.hepmall.cn
印　　张	15		
字　　数	354 千字	版　次	2024 年 2 月第 1 版
购书热线	010-58581118	印　次	2025 年 1 月第 2 次印刷
咨询电话	400-810-0598	定　价	35.00 元

本书如有缺页、倒页、脱页等质量问题,请到所购图书销售部门联系调换

版权所有　侵权必究

物 料 号　61407-00

前　言

审计是企业和组织运作中不可缺少的环节，它扮演着揭示真相、保护利益和促进信任的角色。面对如今复杂多变的商业环境和不断增长的监管要求，审计人员的职责和重要性日益凸显。因此，深入理解审计基本原理和实践操作非常必要。

本书在编写过程中，秉持全面性、逻辑性和可操作性的原则，逐步引导读者深入了解审计的基本概念、原则和方法，同时探索各个审计阶段的关键问题，以清晰简洁的语言、实用的案例来解释复杂的审计理论和程序。本书特色如下：

1. 融入思政，立德树人。 本书将思政元素与专业知识相结合，每个项目设置"思政园地"模块和配套课程思政案例库，用真实的思政案例引导学生在审计工作实践中遵守职业道德和法律法规的相关规定，深入理解体会党的二十大精神，培养学生的职业操守、敬业精神和家国情怀。

2. 系统全面，清晰简洁。 本书系统地介绍了审计的基本知识和实践，涵盖了从审计的基本原理到具体的实务操作的各个方面。同时，本书尽可能避免使用复杂的术语和繁琐的叙述，力求用通俗易懂的语言解释各类概念。通过对本书的学习，学生可以更加轻松地理解和掌握知识，逐步建立起对审计工作的全面理解。

3. 校企双元，产教融合。 本书由具有丰富教学和行业实践经验的骨干教师和行业专家统筹指导，在编写过程中紧跟审计领域热点话题，及时根据审计准则、企业会计准则进行更新，并添加大数据审计分析实训任务，使专业知识和教学案例全面对接行业、职业发展前沿，有助于帮助学生快速适应审计实务工作岗位的要求。

4. 资源丰富，利教便学。 本书以广西壮族自治区职业教育大数据与审计专业教学资源库建设和"审计基础"课程思政示范课为基础，配有智慧职教在线开放课程。为了利教便学，部分学习资源（如微课视频、操作录屏）以二维码形式提供在相关内容旁，可扫描获取。此外，本书另配有教学课件、教案、课程标准、参考答案、课程思政案例库等教学资源，供教师教学使用。

本书共有12个项目，由长期从事审计教学与科研的骨干教师和行业专家共同编写。本书由广西国际商务职业技术学院李凌、张晓清任主编，具体编写分工为：广西国际商务职业技术学院黄曦荨编写项目一，欧阳欣卉编写项目二，韦艳肖编写项目三，李凌编写项目四，招燕、韦慧编写项目五，韦慧、陆雅琪编写项目六，陆雅琪编写项目七和项目十二，山西金融职业技术学院蒋锦芳编写项目八，贺慧编写项目九，高兴编写项目十，张晓清编写项目十一，中联教育科技有限公司广西分公司杨春燕参与项目十二的编写。本书由李凌负责全书篇章架构，并统筹定稿。广西同瑞会计师事务所封业波副所长对本书的编写进行了业务指导。

本书在编写过程中，参阅了大量的著作和文献，在此谨向各位作者表示诚挚的谢意！

由于我们的学术水平和能力有限，书中难免存在错误和疏漏之处，恳请各位读者批评指正（主编邮箱为 lifecola0159@126.com）。

编　者

目 录

上篇 审计基础

项目一 审计基础认知 ... 003
学习目标 ... 003
任务一 了解审计的产生与发展 ... 004
任务二 掌握审计的概念、对象和任务 ... 007
任务三 熟悉审计的性质、职能和作用 ... 008
任务四 熟悉审计分类 ... 009
项目知识结构 ... 014
技能训练 ... 015

项目二 审计准则、审计职业道德与法律责任认知 ... 017
学习目标 ... 017
任务一 熟悉审计准则 ... 018
任务二 遵守审计职业道德 ... 024
任务三 认定审计法律责任 ... 029
项目知识结构 ... 033
技能训练 ... 034

项目三 审计方法应用 ... 036
学习目标 ... 036
任务一 掌握审计基本方法 ... 037
任务二 熟悉审计抽样 ... 044
项目知识结构 ... 051
技能训练 ... 052

项目四　审计证据获取与审计工作底稿编制

- 054　学习目标
- 055　任务一　获取审计证据
- 061　任务二　编制审计工作底稿
- 070　项目知识结构
- 071　技能训练

项目五　审计计划编制

- 073　学习目标
- 074　任务一　开展初步业务活动
- 075　任务二　制订审计计划
- 079　任务三　确定审计重要性
- 084　任务四　识别审计风险
- 087　项目知识结构
- 088　技能训练

项目六　风险评估与风险应对

- 090　学习目标
- 091　任务一　了解被审计单位
- 093　任务二　熟悉被审计单位内部控制
- 099　任务三　评估重大错报风险
- 101　任务四　应对审计风险
- 110　项目知识结构
- 111　技能训练

项目七　审计报告撰写

- 113　学习目标
- 114　任务一　了解审计报告内容
- 121　任务二　熟悉审计意见类型
- 125　项目知识结构
- 126　技能训练

下 篇　审计实务

项目八　销售与收款循环审计　131
学习目标　131
任务一　评估销售与收款循环重大错报风险　132
任务二　进行销售与收款循环控制测试　134
任务三　实施销售与收款循环实质性程序　139
项目知识结构　152
技能训练　153

项目九　采购与付款循环审计　155
学习目标　155
任务一　评估采购与付款循环重大错报风险　156
任务二　进行采购与付款循环控制测试　159
任务三　实施采购与付款循环实质性程序　162
项目知识结构　168
技能训练　169

项目十　生产与存货循环审计　171
学习目标　171
任务一　评估生产与存货循环重大错报风险　172
任务二　进行生产与存货循环控制测试　177
任务三　实施生产与存货循环实质性程序　180
项目知识结构　190
技能训练　191

项目十一　货币资金审计　193
学习目标　193
任务一　评估货币资金重大错报风险　194
任务二　进行货币资金控制测试　196

199	任务三 实施货币资金实质性程序
205	项目知识结构
206	技能训练

208　项目十二　审计信息化

208	学习目标
209	任务一　认知审计信息化
214	任务二　开展大数据审计分析实训
226	项目知识结构
227	技能训练

228　**主要参考文献**

资源导航

010	微课视频:审计分类
024	微课视频:注册会计师的职业道德
029	微课视频:注册会计师的法律责任
038	微课视频:查查你的"小金库"
042	微课视频:函证
079	微课视频:审计重要性
108	微课视频:实质性程序
214	操作录屏:大数据审计分析(创建数据集)
227	操作录屏:销售与收款循环(销售合同测试工作底稿填制)

上 篇
审计基础

项目一
审计基础认知

学习目标

素养目标
1. 初步形成对审计的好奇心和学习审计的兴趣,建立职业认同。
2. 增强审计理论的学习,提高审计分析能力和培养审计创新意识。
3. 增强学生处理审计的信息能力和分析能力。
4. 培养诚实、守信的品格,养成求真、务实的科学态度。

知识目标
1. 了解审计的定义和审计的本质。
2. 熟悉审计的对象和审计的职能。
3. 熟悉审计的分类,掌握各种审计的特点。

能力目标
1. 能够准确理解审计的本质,明确审计作为高层次经济监督的本质特征。
2. 能够根据各种审计的特点,开展不同种类的审计工作。
3. 能够准确判断审计对象。

> **引导案例**
>
> **康美药业审计失败**
>
> 2019年4月30日,康美药业股份有限公司(以下简称"康美药业")发布《关于前期会计差错更正的公告》,修改了2017年的年度报告数据:存货少计195亿元,营业收入多计89亿元,现金多计299亿元。
>
> 康美药业2016年、2017年年度报告的审计机构是广东正中珠江会计师事务所,为康美药业出具了标准无保留意见的审计意见。2019年5月9日,广东正中珠江会计师事务所被中国证监会广东监管局立案调查。
>
> 2019年5月17日,中国证监会公布康美药业披露的2016年至2018年财务报告存在重大舞弊,涉嫌违反《中华人民共和国证券法》(以下简称"《证券法》")相关规定。
>
> 2019年5月21日起,康美药业(600518)的股票简称变更为"ST康美"。
>
> 【讨论】从注册会计师职业道德要求角度,分析广东正中珠江会计师事务所审计失败的原因。

任务一　了解审计的产生与发展

一、审计产生的客观基础

审计是人类社会发展到一定阶段的产物,它的产生有其客观基础,即当经济发展到一定程度后,出现的财产所有权与财产经营权相分离、财产所有者与财产经营者之间所形成的受托经济责任关系。审计机构或审计人员是相对独立的第三者,又具备应有的专业技能,可以对财产经营者履行责任的情况进行监督和证明。

二、审计产生与发展的概况

(一)我国审计的产生与发展

1. 国家审计

我国国家审计的起源可以追溯到周朝。西周时期,中央政权设置有"宰夫"一职,其工作是带有审计性质的财政监察,是我国国家审计的萌芽。其后,秦汉时期的"上计制度"、隋唐时期的"比部"都对审计制度有所完善。宋代专门设立了审计院,这时,我国开始正式以"审计"一词命名审计机构。元、明、清三代未设立专门的国家审计机构,大部分审计职能并入御史监察机构。

1914年,北洋政府设立审计院,颁布了《审计法》。1928年,南京国民政府设立了审计院,后改为审计部,隶属检察院,但这一段时期的审计制度徒有形式,没有充分发挥作用。1932年在革命根据地成立了中央苏维埃政府审计委员会,1934年中央苏维埃政府颁布了《审计条例》,实行审计监督制度。革命根据地的审计制度,在节约财政支出、保障供给、维护革命纪律、树立廉洁作风方面,起到了较好的作用。

中华人民共和国成立以后的30多年时间里,我国审计没有独立建制,审计监督寓于监察之中。1982年,第五届全国人民代表大会第五次会议修改的《中华人民共和国宪法》

(以下简称"《宪法》")中,规定我国在国务院和县级以上地方各级人民政府设立审计机关,对国务院各部门和地方各级政府的财政收支,对国家的财政金融机构和企业事业组织的财务收支,进行审计监督,恢复审计制度。1983 年 9 月 15 日,国务院正式设立审计署,地方各级审计机关相继成立,随后公布了一系列审计法规,审计工作如火如荼地开展起来。1994 年 8 月 31 日,第八届全国人民代表大会常务委员会第九次会议通过了《中华人民共和国审计法》(以下简称"《审计法》"),并于 1995 年 1 月 1 日开始实施,这标志着我国国家审计正式跨入了法制化的轨道。

2. 民间审计

辛亥革命后,中国的民间审计应运而生。当时以谢霖为代表的一批爱国会计学者积极倡导创建了中国的注册会计师职业。然而在半殖民半封建社会,注册会计师事业的发展处于缓慢阶段。中华人民共和国成立后,民间审计在经济恢复工作中发挥了积极作用,但后来由于推行计划经济模式,中国的民间审计便悄然退出了经济舞台。1978 年,党的十一届三中全会确立了对内经济搞活、对外经济开放的政策,社会审计制度也开始恢复,并且在国家法律、法规的规范下,我国注册会计师行业得到了快速发展。2006 年 2 月,我国财政部发布了 48 项《中国注册会计师执业准则》。这些审计准则几乎涵盖了国际审计准则的所有项目,在内容上充分采用了国际审计准则的基本原则和核心程序,在重大方面与国际审计准则保持一致。2010 年,中国注册会计师协会对审计准则进行了全面修订,使新审计准则实现了与国际审计准则持续全面的趋同。

(二) 国外审计的产生与发展

1. 国家审计

早在古埃及、古罗马和古希腊,就有了官厅审计机构及政府审计。审计人员以"听证"的方式,对掌管国家财物和赋税的官吏进行考核,执行具有审计性质的经济监督工作。西方的封建王朝也设有审计机构和人员,对国家的财政收支进行监督。例如,法国在资产阶级大革命前就设有审计厅,在资产阶级大革命后,拿破仑一世创建的审计法院,至今仍是法国政府实施事后审计的最高法定机构。在资本主义时期,随着社会的发展和资产阶级国家政权组织形式的完善,政府审计有了进一步的发展。欧洲的许多国家于 19 世纪在宪法或特别法令中都规定了审计的法律地位,确立国家审计机关的职权、地位和审计范围,对财政、财务收支进行监督。在现代资本主义国家中,议会或国会为国家的最高立法机关,并对政府行使包括财政监督在内的监督权,为了监督政府财政收支,执行财政预算法案,维护统治阶级的利益,在议会下大多设有专门的审计机构,由议会或国会授权,对政府和国有企事业单位的财政财务收支进行独立的审计监督。举例而言,美国以前没有独立的财政监督机构,只在财政部设有审计官进行审查,直到 1919 年参议院和众议院两院建议组成预算特别委员会后,才把对政府账目的审计从财政部的业务中分离出来。1921 年,美国国会通过了《预算和会计法案》,并根据该法建立了美国最高审计机关——审计总署,受理政府账目审计,以使经济有效地管理美国政府的公共款项。英国的审计具有悠久的历史,英国也是近代审计的发源地。英国的王室财政审计制度早在 13 世纪就开始建立起来了。1215 年英国颁布《大宪章》,制约了英王的权力,奠定了英国国家审计制度产生和发展的政治基础。然而其后的几百年,虽然国家审计权几乎都由行政机构行使,但议会对财政支出的控制与审核的力度仍较弱。直到 1866 年《国库与审计部法案》通过后,英国设立了国库审计部,将国家审计监督置于议会控制之下。1983年1月1日,英国通过了《国家审计法案》,取消英国国库审计部,正式更名为国家审计署,英国国家审计署独立于行政部门,代表议会对政府进行监督,向议会报告工作。

西方国家除了立法型的审计体制以外,还有司法型审计体制、行政型审计体制等。例如,法国审计法院是独立于立法机构和行政部门的一个司法机构,审计法院院长由总统任命,为终身制;审计法院的裁决为终审判决且有法律效力。国外的国家审计,不论是哪一种类型,都立足于保证国家审计机关拥有独立性和权威性,以不受干扰,从而客观而公正地行使审计监督权。

第二次世界大战以后,西方国家不仅在审计体制上有了较大的发展,更重要的是审计理论和实务也有了较大的发展,即把经济监督和经济管理相互结合,从传统的财务审计向现代的"三E审计"和绩效审计方面发展。

2. 民间审计

在16世纪末期,威尼斯是地中海沿岸航海贸易最为发达的地区,也是东西方贸易的枢纽,商业经营规模不断扩大。由于单个的业主难以向企业投入巨额资金,为适应筹集所需大量资金的需要,合伙制企业应运而生。合伙经营方式不仅提出了会计主体的概念,促进了复式簿记在意大利的产生和发展,也产生了对注册会计师审计的最初需求。尽管当时合伙制企业的合伙人都是出资者,但是有的合伙人参与企业的经营管理,有的合伙人则不参与,所有权和经营权开始分离。那些参与企业经营管理的合伙人有责任向不参与企业经营管理的合伙人证明合伙契约得到了认真履行,利润的计算与分配是正确、合理的,以保障全体合伙人的权利,进而保证合伙企业有足够的资金来源,使企业得以持续经营下去。在这种情况下,客观上需要独立的第三者对合伙企业进行监督、检查,人们开始聘请会计专家来担任查账和公证的工作。这样,在16世纪意大利的商业城市中出现了一批具有良好的会计知识、专门从事查账和公证工作的专业人员,他们所进行的查账与公证,可以说是民间审计的起源。

英国在创立和传播民间审计的过程中发挥了重要作用。18世纪下半叶,英国出现了第一批以查账为职业的独立会计师。当时,股份有限公司的出现产生了由独立会计师对公司会计报表进行审计,以保证会计报表真实可靠的需求,民间审计得以快速发展。1844年至20世纪初,是民间审计的形成时期。1844年英国第一部《公司法》颁布,标志着西方注册会计师审计的开端。该阶段的主要特点有:民间审计的法律地位得到了法律确认;审计的目的是查错防弊,保护企业资产的安全和完整;审计对象是公司账目;审计方法是对会计账目进行详细审计;审计报告使用人主要是公司的股东等。20世纪初,美国的民间审计得到了迅速发展。在美国,南北战争结束后出现了一些民间会计组织,美国产生了帮助贷款人及其他债权人了解企业信用的资产负债表审计,即美国式审计。1936年,美国会计师协会明确规定注册会计师应当审查财务报表,尤其强调损益表(现为利润表)审计。因此,审计报告使用人扩大到整个社会公众。第二次世界大战以后,形成了一批国际会计师事务所。2002年,"安然事件"促使美国国会和政府通过了《萨班斯法案》,对注册会计师审计业务影响较大。

在审计组织和法规不断演变的同时,审计技术也在不断发展:抽样审计方法得到普遍运用,风险审计方法得到推广,计算机审计技术得到广泛采用。注册会计师业务范围也从审计服务扩大到代理纳税服务、会计服务、投资咨询和管理咨询等领域。

任务二　掌握审计的概念、对象和任务

一、审计的概念

什么是审计？世界各国都对审计的概念进行了深入的研究，其中，最具代表性的是美国会计学会审计基本概念委员会于1973年发表的《基本审计概念说明》，其定义为：审计是一个系统化过程，即通过客观地获取和评价有关经济活动与经济事项认定的证据，以证实这些认定与既定标准的符合程度，并将结果传达给有关使用者。

1989年4月，中国审计学会提出的审计概念为：审计是由专职机构和人员，依法对被审计单位的财政、财务收支及其有关经济活动的真实性、合法性、效益性进行审查，评价经济责任，用以维护财经法纪，改善经营管理，提高经济效益，促进宏观调控的独立性经济监督活动。1995年10月，由中国审计学会等单位举办的审计定义研讨会上，与会专家学者反复研讨，结合我国审计实践，将前述定义简明概括为：审计是独立检查会计账目，监督财政、财务收支真实、合法、效益的行为。

二、审计对象

审计对象（audit object）是指被审计单位的财政财务收支及与其有关的经济活动以及作为这些经济活动信息载体的会计资料及其相关资料。

（一）被审计单位的财政财务收支及与其有关的经济活动

不论是传统审计还是现代审计，不论是政府审计、内部审计还是民间审计，都要求以被审计单位客观存在的财政财务收支及与其有关的经济活动为审计对象，对其是否合法、公允、合理进行审查和评价，以便对其所负受托经济责任是否认真履行进行确定、证明和监督。根据《宪法》规定，政府审计的对象为国务院各部门和地方各级政府的财政收支、国家金融机构和企业、事业单位的财务收支；内部审计的对象为本部门、本单位的财务收支以及其他有关的经济活动；民间审计的对象为委托人指定的被审计单位的财务收支及与其有关的经济活动。

（二）被审计单位的会计资料及其相关资料

审计对象主要包括记载和反映被审计单位财政财务收支、提供会计信息载体的会计凭证、账簿、报表等会计资料以及相关的计划、预算、经济合同等其他资料；经营目标、预测与决策方案、经济活动分析资料、技术资料等其他资料；电子计算机的磁盘、硬盘等会计信息载体。

综上所述，会计资料及其相关资料是审计对象的外在表现，其所反映的被审计单位的财政财务收支及与其有关的经济活动是审计对象的本质。

【例1-1】（　　）的审计对象是各级政府部门、国有企事业单位、金融机构的财政财务收支经济活动。

A. 内部审计　　　　B. 民间审计　　　　C. 国家审计　　　　D. 市场监管部门

【解析】　答案为C。

三、审计任务

审计任务(audit task)是指在一定时期内,根据审计职能和社会经济发展的需要,赋予审计的责任和要求。审计任务可以分为基本任务和具体任务。

(一) 基本任务

审计的基本任务是指依据国家有关法规,对被审计单位经济活动进行监督、评价和鉴证,维护国家财经秩序,促进廉政建设,保障国民经济健康发展。

(二) 具体任务

(1) 审查会计资料和其他经济资料的真实性、正确性与合法性,保证会计信息可靠有用。

(2) 监督经济决策方案、计划、预算的制订和执行,保证国民经济稳定、协调和持续发展。

(3) 揭露违法乱纪、贪污舞弊,揭发严重侵占国家财产、严重损失浪费国家财产等损害国家经济利益的行为,保护国家财产。

(4) 审核、评价内部控制的建立和执行,提高经营管理水平。

(5) 核查资源和财产的利用情况,进一步挖掘潜力,促进经济效益的提高。

任务三　熟悉审计的性质、职能和作用

一、审计性质

审计是一项具有独立性的经济监督活动。这一表述既符合审计产生的目的,也符合我国《宪法》关于建立国家审计机关,实行审计监督制度的规定精神。

审计的性质具有两方面含义:一是指审计是一种经济监督活动,经济监督是审计的基本职能;二是指审计具有独立性,独立性是审计监督的最本质的特征,是区别于其他经济监督的关键所在。

二、审计职能

审计职能是审计客观上所固有的、不受人们主观意志所支配的内在功能,是审计的本质属性。审计具有经济监督、经济评价和经济鉴证三项职能。

(一) 经济监督

经济监督是审计的基本职能。它是指监察和督促被审计单位的经济活动,使其按照正常的经济规律和法规制度运行。审计监督是整个经济监督体系中的重要组成部分。通过审计监督,可以对被审计单位的财政财务收支及与其有关经济活动的真实性、合法性、效益性进行审查,促使其符合国家的方针、政策、法规、制度、计划和预算的要求,维护财经法纪。

纵观审计产生和发展的历史,审计无不表现为经济监督的活动,履行着经济监督的职能。我国的审计实践证明,经济越发展,越是需要加强审计监督。审计监督可以严肃财经纪律，维护国家和人民的利益，可以加强宏观调控和管理，促进企事业单位经济效益的提高。

（二）经济评价

经济评价是指审计人员通过对被审计单位的财政财务收支和有关经济活动进行审核检查，就其经济决策、预算、计划和方案是否可行，执行情况如何，经济效益高低优劣以及内部控制是否健全、严密、有效等内容作出评价，为有关方面提供决策信息。

审核检查被审计单位的财政财务收支及与其有关的经济活动，是进行经济评价的前提。只有查明被审计单位的客观事物真相，才能按照一定的标准进行对比分析，形成各种经济评价意见。经济评价的过程，同时也是肯定成绩、发现问题的过程。经济评价职能是现代审计相对于传统审计在职能上的拓展。

（三）经济鉴证

经济鉴证又称审计公正，是指通过审核鉴定，确认被审计单位的财务报表和经济资料是否真实、正确，是否可以信赖，并作出书面证明，以供审计委托人或其他有关方面使用。

经济鉴证职能是随着现代审计的发展而出现的一项职能，因不断受到人们的重视而日益强化，并起着重要作用。在我国，民间审计组织鉴证业务的范围越来越广，执业越来越规范，在经济生活中发挥的作用也越来越重要。

不同的审计主体性质在审计职能的体现上侧重点有所不同：政府审计和内部审计侧重于经济监督和经济评价，民间审计则侧重于经济鉴证。

【例 1-2】 下列选项中，不属于审计最基本职能的是（　　）。
A. 经济咨询　　　B. 经济监督　　　C. 经济鉴证　　　D. 经济评价
【解析】 答案为 A。

三、审计作用

审计作用是指审计职能在审计实践中所发挥的客观影响及产生的实际效果。我国审计主要有四个方面的作用：

（1）监督被审计单位的财政财务收支和会计资料的真实、正确。
（2）监督被审计单位遵守国家的财经法规和财经纪律。
（3）督促被审计单位加强经济核算，改善经营管理，提高经济效益。
（4）为宏观经济控制和管理服务。

任务四　熟悉审计分类

一、按审计主体分类

审计主体是指具有并行使审计权的组织机构和专职人员。审计主体在审计活动中处于主导地位，是审计行为的执行者。审计按其主体分类，可以具体根据审计主体性质和审计主体目的进行分类。

微课视频：
审计分类

（一）按审计主体性质分类

审计按其主体的性质可以分为政府审计、内部审计和民间审计三类。

1. 政府审计（government audit）

政府审计是指政府审计部门对政府部门和国有企事业单位的财政财务收支及其有关经济活动的真实性、合规性和效益性进行的审查。我国政府审计是在政府领导下的政府审计机关代表政府进行的审计。例如，我国审计署对民政事业费用的审计，省审计厅对本省各市财政预算收支执行的审计，均属政府审计。

2. 内部审计（internal audit）

内部审计，是一种独立、客观的确认和咨询活动，它通过运用系统、规范的方法，审查和评价组织的业务活动、内部控制和风险管理的适当性和有效性，以促进组织完善治理、增加价值和实现目标。其内容是对本部门、本单位财政财务收支、财经法纪以及经济效益的审计。内部审计的职能是在本部门、本单位相对独立地行使审计监督权，是实现经济管理的一种必要手段，其内容并不限于各部门、各单位会计核算的工作监督，还涉及经济活动的各个领域，是增强内部控制的一个重要环节。

3. 民间审计（civil audit）

民间审计是指经有关部门批准注册的民间会计师事务所、审计事务所，接受当事人的委托，对有关经济组织的有关经济事项所进行的审计查证业务。民间审计的目的是通过对公共机构或企业财务和经济状况进行审计，以达到监督和提高其公共信任的目的。民间审计的内容包括审查中外合资企业的经济活动和外资独营企业的经济活动，为社会提供咨询服务，审查和验证上市股份公司的财务报告等。

政府审计与民间审计都是由被审计单位以外的审计组织所进行的审计，统称为外部审计。

（二）按审计主体目的分类

审计按其主体的目的可以分为财政财务收支审计、财经法纪审计和经济效益审计三类。

1. 财政财务收支审计

财政财务收支审计，也称常规审计或传统审计。它是指审计组织通过对凭证、账簿、报表以及有关经济资料的审查，查明被审计单位的财政财务收支活动是否真实、合规的一种审计。

2. 财经法纪审计

财经法纪审计，也称法纪审计。它是对被审计单位是否贯彻执行和严格遵守财经政策、法令、制度的一种审计。从严格意义上讲，财经法纪审计是财政财务收支审计的一个特殊类别，包括在财政财务收支审计的内容之中，但财经法纪审计的内容突出以下两点：一是对违反财经法纪行为的审查，诸如乱计成本、乱摊费用、偷税漏税、化公为私等行为；二是对违法犯罪案件的审查，诸如贪污盗窃、行贿受贿等情况。审计的目的在于通过监督、检查，促使被审计单位和有关人员遵守财经法纪，防止经济违法犯罪案件的发生。

3. 经济效益审计

经济效益审计，是指对被审计单位经济活动的效益进行的审计，其目的是加强经营管理,提高经济效益,审计重点是审查和评价被审计单位经营管理活动的经济性、效率性和效果性。其中,经济性是对投入的要求,效率性是对速度的要求,效果性是对产出的要求。对这三个方面的审计,实质是审查经济活动是否有效地进行。经济效益审计的具体内容包括:①对经营方针、决策、各项计划目标和投资方案的经济性、合理性和可行性的审计;②对被审计单位管理素质和管理水平的审计;③对经营活动中人力、物力、财力等资源利用的节约或浪费的专项审计;④对生产经营成果和财务成果等效益实现程度及其影响因素的审计。通过对被审计单位有关项目的审查、取证、分析、评价,提出建议,借以查清被审计单位存在的问题,促使其改善经营管理,提高经济效益。

【例 1-3】 审计按其内容和目的分类,可以分为(　　)。
A. 财政财务收支审计　　　　　　B. 财经法纪审计
C. 经济效益审计　　　　　　　　D. 内部审计
【解析】 答案为 ABC。

二、按审计对象分类

审计按其对象可以以审计对象的性质、接受程度和记录载体等为标志进行细分。

(一) 按审计对象性质分类

审计按其对象性质不同,可以分为公共审计和企事业审计。

1. 公共审计(public audit)

公共审计,是指政府审计组织对政府各机关的财政收支及其效果进行的审计。公共审计属于宏观经济审计,其目的是监督国家财政预算资金能够合理有效地使用,揭露财政上的不法行为,提出改善财政管理的建议和意见。公共审计的内容主要包括预算和决算的可行性和真实性的审计,财政收支的合法性和合理性的审计,国家资金利用的经济性、效率性和效果性的审计等。

2. 企事业审计(enterprise audit)

企事业审计,是指由审计组织对企事业单位的财务收支及其经济效益进行的审计。企事业审计属于微观经济审计,其目的是审查企事业单位经济活动的真实性、合法性和效益性。企事业审计的内容包括财务收支审计、财经法纪审计和经济效益审计。企事业审计,按其行业性质不同,又可分为工业企业审计、商业企业审计、交通运输企业审计、文教事业单位审计和基建单位审计等。

(二) 按审计对象接受程度分类

审计按其对象接受程度不同,可以分为法定审计和任意审计。

1. 法定审计(statutory audit)

法定审计,是指根据国家法令规定,不考虑被审计单位的意愿而强制执行的审计。我国政府审计组织和部门内部审计组织对企事业单位的财务收支实行的审计监督就属于这一类审计。实行法定审计时,被审计单位必须依法接受审计,不得拒绝。

2. 任意审计(optional audit)

任意审计,是指根据被审计单位的意愿而进行的审计。在任意审计中,被审计单位不仅可以自主地决定是否接受审计,还可以按照自己的意愿去选择审计范围和审计方法。企业委托民间审计组织对其内部控制所进行的审计以及单位内部审计组织的经济效益审计就属于这类审计。

(三) 按审计对象记录载体分类

审计按其对象的记录载体不同,可以分为簿籍审计和数字化审计。

1. 簿籍审计(books audit)

簿籍审计,是指运用常规审计方法,对会计簿籍进行的审计。这类审计属于传统审计方式,其目的在于审查会计资料的真实性和合法性。审计的内容包括会计基础工作审计、会计凭证的审计、会计账簿的审计和会计报表的审计。

2. 数字化审计(digital audit)

数字化审计是指利用信息技术手段,对企业、组织或个人的财务、业务、风险等方面进行审计和检查。数字化审计利用数据分析、人工智能、区块链等技术,提高审计的效率和准确性,同时也能够更好地识别和分析风险,提高审计的价值和意义。

三、按审计执行地点分类

审计按其执行地点不同,可以分为就地审计和报送审计。

(一) 就地审计

就地审计,是指审计组织委派审计人员到被审计单位所在地所进行的审计。这种审计可以深入实际、调查研究,易于全面了解和掌握被审计单位的实际情况,是较为广泛运用的一种审计形式。

(二) 报送审计

报送审计,是指被审计单位按照审计组织的要求,将审计资料报送至审计组织所进行的审计。报送审计一般适用于业务量不大的行政事业单位的经费收支审计。

四、按审计实施方式分类

审计按其实施方式不同,可以分为预告审计和突击审计。

(一) 预告审计

预告审计,是指审计组织在进行审计之前,把将要进行审计的目的及主要内容等,预先通知被审计单位及其有关人员的情况下所进行的审计。这种审计方式主要适用于一般性财务审计和经济效益审计。其目的是督促被审计单位提高工作质量,纠正差错和弊端,提高审计效果。

(二) 突击审计

突击审计,是指审计组织在进行审计之前,不预先把审计的目的、日期及主要内容等通知给被审计单位及有关人员,而采用突然袭击的方式进行的审计。这种审计主要适用于保密性较强的专案审计,如对于贪污挪用资财行为以及偷税漏税等行为的审计。采用该种审计方式的目的主要是防止被审计单位及其有关人员事先隐匿和销毁各种留有弊端、罪证的会计记录及其他经济资料,便于及时查清问题,顺利完成审计任务。

五、按审计范围分类

审计按其审计的范围,可以分为全部审计、部分审计和专项审计。

(一) 全部审计

全部审计,是指审计人员对被审计单位在审计期内的全部经营活动及其经济资料所进行的审计。全部审计的结果准确可靠,但审计业务量过于繁重。它一般适用于内部控制不健全、会计基础工作较为薄弱的单位或经济业务简单、凭证账册等经济资料较少的小型企业。

(二) 部分审计

部分审计,是指审计人员对被审计单位在审计期内的部分经营活动及其经济资料所进行的审计,如现金审计、销售业务审计等。部分审计所需时间短、费用少,便于帮助被审计单位及时发现问题,解决问题,但在审计过程中,可能会漏掉那些存在严重问题的事件和存在违法或非法行为的经济业务。

(三) 专项审计

专项审计,是指对被审计单位特定项目进行的审计,如对被审计单位应付职工薪酬的审计等。

综上所述,依据不同的标准对审计所进行的各种分类,既有其各自的特点,又相辅相成,密切相关。审计人员在执行审计任务时,应根据不同的审计目标和要求,结合被审计单位的实际情况,恰当地选用一种审计类型,也可以选用几种审计类型,结合使用,相互补充,扬长避短。只有这样,才能合理组织审计工作,充分发挥各类审计作用,从而既能简化审计工作,减轻审计工作量,又能保证审计质量,提高审计工作的效率和效果。

【例1-4】 按审计的范围分类,审计可分为(　　)。
A. 财政财务收支审计、财经法纪审计和经济效益审计
B. 政府审计、内部审计和民间审计
C. 公共审计和企事业审计
D. 全部审计、部分审计和专项审计
【解析】 答案为D。

引导案例解析

康美药业300亿元货币资金"凭空消失",暴露的不仅仅是上市公司本身存在的诸多问题,为其提供审计服务的正中珠江会计师事务所同样值得关注。通过分析发现:正中珠江的审计失败,主要是银行存款的函证程序不科学、有形资产监盘程序设计不合理,进而导致收入确认的审计程序失当,以及会计师事务所审计质量控制机制失灵等四方面过失引起的。为了避免类似案例的发生,审计人员需要从保持应有的职业怀疑态度、谨慎执业、重点关注被审单位环境及风险、熟悉会计造假动机及手法、不断创新审计技术方法和加强注册会计师后续专业教育等方向着手,切实提高自身的专业胜任能力,并在审计全过程中保持足够的职业怀疑和恰当的职业判断,更好地保证财务报告使用者获得高质量的信息。

素养园地

2023年是我国杰出的会计学家、教育家、被誉为"中国现代会计之父"的潘序伦先生诞辰130周年。作为中国会计界一代宗师,他将现代会计的复式簿记方式及其理论引入中国,奠定了中国现代会计学的发展道路;他开创"三位一体"会计事业发展先河,是培养我国会计人才和发展我国会计事业的先驱;他引领中国现代会计理论研究,饮誉海内外,被评为"上海社科大师"。

潘序伦先生认为:"立信,乃会计之本。没有信用,也就没有会计。"他把信用比作会计工作的生命线,把"信"字熔铸于一生的立信会计事业。自创业之始,潘序伦取《论语》中"民无信不立"之意,并将"立信"引申为"信以立志,信以守身,信以处事,信以待人,毋忘'立信',当必有成"24字训条,构筑起立信精神的思想内核。

因此,会计人员要将诚信作为会计职业的立身之本,为我国的经济建设和中国特色社会主义事业贡献力量。

党的二十大报告指出:青年强,则国家强。在党和国家的发展历程中,青年永远是一支最有动力、最有活力、最有创新精神的生力军。当前,民族复兴的号角已经吹响,中国式现代化的蓝图已经绘就,广大青年要以党的二十大精神为指引,坚定理想信念,将个人理想与国家理想深度融合,让青春之花绽放在中华民族伟大复兴的历史征程之中。

项目知识结构

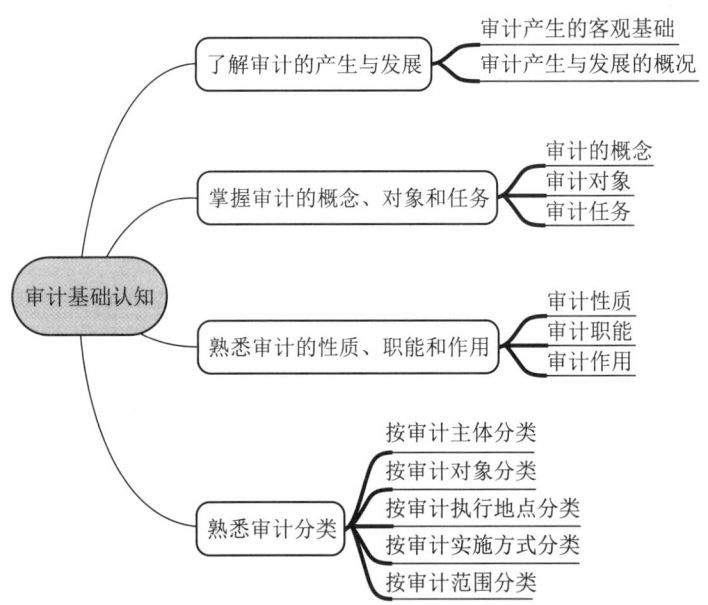

技能训练

一、单项选择题

1. 审计的主体不包括( )。
   A. 国家审计机关　　　　　　　　B. 会计师事务所
   C. 内审机构　　　　　　　　　　D. 市场监管部门
2. 审计的客体是指( )。
   A. 被审计单位　　　　　　　　　B. 专职审计机构或人员
   C. 被审计单位的经济活动　　　　D. 有关的法规和审计标准
3. 审计的本质是( )。
   A. 查错防弊　　　　　　　　　　B. 独立性
   C. 财产所有权与经营权的分离　　D. 经济监督
4. 按审计主体目的不同,审计可分为( )。
   A. 簿籍审计和数字化审计
   B. 突击审计和预告审计
   C. 财政财务收支审计、财经法纪审计和经济效益审计
   D. 就地审计和报送审计

二、多项选择题

1. 18世纪英国注册会计师审计的主要特点包括( )。
   A. 审计的目的是查错防弊,保护资产的安全和完整
   B. 审计的方法是详细审计
   C. 审计报告的使用人为企业股东和债权人
   D. 独立审计由任意审计转变为法定审计
2. 目前,我国形成了包括( )的审计监督体系。
   A. 政府审计　　B. 事后审计　　C. 内部审计　　D. 民间审计
3. 审计职能包括( )。
   A. 经济监督　　B. 经济鉴证　　C. 经济评价　　D. 经济管理
4. 审计的作用包括( )。
   A. 监督被审计单位的财政财务收支和会计资料的真实、正确
   B. 监督被审计单位遵守国家的财经法规和财经纪律
   C. 督促被审计单位加强经济核算,改善经营管理,提高经济效益
   D. 为宏观经济控制和管理服务

三、判断题

1. 注册会计师审计最早起源于英国,在英国股份制公司出现后得以形成,伴随着美国资本市场的发展而逐步完善。(　　)
2. 审计主体的独立性,主要体现在组织独立、人员独立和工作独立三个方面。(　　)

3. 内部审计是指由部门、单位内部专职审计机构的专职审计人员所进行的审计。
（ ）

4. 政府审计和民间审计都属于被审计单位以外的审计组织所进行的审计，统称外部审计。
（ ）

5. 就地审计可以深入实际进行调查研究，易于全面了解和掌握被审计单位的实际情况。
（ ）

四、简答题

1. 什么是审计？审计的本质特征有哪些？
2. 什么是审计对象？审计对象包括哪些内容？
3. 如何理解审计职能？

项目二
审计准则、审计职业道德与法律责任认知

学习目标

素养目标
1. 树立依法审计意识,深刻领悟审计准则的基本精神和内容。
2. 培养自律意识,恪守职业道德,遵循执业准则。
3. 秉持谨慎态度,注重保持和提高专业胜任能力。

知识目标
1. 了解我国审计组织形式。
2. 了解我国注册会计师的业务范围。
3. 熟悉我国审计准则体系。
4. 掌握我国注册会计师职业道德规范和法律责任。
5. 掌握我国注册会计师执业准则体系。
6. 掌握我国注册会计师鉴证业务定义和要素。

能力目标
1. 能够准确把握我国审计准则的内容。
2. 能够准确理解注册会计师职业道德规范的要求。
3. 能够准确理解注册会计师应承担的法律责任。
4. 能够准确理解中国注册会计师鉴证业务的内涵。

> **引导案例**
>
> 2023年4月12日,财政部发布行政处罚事项决定书,对尤尼泰振青会计师事务所(特殊普通合伙)(以下简称"尤尼泰振青会计所")和四名注册会计师给予警告的行政处罚。
>
> 公告称,依照《中华人民共和国注册会计师法》等法律的规定,财政部组织检查组于2022年6月至8月对尤尼泰振青会计所执业质量等情况开展了检查。检查发现三项主要问题:
>
> (1) 在深圳市索菱实业股份有限公司2021年度财务报表审计中,对2021年度财务报表期初保留事项未履行必要的审计程序,发表的审计意见不恰当。
>
> (2) 在中嘉博创信息技术股份有限公司2021年度财务报表审计中,未保持应有的职业怀疑态度,未对相关子公司财务报表实施必要的审计程序,发表的审计意见不恰当。
>
> (3) 在青岛城市发展集团有限公司2021年度财务报表审计中,未识别企业计提折旧、确认营业外收入的会计差错,未提出审计调整意见。
>
> 【讨论】上述行为违反了哪些法律法规?

任务一 熟悉审计准则

一、审计准则的作用

审计准则(auditing standard)是指由国家有关部门或审计职业团体制定颁布的,用以规范审计组织和审计人员资格条件和执业行为,衡量和评价审计工作质量的尺度或标准。

审计准则的制定和实施,使审计人员在执行审计业务时有可遵循的规范和指南,便于考核审计工作的质量,推动审计的发展。审计准则的作用主要包括以下几方面:

(1) 实施审计准则可以赢得社会公众的信任。

(2) 实施审计准则可以提高审计工作质量。

(3) 实施审计准则可以维护审计组织和人员的合法权益。

(4) 实施审计准则可以促进国际审计经验的交流。

审计证据是形成审计意见的基础,为得出合理的审计结论,审计人员必须获取充分、适当的审计证据,并收集和评价审计证据,由此得出审计结论、支撑审计意见。

二、我国的审计准则体系

我国自恢复审计工作以来,相继颁布了一系列审计职业规则,初步形成了包括国家审计准则、内部审计准则和注册会计师执业准则在内的审计准则体系。

(一) 国家审计准则

《中华人民共和国国家审计准则》(以下简称《国家审计准则》)于2010年7月8日经审计长会议审议通过,2010年9月1日审计署第8号令予以公布,自2011年1月1日起施行。修订前的国家审计准则体系由一个国家审计基本准则、若干个通用审计准则和专业审计准则构成。这种体系结构比较零散,相关准则间的内容存在交叉,不便于审计人员系统学习和掌握。后来的修订参考了《审计机关审计项目质量控制办法(试行)》的体系结构,将原有国家审计基本准则和通用审计准则规范的内容统一吸纳并形成了一个完整单一的《国家审计准则》,在其下一层次研究开发审计指南,进一步细化相关审计业务操作的具体要求。据此构建起由宪法、审计法和审计法实施条例、审计准则和审计指南等不同级次规定组成的审计法律规范体系。按照上述体系结构,《国家审计准则》正文分为七章,即总则、审计机关和审计人员、审计计划、审计实施、审计报告、审计质量控制和责任、附则,共200条。同时,《国家审计准则》在吸收原有审计准则和相关规定中能够继续适用的内容后,废止了审计署以前发布的28项审计准则和相关规定。

新的审计准则的修订和颁布,是继审计法和审计法实施条例修订后的又一件完善我国审计法律制度的重大举措,是国家审计准则体系建设史上一个重要的里程碑,对规范审计机关和审计人员执行审计业务的行为,保证审计质量,防范审计风险,发挥审计保障国家经济和社会健康运行的"免疫系统"功能有十分重大的意义。新的审计准则对执行审计业务基本程序作了系统规范,是审计机关和审计人员履行法定审计职责的行为规范,是执行审计业务的职业标准,是评价审计质量的基本尺度,适用于审计机关开展的各项审计业务。

(二) 内部审计准则

内部审计准则是有关规范内部审计工作、提高内部审计工作的质量和效率、促进内部审计发展的准则。中国内部审计准则是中国内部审计工作规范体系的重要组成部分,由内部审计基本准则、内部审计具体准则、内部审计实务指南三个层次组成。内部审计准则框架结构图如图2-1所示。

1. 内部审计基本准则

内部审计基本准则是内部审计准则的总纲,是内部审计机构和人员进行内部审计时应当遵循的基本规范,是制定内部审计具体准则、内部审计实务指南的基本依据。内部审计基本准则内容包括总则、一般准则、作业准则、报告准则、内部管理准则和附则,共36条。

2. 内部审计具体准则

内部审计具体准则是依据内部审计基本准则制定的,是内部审计机构和人员在进行内部审计时应当遵循的具体规范。我国现已颁布了23个内部审计相关的具体审计准则。

3. 内部审计实务指南

内部审计实务指南是依据内部审计基本准则、内部审计具体准则制定的,为内部审计机构和人员进行内部审计提供的具有可操作性的指导意见。

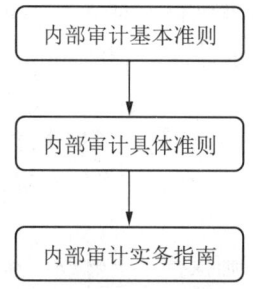

图 2-1 内部审计准则框架结构图

(三) 注册会计师执业准则

注册会计师执业准则(certified public accountants practice standards),是用来规范注册会计师执行业务,获取审计证据,形成审计结论,出具审计报告的专业标准。

为了适应审计准则的国际趋同,更好地发挥注册会计师行业提高财务信息质量、维护市场稳定的作用,财政部发布并实施了中国注册会计师执业准则体系。

注册会计师执业准则体系受注册会计师职业道德守则统领,包括注册会计师业务准则和会计师事务所质量控制准则,二者的关系如图2-2所示。注册会计师业务准则包括鉴证业务准则和相关服务准则,如图2-3所示。

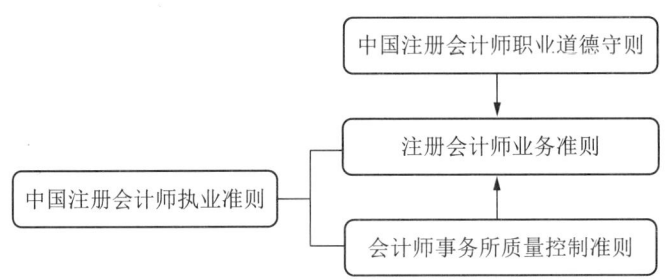

图2-2 注册会计师执业准则体系

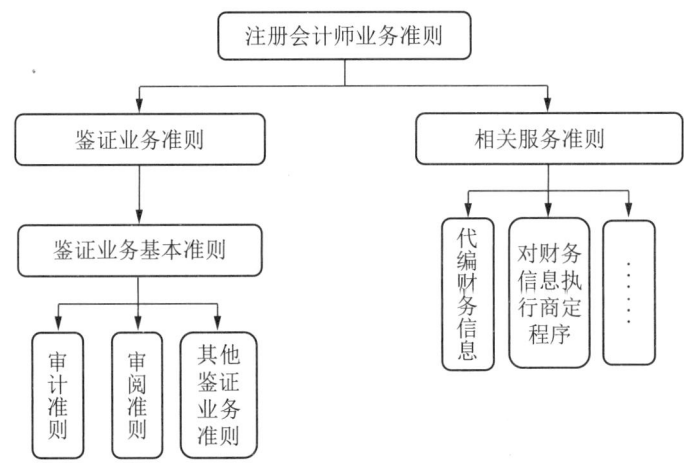

图2-3 注册会计师业务准则体系

1. 注册会计师业务准则

(1)鉴证业务准则。鉴证业务准则由鉴证业务基本准则统领,按照鉴证业务提供的保证程度和鉴证对象的不同,分为审计准则、审阅准则和其他鉴证业务准则。其中,审计准则是整个执业准则体系的核心。

① 审计准则用以规范注册会计师执行历史财务信息的审计业务。在提供审计服务时,注册会计师对所审计的财务信息不存在重大错报提供合理保证,并以积极方式提出审计结论。

② 审阅准则用以规范注册会计师执行历史财务信息的审阅业务。在提供审阅服务时,注册会计师对所审阅信息是否不存在重大错报提供有限保证,并以消极方式提出审阅结论。

③ 其他鉴证业务准则用以规范注册会计师执行历史财务信息审计或审阅以外的其他鉴证业务，根据鉴证业务的性质和业务约定的要求，提供有限保证或合理保证。

（2）相关服务准则。相关服务准则用以规范注册会计师代编财务信息、对财务信息执行商定程序等其他服务。在提供相关服务时，注册会计师不提供任何程度的保证。

2. 会计师事务所质量控制准则

会计师事务所质量控制准则用以规范注册会计师在执行各类业务时应当遵守的质量控制政策和程序，是对会计师事务所质量控制提出的制度要求。

三、注册会计师鉴证业务基本准则的内容

（一）鉴证业务的定义和分类

1. 鉴证业务的定义

《中国注册会计师鉴证业务基本准则》中的鉴证业务是指注册会计师对鉴证对象信息提出结论，以增强除责任方之外的预期使用者对鉴证对象信息信任程度的业务。上述定义可从以下几个方面加以理解：

（1）鉴证业务的用户是"预期使用者"，即鉴证业务可以用来有效地满足预期使用者的需求。

（2）鉴证业务的目的是改善信息的质量或内涵，增强除责任方之外的预期使用者对鉴证对象信息的信任程度，即以适当保证或提高鉴证对象信息的质量为主要目的，而不涉及为如何利用信息提供建议。

（3）鉴证业务的基础是独立性和专业性，通常由具备专业胜任能力和独立性的注册会计师来执行，注册会计师应当独立于责任方和预期使用者。

（4）鉴证业务的"产品"是鉴证结论，注册会计师应当对鉴证对象信息提出结论，该结论应当以书面报告形式予以传达。

2. 鉴证业务的分类

（1）鉴证业务按照保证程度不同，分为合理保证的鉴证业务与有限保证的鉴证业务。

合理保证的鉴证业务，是指注册会计师将鉴证业务风险降至该业务环境下可接受的低水平，以此作为以积极方式提出结论的基础。例如，在历史财务信息审计中，要求注册会计师将审计风险降至可接受的低水平，对审计后的历史财务信息提供高水平保证（合理保证），在审计报告中对历史财务信息采用积极方式提出结论。

有限保证的鉴证业务，是指注册会计师将鉴证业务风险降至该业务环境下可接受的水平，以此作为以消极方式提出结论的基础。例如，在历史财务信息审阅中，要求注册会计师将审阅风险降至该业务环境下可接受的水平（高于历史财务信息审计中可接受的低水平），对审阅后的历史财务信息提供低于高水平的保证（有限保证），在审阅报告中对历史财务信息采用消极方式提出结论。

（2）鉴证业务按照预期使用者获取鉴证对象信息的方式不同，分为基于责任方认定的业务和直接报告业务。

基于责任方认定的业务，是指责任方对鉴证对象进行评价或计量，鉴证对象信息以责任方认定的形式为预期使用者获取。例如，在财务报表审计中，被审计单位管理层（责任

方)对财务状况、经营成果和现金流量(鉴证对象)进行确认、计量和列报(评价或计量)而形成的财务报表(鉴证对象信息)即为责任方的认定,该财务报表可为预期报表使用者获取,注册会计师针对财务报表出具审计报告。这种业务属于基于责任方认定的业务。

<u>直接报告业务</u>,是指注册会计师直接对鉴证对象进行评价或计量,或者从责任方获取对鉴证对象评价或计量的认定,而该认定无法为预期使用者获取,预期使用者只能通过阅读鉴证报告获取鉴证对象信息。例如,在内部控制鉴证业务中,注册会计师可能无法从管理层(责任方)获取其对内部控制有效性的评价报告(责任方认定),或虽然注册会计师能够获取该报告,但预期使用者无法获取该报告,注册会计师直接对内部控制的有效性(鉴证对象)进行评价并出具鉴证报告,预期使用者只能通过阅读该鉴证报告获得内部控制有效性的信息(鉴证对象信息)。这种业务属于直接报告业务。

(二) 鉴证业务要素

《中国注册会计师鉴证业务基本准则》规定,鉴证业务要素包括鉴证业务的三方关系、鉴证对象、标准、证据和鉴证报告五个方面。关于标准、证据和鉴证报告在本书的其他项目详细阐述,这里主要介绍鉴证业务的三方关系和鉴证对象。

1. 鉴证业务的三方关系

鉴证业务涉及的三方关系人包括注册会计师、责任方和预期使用者。

三方之间的关系是,注册会计师对由责任方负责的鉴证对象或鉴证对象信息提出结论,以增强除责任方之外的预期使用者对鉴证对象信息的信任程度。

(1) <u>注册会计师</u>。注册会计师是指取得注册会计师证书并在会计师事务所执业的人员,有时也指其所在的会计师事务所。

注册会计师是执行鉴证业务的主体。如果鉴证业务涉及的特殊知识和技能超出了注册会计师的能力,注册会计师可以利用专家协助其执行鉴证业务。在这种情况下,注册会计师应当确信包括专家在内的项目组整体已具备执行该项鉴证业务所需的知识和技能,并充分参与该项鉴证业务和了解专家所承担的工作。

(2) <u>责任方</u>。责任方的界定与所执行鉴证业务的类型有关。

在基于责任方认定的业务中,责任方是指对鉴证对象信息负责并可能同时对鉴证对象负责的组织或人员。

在直接报告业务中,责任方是指对鉴证对象负责的组织或人员。

(3) <u>预期使用者</u>。预期使用者是指预期使用鉴证报告的组织或人员。责任方可能是预期使用者,但不是唯一的预期使用者。如果鉴证业务服务于特定的使用者或具有特殊目的,注册会计师可以很容易地识别预期使用者。例如,企业向银行贷款,银行要求企业提供一份与贷款项目相关的预测性财务信息审核报告,这时,银行就是该鉴证报告的预期使用者。

注册会计师可能无法识别使用鉴证报告的所有组织和人员,尤其在各种可能的预期使用者对鉴证对象存在不同的利益需求时。此时,预期使用者主要是指与鉴证对象有重要和共同利益的主要利益相关者。例如,在上市公司财务报表审计中,预期使用者主要是指上市公司的股东。注册会计师应当根据法律法规的规定或与委托人签订的协议识别预期使用者。

2. 鉴证对象

在注册会计师提供的鉴证业务中,存在着不同类型的鉴证对象,相应地,鉴证对象信息也具有多种不同的形式。

鉴证对象信息是按照标准对鉴证对象进行评价和计量的结果。如责任方按照会计准则和相关会计制度（标准）对其财务状况、经营成果和现金流量（鉴证对象）进行确认、计量和列报（包括披露，下同）而形成的财务报表（鉴证对象信息）。鉴证对象信息应当恰当反映既定标准运用于鉴证对象的情况。如果没有按照既定标准恰当反映鉴证对象的情况，鉴证对象信息可能存在错报，甚至可能存在重大错报。

（1）鉴证对象与鉴证对象信息的形式，主要包括：

① 当鉴证对象为财务业绩或状况时（如历史或预测的财务状况、经营成果和现金流量），鉴证对象信息是财务报表。

② 当鉴证对象为非财务业绩或状况时（如企业的运营情况），鉴证对象信息可能是反映效率或效果的关键指标。

③ 当鉴证对象为某种系统和过程时（如企业的内部控制或信息技术系统），鉴证对象信息可能是关于其有效性的认定。

④ 当鉴证对象为一种行为时（如遵守法律法规的情况），鉴证对象信息可能是对法律法规遵守情况或执行效果的声明。

⑤ 当鉴证对象为物理特征时（如设备的生产能力），鉴证对象信息可能是有关鉴证对象物理特征的说明文件。

（2）鉴证对象的特征。鉴证对象具有不同特征，可能表现为定性或定量、客观或主观、历史或预测、时点或期间。这些特征将对下列方面产生影响：①按照标准对鉴证对象进行评价或计量的准确性；②证据的说服力。

例如，当鉴证对象为遵守法规情况时，它的特征是定性的；当鉴证对象为企业的财务业绩或状况时，它的特征就是定量的。当鉴证对象为企业未来的盈利能力时，它的特征是主观的、预测的；当鉴证对象为企业的历史财务状况时，它的特征就是客观的、历史的。当鉴证对象为企业注册资本的实收情况时，它的特征是时点的；当鉴证对象为企业内部控制过程时，它的特征就是期间的。

3. 标准

标准是指用于评价或计量鉴证对象的基准，当涉及列报时，还包括列报的基准（列报包括披露）。

注册会计师在运用职业判断对鉴证对象作出合理一致的评价或计量时，需要有适当的标准。如果没有适当的标准提供指引，任何个人的解释甚至误解都可能对结论的正确性产生影响。也就是说，标准是对所要发表意见的鉴证对象进行"度量"的一把"尺子"，责任方和注册会计师根据这把"尺子"对鉴证对象进行"度量"。

需要指出的是，对同一鉴证对象进行评价或计量并不一定要选择同一个标准。例如，要评价消费者满意度这一鉴证对象，某些责任方或注册会计师可能会以消费者投诉的次数作为衡量标准；而另外一些责任方或注册会计师可能会选择消费者在初始购买后的三个月内重复购买的数量作为衡量的标准。

4. 证据

注册会计师应当保持职业怀疑态度来计划和执行鉴证业务，获取有关鉴证对象信息是否不存在重大错报的充分、适当的证据。注册会计师应当及时对制订的计划、实施的程序、获取的相关证据以及得出的结论作出记录。在计划和执行鉴证业务,尤其在确定证据收集程序的性质、时间安排和范围时,应当考虑重要性、鉴证业务风险以及可获取证据的数量和质量。

5. 鉴证报告

注册会计师应当出具含有鉴证结论的书面报告,该鉴证报告应当说明注册会计师就鉴证对象信息获取的保证。

【例 2-1】 注册会计师王某接受甲公司的委托,对该公司管理层编制的下属子公司甲公司IT系统运行有效性的评价报告进行鉴证,甲公司拟将该评价报告提交给其他预期使用者。

要求:

(1)请指出该项鉴证业务属于何种业务类型。

(2)请指出该项鉴证业务的责任方,并简要说明甲公司管理层和注册会计师王某各自的责任。

【解析】

(1)该项鉴证业务属于基于责任方认定的业务,不属于直接报告业务;不属于历史财务信息鉴证业务,属于其他鉴证业务。

(2)甲公司管理层对鉴证对象信息负责,即对IT系统运行有效性的评价报告负责。甲公司管理层对鉴证对象负责,即对IT系统运行有效性负责。注册会计师王某对鉴证报告负责。

任务二 遵守审计职业道德

一、注册会计师职业道德的基本原则

微课视频:
注册会计师
的职业道德

(一)诚信

诚信,是指诚实、守信,也就是言行与内心思想一致,不虚假,能够履行与别人的约定而取得对方的信任。诚信原则要求注册会计师应当在所有的职业关系和商业关系中保持正直和诚实,秉公处事、实事求是。

(二)独立性

独立性,是指不受外来力量控制、支配,按照一定的规则行事。独立性原则通常是对执业注册会计师而非对非执业会员提出的要求。在执行鉴证业务时,注册会计师必须保持独立性。在市场经济条件下,投资者主要依赖财务报表判断投资风险,在投资机会中作出选择。如果注册会计师与被审计单位之间存在经济利益、关联关系,或屈从于外界压力,就很难取信于社会公众。

注册会计师执行鉴证业务时,应当从实质上和形式上保持独立性,不得因任何利害关系影响其客观性。实质上的独立性是一种内心状态,使得注册会计师在提出结论时不受损害职业判断的因素影响,诚信行事,遵循客观和公正原则,保持职业怀疑态度。形式上

的独立性是一种外在表现,使得一个理性且掌握充分信息的第三方在权衡所有相关事实和情况后,认为会计师事务所或审计项目组成员没有损害诚信原则、客观和公正原则或职业怀疑态度。

会计师事务所在承接鉴证业务时,应当从整体层面和具体业务层面采取措施,以保持会计师事务所和项目组的独立性。

(三) 客观和公正

客观,是指按照事物的本来面目去考察,不添加个人的主观意志。公正,是指公平、正直、不偏袒。客观和公正原则要求注册会计师应当公正处事、实事求是,不得由于偏见、利益冲突或他人的不当影响而损害自己的职业判断。

如果某一情形或关系导致偏见或者对职业判断产生不当影响,注册会计师不应提供相关专业服务。

(四) 专业胜任能力和勤勉尽责

1. 专业胜任能力(professional competence)

专业胜任能力是指注册会计师具有专业知识、技能和经验,能够经济、有效地完成客户委托的业务。如果注册会计师在缺乏足够的知识、技能和经验的情况下提供专业服务,就构成了一种欺诈。一个合格的注册会计师,不仅要充分认识自己的能力,对自己充满信心,更重要的是,必须清醒地认识到自己在专业胜任能力方面存在的不足,如果承接了难以胜任的业务,就可能给客户乃至社会公众带来危害。

注册会计师应获取并保持应有的专业知识和技能,确保为客户提供具有专业水准的服务。应当通过教育、培训和执业实践获取和保持专业胜任能力;应当持续了解并掌握当前法律、技术和实务的发展变化,将专业知识和技能始终保持在应有的水平。

2. 勤勉尽责(diligence)

勤勉尽责原则是指在工作和生活中,以勤奋努力和尽职尽责为基本准则,对待工作和职责,不推诿扯皮,不懈怠敷衍。勤勉尽责原则要求会员遵守法律法规、相关职业准则的要求并保持应有的职业怀疑,认真、全面、及时地完成工作任务。同时,会员应当采取适当措施以确保在其授权下从事专业服务的人员得到应有的培训和督导。在适当时,会员应当使客户、工作单位和专业服务的其他使用者了解专业服务的固有局限。

(五) 保密

保密原则要求注册会计师应当对在职业活动中获知的涉密信息予以保密,不得出现下列行为:

(1) 未经客户授权或法律法规允许,向会计师事务所以外的第三方披露其所获知的涉密信息。

(2) 利用所获知的涉密信息为自己或第三方谋取利益。

注册会计师在社会交往中应当履行保密义务。注册会计师应当警惕无意泄密的可能性,特别是警惕无意向近亲属或关系密切的人员泄密的可能性。但注册会计师在下列情况下可以披露涉密信息:

(1) 法律法规允许披露,并且取得被审计单位或工作单位的授权。

(2) 根据法律法规的要求,为法律诉讼、仲裁准备文件或提供证据以及向有关监管机构报告发现的违法行为。

（3）法律法规允许的情况下，在法律诉讼、仲裁中维护自己的合法权益。

（4）接受注册会计师协会或监管机构的执业质量检查，答复其询问和调查。

（5）法律法规、执业准则和职业道德规范规定的其他情形。

（六）良好的职业行为

良好的职业行为要求注册会计师应当遵守相关法律法规，避免发生任何损害职业声誉的行为。在向公众传递信息以及推介自己和工作时，注册会计师应当客观、真实、得体，不应存在下列行为：

（1）对其能够提供的服务、拥有的资质以及积累的经验进行夸大宣传。

（2）对其他注册会计师的工作进行贬低或无根据的比较。

二、可能对职业道德基本原则产生不利影响的因素

注册会计师对职业道德基本原则的遵循可能受到多种因素的不利影响。不利影响的性质和严重程度因注册会计师提供服务类型的不同而不同。可能对职业道德基本原则产生不利影响的因素包括自身利益、自我评价、过度推介、密切关系和外在压力。

（一）自身利益

因自身利益产生的不利影响，是指由于某项经济利益或其他利益可能不当影响注册会计师的判断或行为，而对职业道德基本原则产生的不利影响。自身利益导致不利影响的情形主要包括：

（1）注册会计师在客户中拥有直接经济利益。

（2）会计师事务所的收入过分依赖某一客户。

（3）会计师事务所以较低的报价获得新业务，而该报价过低可能导致注册会计师难以按照适用的职业准则要求执行业务。

（4）注册会计师与客户之间存在密切的商业关系。

（5）注册会计师能够接触到涉密信息，而该涉密信息可能被用于谋取个人私利。

（6）注册会计师在评价所在会计师事务所以往提供的专业服务时，发现了重大错误。

（二）自我评价

因自我评价产生的不利影响，是指注册会计师在执行当前业务的过程中，其判断需要依赖其本人或所在会计师事务所以往执行业务时作出的判断或得出的结论，而该注册会计师可能不恰当地评价这些以往的判断或结论，从而对职业道德基本原则产生的不利影响。自我评价导致不利影响的情形主要包括：

（1）注册会计师在对客户提供财务系统的设计或实施服务后，又对该系统的运行有效性出具鉴证报告。

（2）注册会计师为客户编制用于生成有关记录的原始数据，而这些记录是鉴证业务的对象。

（三）过度推介

因过度推介产生的不利影响，是指注册会计师倾向客户的立场，导致该注册会计师的

客观公正原则受到损害而产生的不利影响。过度推介导致不利影响的情形主要包括：

(1) 注册会计师推介客户的产品、股份或其他利益。

(2) 当客户与第三方发生诉讼或纠纷时，注册会计师为该客户辩护。

(3) 注册会计师站在客户的立场上影响某项法律法规的制定。

(四) 密切关系

因密切关系产生的不利影响，是指注册会计师由于与客户存在长期或密切的关系，导致过于偏向客户的利益或过于认可客户的工作，从而对职业道德基本原则产生的不利影响。密切关系导致不利影响的情形主要包括：

(1) 审计项目团队成员的主要近亲属或其他近亲属担任审计客户的董事或高级管理人员。

(2) 鉴证客户的董事、高级管理人员，或所处职位能够对鉴证对象施加重大影响的员工，最近曾担任注册会计师所在会计师事务所的项目合伙人。

(3) 审计项目团队成员与审计客户之间长期存在业务关系。

(五) 外在压力

因外在压力产生的不利影响，是指注册会计师迫于实际存在的或可感知到的压力，导致无法客观行事而对职业道德基本原则产生的不利影响。外在压力导致不利影响的情形主要包括：

(1) 注册会计师因对专业事项持有不同意见而受到客户解除业务关系或被会计师事务所解雇的威胁。

(2) 由于客户对所沟通的事项更具有专长，注册会计师面临服从该客户判断的压力。

(3) 注册会计师被告知，除非其同意审计客户某项不恰当的会计处理，否则计划中的晋升将受到影响。

(4) 注册会计师接受了客户赠予的重要礼品，并被威胁将公开其收受礼品的事情。

三、应对不利影响的防范措施

防范措施是指可以消除不利影响或将其降低至可接受水平的行为或终止业务约定、拒绝接受业务委托等其他措施。应对不利影响的防范措施包括法律法规和职业规范规定的防范措施以及在具体工作中采取的防范措施。在具体工作中，应对不利影响的防范措施包括会计师事务所层面和具体业务层面的防范措施。

(一) 会计师事务所层面的防范措施

会计师事务所层面的防范措施有：

(1) 领导层强调遵循职业道德基本原则的重要性。

(2) 领导层强调鉴证业务项目组成员应当维护公众利益。

(3) 制定有关政策和程序，实施项目质量控制，监督业务质量。

(4) 制定有关政策和程序，识别对职业道德基本原则的不利影响，评价不利影响的严重程度，采取防范措施消除不利影响或将其降低至可接受的水平。

(5) 制定有关政策和程序，保证遵循职业道德基本原则。

(6) 制定有关政策和程序，识别会计师事务所或项目组成员与客户之间的利益或关系。

(7) 制定有关政策和程序,监控对某一客户收费的依赖程度。

(8) 向鉴证客户提供非鉴证服务时,指派鉴证业务项目组以外的其他合伙人和项目组,并确保鉴证业务项目组和非鉴证业务项目组分别向各自的业务主管报告工作。

(9) 制定有关政策和程序,防止项目组以外的人员对业务结果施加不当影响。

(10) 及时向所有合伙人和专业人员传达会计师事务所的政策和程序及其变化情况,并就这些政策和程序进行适当的培训。

(11) 指定高级管理人员负责监督会计师事务所质量控制系统是否有效运行。

(12) 向合伙人和专业人员提供鉴证客户及其关联实体的名单,并要求合伙人和专业人员与之保持独立。

(13) 制定有关政策和程序,鼓励员工就遵循职业道德基本原则方面的问题与领导层沟通。

(14) 建立惩戒机制,保障相关政策和程序得到遵守。

(二) 具体业务层面的防范措施

具体业务层面的防范措施有:

(1) 由未涉及非鉴证业务的注册会计师复核已执行的非鉴证业务,或在必要时提供建议。

(2) 由鉴证业务项目以外的注册会计师复核已执行的鉴证业务,或在必要时提供建议。

(3) 向客户审计委员会、监管机构或注册会计师协会咨询。

(4) 与客户治理层讨论有关职业道德问题。

(5) 向客户治理层说明提供服务的性质和收费的范围。

(6) 请其他会计师事务所执行或重新执行部分业务。

【例2-2】 甲公司是A会计师事务所2023年新发展的审计客户。在承接业务、签订业务约定书等过程中,存在以下涉及职业道德的具体情况:

(1) 在承接业务前,A会计师事务所在向甲公司介绍本所专业人员情况时,顺便提供了注册会计师张三的父亲是本市税务局分管甲公司所属行业的副局长这一信息。

(2) 注册会计师张三于2023年11月接受指派,按计划对甲公司进行了预审,但该事务所认为该情况不构成自我评价,允许张三注册会计师继续留在审计项目组。

(3) 完成审计工作后,项目组成员李四向甲公司财务负责人表达了希望将其妹妹调入A公司的愿望,并说明无论结果如何,都将遵循注册会计师职业道德规范。

要求:请逐项针对上述情况,不考虑其他情况,分别指出注册会计师是否违反了相关的职业道德规范,并简要说明理由。

【解析】

(1) 违反职业道德规范。有关注册会计师张三之父的信息与审计业务无关,容易引起客户的误解,因此有误导客户的嫌疑。

(2) 不违反职业道德规范。预审工作属于整个审计业务的组成部分,它与后面实施的审计工作之间并不重复,不产生自我评价。

(3) 违反职业道德规范。注册会计师不得利用职务之便,谋取其他不正当利益。

任务三　认定审计法律责任

随着我国市场经济体制的建立和完善,注册会计师在社会经济生活中的地位越来越重要,发挥的作用也越来越大。如果注册会计师工作失误或存在欺诈行为,将会给被审计单位或依赖经审计的财务报表的第三者造成重大损失,严重的甚至导致经济秩序的紊乱。因此,注册会计师应强化法律责任意识,保证职业道德和执业质量。

微课视频:
注册会计师
的法律责任

一、对注册会计师法律责任的认定

(一) 违约

违约,是指合同的一方或多方未能履行合同条款规定的义务。当注册会计师违约给他人造成损失时,应负担违约责任。比如,会计师事务所在商定的期间内未能提交纳税申报表,或违反了与客户订立的保密协议等。

(二) 过失

过失,是指在一定条件下,没有保持应有的职业谨慎。评价注册会计师的过失,是以其他合格注册会计师在相同条件下可以做到的谨慎为标准的。当注册会计师过失给他人造成损失时,应负有过失责任。过失可按程度不同区分为普通过失和重大过失。

<u>普通过失</u>,通常是指没有保持职业上应有的职业谨慎,对注册会计师而言,则是指没有完全遵循专业准则的要求。

<u>重大过失</u>,是指连起码的职业谨慎都没有保持,对注册会计师而言,则是指根本没有遵循专业准则或没有按照专业准则的基本要求执行审计。

(三) 欺诈

欺诈,又称舞弊,是以欺骗或坑害他人为目的的一种故意的错误行为。对于注册会计师而言,欺诈就是为了达到欺骗他人的目的,明知委托单位的财务报表存在重大错报,却加以虚伪的陈述,出具无保留意见的审计报告。

二、注册会计师承担法律责任的种类

注册会计师因违约、过失或欺诈给被审计单位或其他利害关系人造成损失的,按照有关法律规定,可能需要承担行政责任、民事责任或刑事责任。

(一) 行政责任

行政责任对注册会计师个人来说,包括警告、暂停执业、罚款、吊销注册会计师证书等;对会计师事务所而言,包括警告、没收违法所得、罚款、暂停执业、撤销等。《中华人民共和国注册会计师法》(以下简称《注册会计师法》)第三十九条规定:"会计师事务所违反本法第二十条、第二十一条规定的,由省级以上人民政府财政部门给予警告,没收违法所得,可以并处违法所得一倍以上五倍以下的罚款;情节严重的,可以由省级以上人民政府财政部门暂停其经营业务或者予以撤销。注册会计师违反本法第二十条、第二十一条规定的,由省级以上人民政府财政部门给予警告,情节严重的,可以由省级以上人民政府财政部门暂停其执行业务或者吊销注册会计师证书。"《中华人民共和国证券法》(以下简称"《证券法》")第一百八十八条规定:"证券服务机构及其从业人员,违反本法第四十二条的规定买卖证券的,责令依法处理非法持有的股票,没收违法所得,并处以买卖证券等值以下的罚款。"

(二) 民事责任

民事责任主要是指赔偿受害人损失。《中华人民共和国公司法》(以下简称"《公司法》")第二百五十七条规定:"承担资产评估、验资或者验证的机构因出具的评估结果、验资或者验证证明不实,给公司债权人造成损失的,除能够证明自己没有过错外,在其评估或者证明不实的金额范围内承担赔偿责任。"

(三) 刑事责任

刑事责任是指触犯刑法所必须承担的法律后果,其种类包括罚金、有期徒刑以及其他限制人身自由的刑罚等。《公司法》第二百六十四条规定:"违反本法规定,构成犯罪的,依法追究刑事责任。"根据《中华人民共和国刑法》(以下简称《刑法》)第二百二十九条,承担资产评估、验资、验证、会计、审计、法律服务、保荐、安全评价、环境影响评价、环境监测等职责的中介组织的人员故意提供虚假证明文件,情节严重的,处五年以下有期徒刑或者拘役,并处罚金。在为证券发行、重大资产交易或涉及公共安全的重大工程、项目中提供虚假证明文件,情节特别严重的,尤其当导致公共财产、国家和人民利益遭受重大损失时,将处五至十年的有期徒刑,并处罚金。若同时存在索贿、受贿行为,将依法从重处罚。

这三种责任的处罚可单处,也可并处。一般来说,违约和过失可能使注册会计师承担行政责任和民事责任,欺诈可能使注册会计师承担民事责任和刑事责任。

三、注册会计师避免法律诉讼的具体措施

注册会计师避免法律诉讼的具体措施有:

(一) 严格遵循职业道德守则和执业准则的要求

注册会计师是否应承担法律责任,关键在于注册会计师是否有过失或故意行为。而判断注册会计师是否有过失的关键在于注册会计师是否按照执业准则的要求执业。因此,保持良好的职业道德行为,严格遵循执业准则的要求执行工作、出具报告,对于避免法律诉讼或在提起的诉讼中保护注册会计师具有非常重要的作用。

(二) 建立健全会计师事务所质量控制制度

质量控制是会计师事务所各项管理工作的核心和关键。如果一个会计师事务所质量控制不严,很可能因某一个人或一个部门的原因导致整个会计师事务所遭受处罚。因此,会计师事务所必须建立健全一套严密的、科学的质量控制制度,并把这套制度落实到整个审计过程和各个审计环节,促使注册会计师按照执业准则的要求执业,保证审计业务质量。

(三) 与委托人签订业务约定书

业务约定书具有法律效力,是确定注册会计师和委托人责任的重要文件。会计师事务所不论承接何种业务,都要按照业务约定书准则的要求与委托人签订业务约定书。

(四) 审慎选择客户

国内外的注册会计师法律案例告诉我们,注册会计师要想避免法律诉讼,必须慎重选

择客户。选择客户时应注意：一是要选择正直的客户，在接受委托前，一定要对客户的情况有所了解，评价管理层和关键股东的品质，弄清委托的真正目的，如果客户对其顾客、员工、政府部门或其他方面没有保持正直，也必然会欺骗注册会计师，使注册会计师落入设定的圈套；二是对陷入财务和法律困境甚至是面临破产的客户要尤为注意，中外绝大部分涉及注册会计师的诉讼案都集中在宣告破产的被审计单位。那些陷入财务和法律困境或面临破产的公司，其股东或债权人总想为他们的损失寻找替罪羊，因此，对那些已经陷入困境的单位要特别注意，避免被卷入其中。

（五）深入了解被审计单位的行业情况和业务

在很多案件中，注册会计师之所以未能发现错误，一个重要的原因是他们不了解被审计单位所在行业的情况及被审计单位的业务。由于会计是经济活动的综合反映，不熟悉被审计单位的经济业务和生产经营实务，仅局限于有关的会计资料，就可能发现不了某些错误，所以，注册会计师要深入了解被审计单位的业务，尽量避免法律诉讼。

（六）提取风险基金或购买责任保险

在西方国家，提取风险基金或购买责任保险是会计师事务所一项极为重要的保护措施。尽管保险不能免除可能受到的法律诉讼，但能防止或减少诉讼失败时会计师事务所需承担的财务损失。我国《注册会计师法》规定会计师事务所应当按照规定建立职业风险基金，办理职业保险。

（七）聘请熟悉注册会计师法律责任的律师

会计师事务所应尽可能聘请熟悉相关法规及注册会计师法律责任的律师。在执业过程中如遇重大法律问题，注册会计师应同律师详细讨论所有潜在的风险，并仔细考虑律师的建议。一旦发生法律诉讼，也应请有经验的律师参与诉讼。

（八）按规定妥善保管审计工作底稿

根据现行法律及相关司法解释的规定，会计师事务所侵权赔偿责任的归责原则为过错推定原则。如果会计师事务所向法院提交的审计工作底稿上所记录的工作程序和反映的职业判断能证明会计师事务所的执业行为遵循了职业准则和规则，不存在主观上的过错，就可以不承担赔偿责任。所以，按规定妥善保管审计工作底稿，对于会计师事务所有效应对法律诉讼、规避法律责任风险具有重要意义。

【例2-3】李四是A公司的承包经营负责人，在承包经营期内，李四收受回扣，侵吞国家财产。承包经营期结束时，A公司聘请了甲会计师事务所对其经营期内的财务报表进行审计。甲会计师事务所出具了无保留意见的审计报告。不久，检察机关接到群众举报立案调查李四的违法行为。李四到检察机关后，手持会计师事务所的审计报告，振振有词地说："会计师事务所已出具了审计报告，证明我没有经济问题。如果不信，你们可以去问问注册会计师。"

要求：判断李四说的话是否正确，并简要说明理由。

【解析】

李四说的话不正确，主要有两个方面的问题：

（1）李四没有认识到注册会计师审计报告只是一种合理保证，而不是绝对保证。注册会计师在按照审计准则的规定执行了必要的审计程序后,对那些精心伪造的虚假财务报表,仍然可能没有发现舞弊行为。

(2) 李四没有分清管理层责任与审计责任。编制与出具财务报表是企业管理层的会计责任。只要这些报表中有错误或舞弊,不论审计与否,企业管理层均要承担法律责任。如果财务报表没有任何问题,但注册会计师在审计过程中没有按照审计准则执行审计工作,也要承担相应的审计责任。

引导案例解析

上述行为违反了《注册会计师法》第二十一条、第三十一条,《中国注册会计师鉴证业务基本准则》第二十八条,《中国注册会计师审计准则第1301号——审计证据》第十条,《中国注册会计师审计准则第1331号——首次审计业务涉及的期初余额》第十二条,《中国注册会计师审计准则第1502号——在审计报告中发表非无保留意见》第十条等规定。依据《注册会计师法》第三十九条的规定,财政部决定给予尤尼泰振青会计所,索菱股份2021年度财务报表审计及中嘉博创2021年度财务报表审计的签字注册会计师李力、马燕,青岛城发2021年度财务报表审计签字注册会计师逄翔、刘军波警告的行政处罚。

素养园地

南纺股份自成立以来,历年财务报表显示经营状况良好,南京立信永华会计师事务所始终出具标准无保留意见的审计报告。但南纺股份连续五年虚增利润高达3.4亿元,信息披露不真实已构成违法行为。作为审计机构,应当正确反映公司的财务状况,而南京立信永华却出具了标准无保留意见的审计报告,主要原因在于:

(1) 注册会计师未实施函证程序。五年内,南纺股份通过虚构销售合同和恶意削减营业成本等手段不断虚增利润。审计人员本可以通过函证程序来确认客户的收货记录以及运输单据。而事实上审计人员却未进行函证程序。

(2) 注册会计师未实施审计取证。在审计过程中,审计人员未实施审计取证,注册会计师对于不能确定的事项并未通过审计取证来证明该事项是否真实存在,完全没有遵循职业道德。

(3) 注册会计师未能披露南纺股份财务造假的事实。南纺股份连续五年累计虚增利润3.4亿元,但这五年间,注册会计师都没有提示任何问题,也没有在审计报告里作任何重大说明,导致了审计失败。

通过分析上述案例,可以看出注册会计师并没有很好地遵循职业道德。具体表现为专业胜任能力不达标、忽视外部调查取证和未保持应有的审计职业谨慎性。审计工作需要较高的专业知识和专业技能,但是再高的专业知识和专业技能也离不开审计职业道德,良好的职业道德能够使专业知识和专业技能得到更好的发挥,进一步提高审计工作质量和审计工作水平。反之,审计职业道德的丧失,会使专业知识和专业技能走向审计工作的反面,促使违法乱纪现象的发生。只有具备良好的职业道德,才能把党的二十大精神蕴化在审计工作中,自觉正确地调整国家、集体和个人的利益关系,自觉地按照审计职业道德要求,规范自己的行为,忠实履行自己的审计职责,做到依法审计、客观公正、实事求是,保证审计工作质量。

项目知识结构

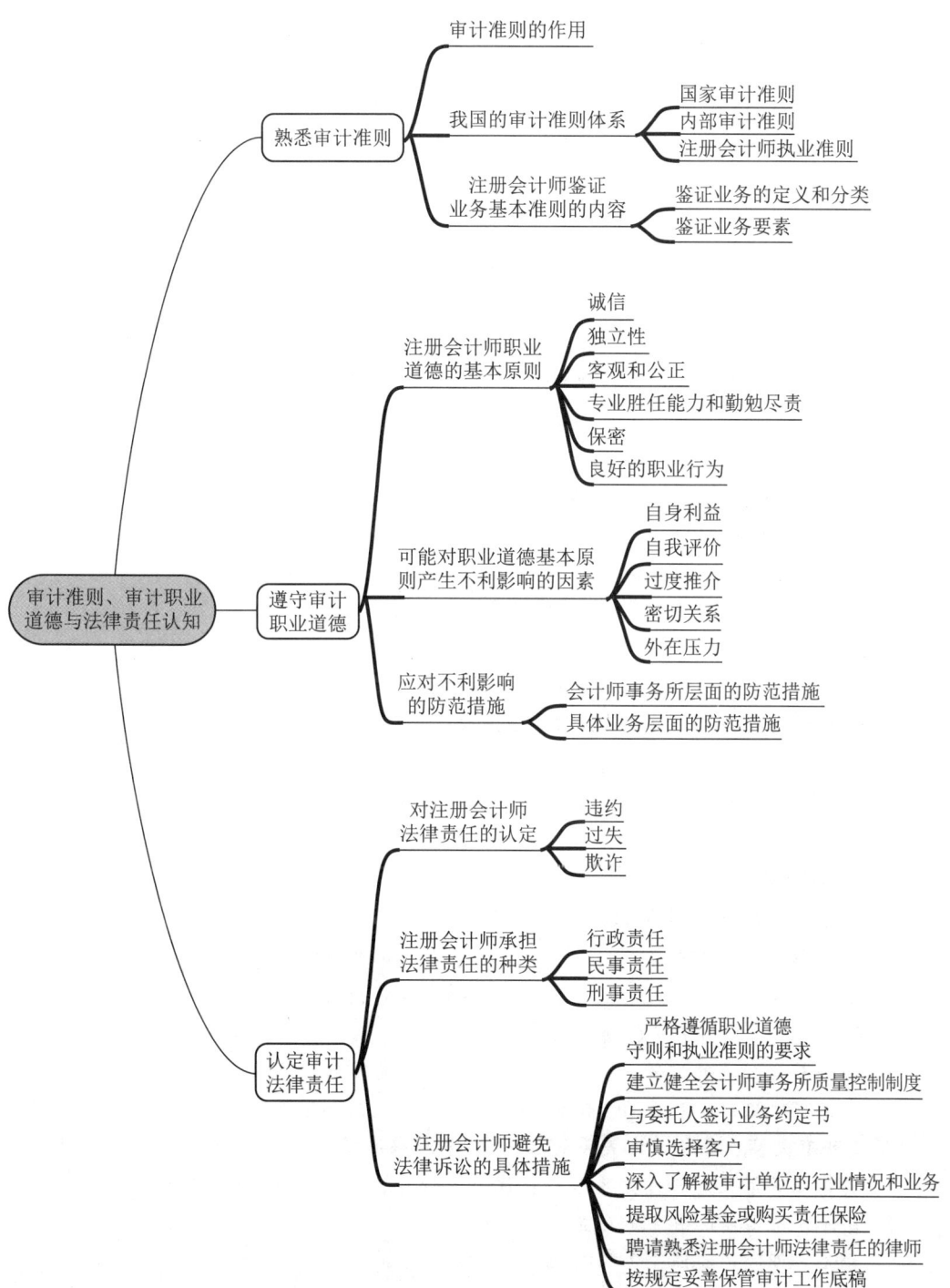

技能训练

一、单项选择题

1. 财务报表审计目标是注册会计师通过执行审计工作对（　　）发表审计意见。
   A. 会计资料及其他有关资料的真实性、合法性
   B. 经济活动
   C. 财务报表的合法性、公允性
   D. 财务状况、经营成果及现金流量

2. 注册会计师提供的相关服务不包括（　　）。
   A. 管理咨询　　　　　　　　　　B. 税务服务
   C. 会计咨询与会计服务　　　　　D. 验资

3. 下列情形中不会损害注册会计师职业形象的是（　　）。
   A. 注册会计师对其积累的经验进行夸大宣传
   B. 注册会计师对其他会员的工作进行比较
   C. 注册会计师就执行的业务性质与收费依据与被审计单位管理层沟通
   D. 注册会计师对其拥有的资质进行夸大宣传

4. 下列各项中，属于注册会计师违反职业道德规范的是（　　）。
   A. 按照业务约定和专业准则的要求完成委托业务
   B. 对执行业务过程中知悉商业秘密保密，不利用其为自己或他人谋取利益
   C. 会计师事务所不以或有收费形式为客户提供各种鉴证服务
   D. 对其能力进行广告宣传，但在宣传中注意丝毫不诋毁同行

5. 以下各项情况中，对注册会计师执行审计业务的独立性影响最大的是（　　）。
   A. 注册会计师的母亲退休前是被审计单位的文艺干事
   B. 注册会计师的配偶目前是被审计单位开户银行的业务骨干
   C. 注册会计师的一位同学持有被审计单位股票
   D. 注册会计师的妹妹目前是被审计单位的出纳

二、多项选择题

1. 下列各项中，属于鉴证业务要素的是（　　）。
   A. 鉴证业务的三方关系　　　　　B. 鉴证业务的目标
   C. 鉴证对象　　　　　　　　　　D. 鉴证报告

2. 审计准则的作用主要包括（　　）。
   A. 赢得社会公众的信任　　　　　B. 提高审计工作质量
   C. 维护审计组织和人员的合法权益　D. 促进国际审计经验的交流

3. 下列有关鉴证业务三方关系的表述中，不正确的是（　　）。
   A. 鉴证业务涉及的三方关系人包括注册会计师、责任方和预期使用者
   B. 责任方与预期使用者不可能是同一方
   C. 责任方可能是鉴证业务的委托人
   D. 责任方不可能是预期使用者

4. 根据相关的职业道德规范,会计师事务所无需调查相关人员的具体工作内容就可以直接认定为属于因密切关系导致对遵循职业道德基本原则产生不利影响的情况有(　　　　)。
   A. 项目合作人的孙女是客户的车间生产工人
   B. 项目组成员的父亲是客户的副董事长
   C. 事务所的前合伙人是客户的一名技术员
   D. 客户的总经理秘书是项目组成员的女朋友
5. 下列事项中,可能对专业胜任能力和勤勉尽责原则产生不利影响的有(　　　　)。
   A. 应客户要求在前任注册会计师工作的基础上提供第二次意见时缺乏完整的信息
   B. 注册会计师为获取客户而获取业务介绍费
   C. 承接业务时收费报价过低
   D. 注册会计师收取与客户相关的介绍费或佣金

三、判断题

1. ABC会计师事务所准备审计乙公司。注册会计师A购买了乙公司股票5 000股,每股股价为10元,ABC会计师事务所委派注册会计师A担任乙公司审计项目组成员。这种情况威胁了独立性。　　　　　　　　　　　　　　　　　　　　　　　　　　(　　)
2. ABC会计师事务所派遣同一审计小组,同时为C公司提供内部控制设计和财务报表审计业务。这种行为是不正确的,存在密切关系的威胁。　　　　　　　(　　)
3. ABC会计师事务所准备审计乙公司财务报表,其派出的审计项目组成员D曾在乙公司人力资源部负责员工培训工作,目前已经离开乙公司加入ABC会计师事务所。这种情况会影响审计独立性。　　　　　　　　　　　　　　　　　　　(　　)
4. 或有收费是指根据审计结果作为收费依据的收费方式。　　　　　　　(　　)
5. 事务所推介审计客户的股份,在审计客户与第三方发生诉讼或纠纷时,注册会计师担任该客户的辩护人,这属于过度推介威胁。　　　　　　　　　　　　(　　)

四、案例题

ABC会计师事务所拟承接以下客户2023年度财务报表审计工作。假定存在如下情形:

(1) A公司以招标的方式选聘2023年度财务报表审计的注册会计师。在应邀投标时,ABC会计师事务所在其投标书中说明,如果中标,即可与A公司签订审计业务约定书,无须另行通知。

(2) B公司为参与企业并购委托审计,在业务约定书中约定按审计后资产的千分之五收取审计费用。

(3) C公司委托ABC会计师事务所审计其2023年财务报表,现因急需为取得银行贷款要求ABC会计师事务所加快进度加班完成,承诺一旦如期完成,将安排项目合伙人去欧洲旅游。

(4) 在承接D公司2023年度的财务报表审计工作时,了解到拟安排本次审计项目经理的妻子在D公司担任人事部经理,事务所安排了同一部门的注册会计师担任本审计项目的经理。

要求: 针对上述(1)至(4)项,逐项指出是否存在违反注册会计师职业道德的情况,并简要说明理由。

项目三
审计方法应用

学习目标

素养目标

1. 培养担当精神和社会责任意识,树立勤勉尽责的职业操守。
2. 培养审计职业洞察力,能够鉴别和分析审计方法的有效性。
3. 培养信仰法律、崇尚法治、客观公正、扎实苦干、敬业奉献、为国为民的审计精神。

知识目标

1. 理解审计基本方法的概念。
2. 掌握审计基本方法运用的具体内容。
3. 理解审计抽样法的基本概念和种类。
4. 掌握审计抽样法运用的一般程序。
5. 熟悉控制测试中审计抽样法的运用。
6. 熟悉细节测试中审计抽样法的运用。

能力目标

1. 能够在获取审计证据中正确选择和恰当使用审计基本方法。
2. 能够在控制测试和细节测试中正确运用审计抽样法。

引导案例

P县位于Z省南部，是全省的重点帮扶县之一，每年都会收到大量扶贫专项资金。2017年3月，P县审计局派出审计组，对P县2014年至2016年县财政扶贫资金管理使用情况进行审计。审计重点是异地搬迁、产业发展、小额贷款贴息等扶贫资金管理使用情况。审计组汇总筛选大量的补助文件，发现P县甲茶叶专业合作社等多家合作社连续几年获得县财政的产业项目补助资金及小额贷款贴息补助。审计组要求获得多项补助的合作社提供财务账册，对有关补助资金进行细查后发现，账面上既没有贷款资金流入，也没有财政的贴息补助资金收入。审计组从该合作社的银行贷款资金的流向开始查起，发现该茶叶合作社均以合作社负责人白某个人名义贷款，资金用途是合作社购茶苗和机台，所有贷款资金均打入白某个人账户，还贷也是通过个人账户，申请的贴息资金也是转到个人账户。在进一步查看白某还贷记录时，审计组发现还款的资金都是由蔡某转账进来。蔡某现为县农业局社会发展科科长，以前为县扶贫服务中心主任，借职务之便利用他人的名义获取贷款并骗取贴息。针对审计发现的问题，审计人员迅速进行了取证、整理，将发现的情况向局领导汇报，及时办理了移送。

在整理蔡某骗取财政扶贫贴息贷款的审计材料时，审计组通过对蔡某骗取的贷款资金去向的分析，发现贷款资金与多人有着往来，且金额较大。其中，潘某是某镇某办副主任（主持工作），林某为乙管理有限公司的法人，该公司主要办理借款业务。经查证，潘某经手发放的这10户下山搬迁户的补助资金，有7户在2014年3月至5月已发放，其余3户搬迁户的补助资金8.96万元在2016年7月至11月期间才发放，该补助资金从下拨到到户时间长达两年多。并且在2014年7月21日，潘某将该账户公款与个人资金共计20万元，转账至林某账户用于投资。

在此次扶贫资金的审计过程中，如果审计人员没有严谨细致的工作作风和明察秋毫的专业能力，就不会顺藤摸瓜，发现案中案。审计人员一定要多学政策多提问、多留心眼多观察，才能锻炼自身的政策水平和政治敏感性，才能学会识别现象背后的本质问题。

【讨论】上述案件中，审计人员在审计过程中运用了哪些审计方法？

任务一 掌握审计基本方法

一、审计基本方法的概念

审计基本方法（audit methods）是指注册会计师为了达到特定的审计目的，对审计对象进行检查、分析，收集证据，形成审计结论和意见的技术手段。

二、审计基本方法的种类

审计基本方法包括检查记录或文件、检查有形资产、观察、询问、函证、重新计算、重新执行和分析程序。在审计过程中，注册会计师可根据需要单独或综合运用各种审计方法，以获取充分、适当的审计证据。在审计实务中,注册会计师根据管理层的认定确定具体审计目标,在此基础上选择适当的审计方法收集审计证据,来证明管理层的认定,发表审计意见。正确运用审计方法,对提高审计工作质量和效益、顺利完成审计任务具有重要意义。

(一)检查记录或文件(check records or files)

检查记录或文件是指注册会计师对被审计单位内部或外部生成的,以纸质、电子或其他介质形式存在的记录或文件进行审查。

检查记录或文件包括注册会计师对会计记录和其他书面文件可靠程度的审阅与复核。审阅是为了发现不正常现象而批判性地阅读书面资料的审计技术,其目的在于确认书面文件是否真实、合法;复核是确认各种书面文件之间勾稽关系的审计技术,通过书面文件之间的对照检查,确认双方对交易或事项的记录是否一致、计算是否正确。

微课视频:
查查你的
"小金库"

1. 按审查书面资料的技术分类

(1)审阅法(review method)。审阅法是指审计人员对被审计单位的会计资料和其他资料进行详细的阅读和审查的一种方法。审阅法侧重于审查书面资料的真实性、合法性,书面资料主要包括会计凭证、会计账簿和会计报表及其他相关资料。

① 会计凭证的审阅。

<u>原始凭证的审阅</u>。审阅原始凭证时主要应注意:审阅原始凭证所反映的经济业务是否符合国家的方针、政策、法令、制度,其内容是否合法、合理;审阅原始凭证的项目,包括抬头名称、日期、数量、单价、金额等是否填写齐全,数字计算是否正确,字迹有无涂改;审阅原始凭证的格式是否规范,开具凭证的单位名称和地址是否注明,凭证的编号是否连续,是否有单位的公章和经手人的签章。

<u>记账凭证审阅</u>。审阅记账凭证时应注意:记账凭证上所注明的附件张数是否与所附原始凭证张数相符。记账凭证的内容是否与原始凭证相符;记账凭证的填制手续是否完备,有无制证人、复核人和主管人员的签章。根据记账凭证上所编制的分录,确定其应用的账户和账户对应关系是否正确。

② 会计账簿的审阅。

会计账簿包括总账、明细账、日记账和各种辅助账簿等。审阅会计账簿以审阅明细账和日记账为重点。审阅账簿时应注意:审阅账簿启用手续、使用记录和交接记录是否齐全完整;期初和期末余额的结转、承前页、转下页、月结和年结是否符合规定;审阅账簿各项记录是否规范和完备,如业务摘要、对应科目是否齐全,有无涂改痕迹,是否按规定的方法更正记账错误;审阅账簿记录的内容是否真实、正确。特别是注意审阅应收账款、应付账款、材料成本差异、长期待摊费用、管理费用、制造费用等容易掩盖错弊和经常反映会计转账事项的账簿。

③ 会计报表的审阅。

审阅会计报表应以审阅资产负债表、利润表、现金流量表等为重点。审阅会计报表时应注意:审阅会计报表的编制是否符合企业会计准则及国家有关财务会计制度规定;审阅会计报表项目是否完整,各项目的对应关系和勾稽关系是否正确,相关数据是否一致;审阅会计报表附注是否对应予以揭示的重大问题作了充分的披露。

④ 其他相关资料的审阅。

审阅计划、预算和定额时,可结合上期拟订的计划、预算和定额与实际的执行结果和完成情况,审阅计划、预算和定额的制订偏高还是偏低,是否适度,有无过于冒进或过于保守的情况,还要根据本期的计划、预算和定额的执行情况,查看各项指标是否完成。

审阅合同时,主要审阅合同的签订是否合法、有效;审阅合同内容是否符合合同相关法律的规定,合同条款是否齐全,合同签订手续是否完备,实际执行结果是否与合同一致。

审阅规章制度时,主要审阅单位内部制订的规章制度是否符合企业的实际情况;审阅内部控制制度是否健全等。

(2) 核对法(check method)。核对法是指对被审计单位的会计凭证、账簿和会计报表等书面资料之间的有关数据,按照其内在联系进行相互对照检查,以获取审计证据的方法。核对法侧重审查相关资料的一致性。如果发现有不符情况,应进一步采用其他审计方法进行跟踪审计。核对的内容如下:

① 账表核对,是指将报表项目与有关账簿记录进行核对,以查证报表项目的真实性和准确性。核对一般是以账簿记录核对报表项目。但在采用逆查法的情况下,则以报表项目来核对账簿记录。账表核对,主要是核对报表金额是否与总账和明细账有关账户的金额相符以及不同报表之间的有关金额是否相符。如果不符,则应用其他方法查找原因。

② 账账核对,是指以各种有关的账簿记录进行相互核对,如总账与明细账、日记账之间的核对。通过账账核对,可查证各种有关账簿记录是否一致。如不一致,则应进一步抽查凭证,进行凭证核对。

③ 账证核对,是指以明细账和日记账记录与记账凭证相核对。通过账证核对,可证明所有凭证都已记入有关账簿,有关重记或漏记情况以及账簿记录的内容、金额等与其作为记账依据的记账凭证相一致。一般说来,账账核对结果如属正常,可以不再进行账证核对。

④ 账实核对,是指以明细账记录与实物相核对,以查明账存数与实存数是否相符。如果不符,应以实存数为准来调整账面记录。对于已经核对无误的账目,审计人员应在原记录的右方作出一定的标记,以免以后重复核对。对于核对不符的账目也应作成标记,以便今后原审计人员或其他接替人员进一步加以审查。

通过核对,找出差错,并分析其产生的原因:是由于工作不小心,无意造成的;还是有意地弄虚作假,进行违法活动。对于后者,审计人员还应进一步采用其他审计方法进行查证核实。

2. 按审查书面资料的顺序分类

(1) 顺查法(sequential examination method)。顺查法是指按照会计核算的处理顺序,依次对证、账、表各个环节进行审查的方法。具体操作为:首先审查原始凭证是否真实正确、合理合法,并核对记账凭证;然后以记账凭证核对账簿,审查账证是否一致,总分类账户余额与所属明细分类账余额的合计是否一致;最后以账簿核对会计报表,审查调整结账事项同所编制的报表是否一致。

顺查法的优点是审查全面,不易发生遗漏,方法简单,易于核对,结果精确;缺点是容易忽视重大问题,费时费力,工作量大。因此,顺查法主要适用于规模较小、业务量少、内部控制制度不健全的被审计单位以及重要的审计事项和贪污舞弊的专案审计。

(2) 逆查法(reverse examination method)。逆查法是指按照与会计核算相反的处理顺序,依次对表、账、证各个环节进行审查的方法。具体操作为:根据审计人员所掌握的线索,先从审阅、分析会计报表入手,然后根据分析中发现的问题,有重点地与有关总账、明细账核对,进而审查记账凭证,直至审查到原始凭证。

逆查法的优点是便于抓住问题的实质,可以节省人力和时间,提高工作效率;缺点是不能全面地审查问题,易有遗漏。由此,逆查法主要适用于规模大、业务量多、内部控制制度健全有效、会计核算质量高的单位。

3. 按审查书面资料的数量分类

(1) 详查法(detailed investigation method)。详查法是指对被审计单位审计期内被审计事项的所有凭证、账簿、报表进行详细审查的一种审计方法。详查法的特点是:对被审计期间的全部会计资料和其反映的经济活动进行全面、详细的审查,以查找其中的错弊为重要目标。

详查法的优点是能全面查清被审计单位存在的问题,特别是对弄虚作假、营私舞弊等违反财经法纪行为,一般不易疏漏,以保证审计质量;缺点是工作量大,费时费力,审计成本高,故难以普遍采用。详查法一般适用于规模较小的单位或有重大错弊或违法行为的单位。

(2) 抽查法(spot check method)。抽查法是指从被审计单位被审计期内特定审计事项的全部会计资料中选取部分资料进行审查,根据审查结果推断全部资料有无错弊的一种审计方法。抽查法的特点是:根据被审计期间的审计对象总体的情况、审计目的和要求选取具有代表性的样本,然后根据抽取样本的审查结果来推断总体的正确性,或推断其余未抽查部分有无错弊。

抽查法的优点是高效率、低费用,节约时间和人力,能够达到事半功倍的效果;缺点是如果样本抽查不当,不能代表总体特征,就可能得出错误结论。这种方法仅适用于内部控制健全、会计核算基础较好的单位。

(二) 检查有形资产(check tangible assets)

检查有形资产,是指注册会计师对资产实物进行审查。运用这种方法的目的在于确定被审计单位实物形态的资产是否真实存在并且与账面数量相符,查明有无短缺、毁损及其他舞弊行为。它主要适用于存货和现金的检查,也适用于有价证券、应收票据和固定资产等。监盘是其常用的操作技术。

1. 检查有形资产的形式

检查有形资产按照方式不同,分为直接盘存和监督盘存两种形式。

(1) 直接盘存,是指审计人员亲自到现场盘点实物,并要求被审计单位有关人员协同执行,以证实书面资料与有关的财产物资是否相符的方法。这种方法在实际中应用较少,常用于数量较小但容易出现舞弊行为的贵重财产物资的检查,如贵重文物、珠宝、贵重材料的盘点。

(2) 监督盘存,是指审计人员现场监督被审计单位各种实物资产及现金、有价证券等的盘点,并进行适当的抽查。审计人员监盘实物资产时,应对其质量及所有权予以关注。一般而言,实物资产的盘点是被审计单位管理层的责任,应由被审计单位进行计划、组织和实施,审计人员只进行现场监督并适当抽查复点。审计人员抽盘部分如发现差异,除应督促被审计单位更正外,还应扩大抽查范围,如发现差错过大,则应要求被审计单位重新盘点。

检查有形资产只能对实物资产是否确实存在提供有力的审计证据,但无法验证实物资产的所有权、计价和分摊情况。因此,审计人员在盘点之外,还应采取其他方法验证实物资产的所有权、计价和分摊情况。

2. 检查有形资产时调节法的运用

在检查有形资产时,有时还需要运用调节法。调节法是指在审查某个项目时,由于被审计单位结账日的数据和审计日的数据不一致,通过对有关数据进行增减调节,用来证实结账日数据账实是否一致的审计方法。调节法也是一种取得实物证据的方法,常用于以下两种情况:

(1) 对未达账项的调节。通过编制银行存款余额调节表,对被审计单位与开户银行双方发生的未达账项进行增减调节,以验证结账日银行存款账户的余额是否正确。

(2) 对财产物资的调节。当财产物资的盘存日与书面资料结账日不同时,结合实物盘存、盘存日期与结账日期之间新发生的出、入库数量,对盘存日有关财产物资的盘存数进行增减调节,以验证或推算结账日有关财产物资的应结存数。其计算公式为:

结账日数量＝盘存日盘点数量＋结账日至盘存日发出数量－结账日至盘存日收入数量

【例 3-1】 甲公司 2023 年 12 月 31 日账面结存 A 类库存商品 1 900 件,经审阅和核对无差错。审计人员于 2024 年 2 月 1 日对 A 类库存商品进行了监盘。2024 年 1 月 1 日至 2 月 1 日,A 类库存商品收入 1 950 件,发出 1 600 件。1 月 1 日 A 类库存商品的期初余额及收发数额均经审阅、核对和验算无误。2 月 1 日,A 类库存商品盘存日盘存数为 2 250 件。

要求:判断 A 类库存商品结账日实存数与结账日账面结存数是否一致。

【解析】

调节过程如下:A 类库存商品结账日结存数＝2 250＋1 600－1 950＝1 900(件)

经过调节计算,甲种材料结账日实存数与结账日账面结存数一致。

(三) 观察(observe)

观察是指注册会计师查看相关人员正在从事的活动或实施的程序。例如,对被审计单位执行的存货盘点或控制活动进行观察。观察可以提供执行有关过程或程序的审计证据,但观察所提供的审计证据仅限于观察发生的时点,而且被观察人员的行为可能因被观察而受到影响,使观察提供的审计证据受到限制。因此,注册会计师有必要获取其他类型的佐证证据。

(四) 询问(enquire)

询问是指注册会计师以书面或口头方式,向被审计单位内部或外部的知情人员获取财务信息和非财务信息,并对答复进行评价的过程。知情人员对询问的答复可能为注册会计师提供尚未获悉的信息或佐证证据,也可能提供与注册会计师已获取的其他信息存在重大差异的信息。采用这种方法时,审计人员需要注意以下事项:

(1) 明确询问内容,事先拟定询问提纲。

(2) 确定询问对象,要向知情人员询问。

(3) 在询问过程中,应采用恰当的询问方式,询问内容应做好记录。

(4) 如果作为重要证据使用，应当请被询问人签字。

(5) 询问获得的证据只能作为辅助证据，为进一步审计程序提供佐证。

(五) 函证（correspondence）

函证是指注册会计师直接从第三方（被询证者）获取书面答复以作为审计证据的过程。书面答复可以采用纸质、电子或其他介质等形式。实施函证的目的是证实影响财务报表或相关披露认定的账户余额或其他信息，从外部独立来源获取强有力的审计证据。函证有积极式函证和消极式函证两种方式。

1. 积极式函证

积极式函证要求被询证者对询证的事项无论与事实是否相符都必须给予回函答复。积极式函证适用于内部控制差、会计核算质量差、金额大、疑点多等情况。

2. 消极式函证

消极式函证要求被询证者对询证的事项有异议时，才在限定的时间内给予复函。消极式函证一般适用于内部控制好、会计核算质量高、金额小、疑点少等情况。消极式函证不如积极式函证可靠高。

审计人员应全程保持对询证函的控制，不能委托被审计单位代办，以保证审计证据的可靠性。询证函内容应简明扼要，便于对方答复。对无法函证的事项应采用相应的替代程序，以取得必要的审计证据。

(六) 重新计算（recount）

重新计算是指注册会计师以人工方式或使用计算机辅助审计技术，对记录或文件中的数据计算的准确性进行核对。重新计算通常包括计算销售发票和存货的总金额，加总日记账和明细账金额，检查折旧费用和预付费用的计算，检查应纳税额的计算等。

(七) 重新执行（reexecute）

重新执行是指注册会计师重新独立执行原本作为被审计单位内部控制组成部分的程序或控制。实施重新执行可以验证被审计单位内部控制的有效性，获取内部控制是否有效的审计证据。

(八) 分析程序（analysis program）

分析程序是指注册会计师通过分析不同财务数据之间以及财务数据与非财务数据之间的内在关系，对财务信息作出评价。分析程序还包括在必要时调查识别出的、与其他相关信息不一致或与预期数据严重偏离的波动和关系。

1. 实施分析程序的目的

(1) 将分析程序用作风险评估程序，以了解被审计单位及其环境。注册会计师实施风险评估程序的目的在于了解被审计单位及其环境并评估财务报表层次和认定层次的重大错报风险。分析程序可以帮助注册会计师发现财务报表中的异常变化或者预期发生而未发生的变化，识别存在潜在重大错报风险的领域。分析程序还可以帮助注册会计师发现财务状况或盈利能力发生变化的信息和征兆，识别那些表明被审计单位持续经营能力问题的事项。

(2) 当使用分析程序比细节测试能更有效地将认定层次的检查风险降至可接受的水平时，分析程序可以用作实质性程序。在针对评估的重大错报风险实施进一步审计程序时，注册会计师可以将分析程序作为实质性程序的一种，单独或结合其他细节测试，以收集充分、适当的审计证据。此时运用分析程序可以减少细节测试的工作量，节约审计成本，降低审计风险，从而使审计工作更有效率和效果。

（3）在审计结束或临近结束时对财务报表进行总体复核，注册会计师应当运用分析程序，在已收集的审计证据的基础上，对财务报表整体的合理性进行整体评价，评价报表仍然存在重大错报风险而未被发现的可能性，考虑是否需要追加审计程序，以便为发表审计意见提供合理基础。

2. 分析程序用作实质性程序

相对于细节测试而言，实质性分析程序能够达到的精确度可能受到种种限制，所提供的证据在很大程度上是间接证据，证明力相对较弱。从审计过程整体来看，注册会计师不能仅依赖实质性分析程序，而忽略细节测试的运用。

实质性分析程序运用包括以下几个步骤：①识别需要运用分析程序的账户余额或交易；②确定期望值；③确定可接受的差异额；④识别需要进一步调查的差异；⑤调查异常数据关系；⑥评估分析程序的结果。

3. 分析程序常用的方法

分析性程序常用的方法包括比较分析法和比率分析法。

（1）比较分析法，是通过对被审计单位某一具体项目与既定标准进行比较，寻找差异，发现问题，以获取审计证据的一种技术方法。比较的相关标准有：该项目的计划数、预算数、上期实际数或同行业标准等。比较分析法可以比较绝对数，也可以比较相对数。

① 绝对数的比较分析，是通过某一会计报表项目与其既定标准的比较，判断其差额的程度是否在正常合理范围，来获取审计证据的一种方法。绝对数比较分析中的既定标准，可以是本期的计划数、预算数或审计人员的计算结果，也可以是本期的同业标准。在绝对数的比较分析中，若发现可疑之处，审计人员则应扩大审查范围，证实是否存在错报或舞弊现象。

② 相对数的比较分析，是通过对会计报表中的某一项目同与其相关的另一项目比所得的值与既定的标准进行比较分析，来获取审计证据的一种方法。相对数的比较通常主要是对被审计单位财务比率指标的比较分析，例如流动比率、速动比率、应收账款周转率、净资产利润率等。审计人员应结合被审计单位所处的行业背景、生产规模和经济环境等具体因素，判断所得的各项比率指标是否出现异常，并分析其产生的原因，并决定是否有扩大相应审计范围的必要。

（2）比率分析法。比率分析法是指通过对两个性质不同但又相关的指标所构成的比率进行分析，从中发现疑点，进一步查明原因的一种技术方法。如利用资产负债率、流动比率、速动比率可以分析企业负债水平和偿债能力。

【例3-2】 甲公司是ABC会计师事务所的常年审计客户，主要从事新能源汽车配件的生产和销售。A注册会计师负责审计甲公司2023年度财务报表，确定财务报表整体的重要性为1 000万元，实际执行的重要性为500万元。

A注册会计师在审计工作底稿中记录了实施进一步审计程序的情况，部分内容摘录如下：

A 注册会计师采用实质性分析程序测试甲公司 2023 年度的借款利息支出,发现已记录金额与预期值之间存在 600 万元差异,因可接受差异额为 500 万元,A 注册会计师要求管理层更正了 100 万元的错报。

要求:针对资料,假定不考虑其他条件,判断 A 注册会计师的做法是否恰当。如不恰当,简要说明理由。

【解析】

A 注册会计师的做法不恰当。

理由:差异超过可接受的差异额,注册会计师应当调查该差异并考虑是否有扩大相应审计范围的必要,而不是将超出部分直接作为错报。

【例 3-3】 注册会计师实施的下列审计程序中,属于重新执行的是（　　）。

A. 注册会计师利用被审计单位的银行存款日记账和银行对账单,重新编制银行存款余额调节表,并与被审计单位编制的银行存款余额调节表进行比较

B. 对应收账款余额或银行存款余额进行函证

C. 以人工方式或使用计算机辅助审计技术对记录或文件中的数据计算的准确性进行核对

D. 对被审计单位执行的存货盘点或控制活动进行观察

【解析】 正确答案:A。重新执行是指注册会计师以人工方式或使用计算机辅助审计技术,重新独立执行作为被审计单位内部控制组成部分的程序或控制。

任务二　熟悉审计抽样

一、审计抽样概述

(一) 审计抽样的定义

审计抽样(audit sampling)是指审计人员对某类交易或账户余额中低于百分之百的项目实施审计程序,使所有抽样单元都有被选取的机会。

审计抽样应当具备三个基本特征:

(1) 对具有审计相关性的总体中低于 100% 的项目实施审计程序。

(2) 所有抽样单元都有被选取的机会。

(3) 可以根据样本项目的测试结果推断出有关抽样总体的结论。

(二) 审计抽样适用的情形

审计抽样并非在所有的审计程序中都可使用。在风险评估程序、控制测试和实质性程序中,有些审计程序可以使用审计抽样,有些审计程序则不宜使用审计抽样。

1. 风险评估程序对抽样的规定

(1) 通常不涉及使用审计抽样。

(2) 如果注册会计师在了解控制的设计和确定其是否得到执行的同时计划和实施控制测试,则可能涉及审计抽样,但此时的审计抽样仅适用于控制测试,不适用于风险评估程序。

2. 控制测试对抽样的规定

（1）当控制的运行留下轨迹时，注册会计师可以使用审计抽样实施控制测试。

（2）注册会计师通常实施询问、观察等审计程序，以获取有关控制运行有效性的审计证据，此时不宜使用审计抽样。

（3）在被审计单位采用信息技术处理各类交易及其他信息时，注册会计师通常只需要测试信息技术一般控制，并从各类交易中选取一笔或几笔交易进行测试，就能获取有关信息技术应用控制运行有效性的审计证据，此时不要运用审计抽样。

3. 实质性程序对抽样的规定

（1）在实施细节测试时，注册会计师可以运用审计抽样的方法获取审计证据。

（2）如果注册会计师将某类交易或账户余额的重大错报风险评估为可接受的低水平，也可以不实施细节测试，此时不需使用审计抽样。

（3）实施实质性分析程序时，注册会计师的目的不是根据样本项目的测试结果推断有关总体的结论，因而不宜使用审计抽样。

二、审计抽样的种类

（一）按照审计抽样决策的依据不同分类

按照审计抽样决策的依据不同，划分为统计抽样和非统计抽样。

1. 统计抽样

统计抽样，是指审计人员运用数理统计方法确定样本及样本量，进而随机选择样本，并根据样本的审计结果来推断总体特征的一种审计抽样方法。

统计抽样能够科学地确定抽样规模，并且审计对象总体中各项目被抽取的机会均等，可以防止人为的偏见，保证审计结论在规定的可靠程度之上和一定的精确度之内作出。统计抽样还能使审计人员量化控制抽样风险。但统计抽样的技术性较强，可能需要花费较高成本来训练审计人员掌握这种技术。

2. 非统计抽样

非统计抽样，是指审计人员运用专业经验和主观判断来确定样本规模和选取样本的一种审计抽样方法。

非统计抽样的优势是简单易行、能充分利用审计人员的实践经验和判断能力；缺点是审计人员全凭主观标准和个人经验来确定样本规模，往往导致要么样本量过大，浪费了人力和时间；要么样本量过小，易得出错误的审计结论。但是，非统计抽样只要设计得当，也可达到同统计抽样一样的效果。

选取统计抽样还是非统计抽样主要考虑成本效益。统计抽样能够客观地计量抽样风险，并通过调整样本规模精确地控制风险，但其会发生额外的成本。非统计抽样不能量化抽样风险，只能根据职业判断定性地对其控制和评价。

（二）按照审计抽样目的不同分类

按照审计抽样目的不同分类划分为属性抽样和变量抽样。

1. 属性抽样

属性抽样，是一种用来对总体中某一事件发生率得出结论的统计抽样方法。属性抽样在审计中最常见的用途是测试某一设定控制的偏差率,以支持注册会计师对控制有效性的评估。审计人员在进行控制测试时,通常采用属性估计抽样和发现抽样两种方法。

2. 变量抽样

变量抽样,是一种用来对总体金额得出结论的统计抽样方法。变量抽样通常解决金额是多少以及账户是否存在错报的问题。变量抽样在审计中的主要用途是进行细节测试,以确定记录金额是否正确。审计人员在进行实质性程序中的细节测试时,通常采用传统变量抽样和概率比例规模抽样。

三、抽样风险与非抽样风险

(一) 抽样风险(sampling risk)

抽样风险是指注册会计师根据样本得出的结论,可能不同于对整个总体实施与样本相同的审计程序得出的结论的风险。抽样风险与样本规模成反比,样本规模越大,抽样风险越低。

1. 控制测试中的抽样风险

控制测试中的抽样风险包括信赖不足风险和信赖过度风险。信赖不足风险影响审计的效率,信赖过度风险影响审计的效果。

(1) 信赖不足风险,是指推断的控制有效性低于其实际有效性的风险,也可以说,尽管样本结果不支持注册会计师计划信赖内部控制的程度,但实际偏差率支持该信赖程度的风险。

(2) 信赖过度风险,是指推断的控制有效性高于其实际有效性的风险,也可以说,尽管样本结果支持注册会计师计划信赖内部控制的程度,但实际偏差率不支持该信赖程度的风险。

2. 细节测试中的抽样风险

在实施细节测试时,注册会计师需要关注两类抽样风险:误受风险和误拒风险。误受风险影响审计效果;误拒风险影响审计效率。

(1) 误受风险,是指注册会计师推断某一重大错报不存在而实际上存在的风险。

(2) 误拒风险,是指注册会计师推断某一重大错报存在而实际上不存在的风险,将严重影响审计的效率。

但是,信赖过度风险和误受风险对审计人员来说是最危险的风险,因为它会使审计工作无法达到预期的效果;信赖不足风险和误拒风险属于保守型风险,一般只会导致审计人员执行额外的审计程序,增加审计成本,降低审计效率。

(二) 非抽样风险(non-sampling risk)

非抽样风险,是指注册会计师由于与抽样风险无关的原因而得出错误结论的风险。在审计过程中,可能导致非抽样风险的原因包括下列情况:

(1) 注册会计师选择了不适于实现特定目标的审计程序。例如,注册会计师依赖应收账款函证来揭露未入账的应收账款。

(2) 注册会计师选择的总体不适合于测试目标。

(3) 注册会计师未能适当地定义误差(包括控制偏差或错报),导致注册会计师未能发现样本中存在的偏差或错报。

（4）注册会计师未能适当地评价审计发现的情况。例如，注册会计师错误解读审计证据，可能导致没有发现误差。

四、审计抽样的一般程序

（一）样本设计（sample design）

在设计审计样本时，注册会计师应当考虑审计程序的目的和抽样总体的特征，即注册会计师首先应考虑拟实现的具体目标，并根据目标和总体的特点确定能够最好地实现该目标的审计程序组合以及如何在实施审计程序时运用审计抽样。审计人员设计样本的一般程序如下。

1. 确定测试目标

注册会计师必须首先针对某项认定详细了解控制目标和内部控制政策与程序之后，方可确定从哪些方面获取关于控制是否有效运行的审计证据。

2. 定义总体和抽样单元

审计对象总体是审计人员为形成审计结论，拟采用抽样方法审计的经济业务及有关会计或其他资料的全部项目。审计人员在确定审计对象总体时，应保证其适当性和完整性：适当性是指审计对象总体必须符合特定的审计目标，包括适合于测试的方向；完整性是指审计对象总体必须包括被审计经济活动的全部项目。

抽样单元是构成审计对象总体的个别项目。审计人员应当根据审计目的及被审计单位实际情况，确定抽样单元。审计人员依据不同的要求和方法，从审计对象总体中选择若干抽样单元，称之为样本，样本的数量称为样本规模。

3. 定义偏差

在控制测试中，偏差是指偏离对设定控制的预期执行。注册会计师应根据对被审计单位内部控制的了解，确定哪些特征能够显示被测试控制的运行情况，然后据此定义偏差构成条件。在评估控制运行的有效性时，注册会计师应当考虑其认为必要的所有环节。

4. 定义测试期间

注册会计师通常在期中实施控制测试。由于期中测试获取的证据只与控制开始至期中测试时的运行有关，注册会计师需要确定如何获取关于剩余期间的证据。注册会计师应当获取与控制在剩余期间发生的所有重大变化的性质和程度有关的证据，包括其人员的变化。如果发生了重大变化，注册会计师应重新评价其对内部控制的了解，并考虑对变化后的控制进行测试。或者，注册会计师也可以考虑对剩余期间实施实质性分析程序或细节测试。

5. 分层

分层，是指将某一审计对象总体划分为若干具有相似特征的次级总体的过程。审计人员可以利用分层重点关注审计可能存在较大错误的项目，并减少样本量。对总体进行分层时，必须注意以下几点：

（1）总体中的每一个抽样单位必须属于某一个层次且只属于这一层。

（2）必须有事先确定的、有形的、具体的差别或标准，以明确区分不同的层次。

（3）必须能够事先确定每一层次中抽样单元的准确数字。

分层不但能够提高审计效率，而且可以使审计人员按项目的重要性、变化频率或其他特征选取不同的样本量，并且针对不同的层次，实施不同的审计程序。

对应收账款进行函证时，将涉及的往来明细账户按余额的大小分为若干层次，再对每个层次采用不同的审计方法。应收账款分层示例如表 3-1 所示。

表 3-1　　　　　　　　　　应收账款分层示例

层次	分层标准	抽样方法	函证方式
1	余额在 10 000 元以上	100%函证	积极函证
2	余额在 5 000～10 000 元	使用随机数表抽样 30%	积极函证
3	余额在 5 000 元以下	使用系统抽样 10%	消极函证

（二）样本选取（sampling）

1. 确定抽样方法

抽样方法包括随机选样、系统选样、随意选样。

（1）随机选样，是指对审计对象总体或次级总体的所有项目，按随机规则选取样本。随机选样通常用随机数表和计算机产生的随机数来进行。所谓随机数表，就是随机产生的由 0 到 9 这 10 个数字组成的几个多位数字，并将这些数字随机纵横排列而成的一种表。

审计人员运用此法时，首先应确定随机数表中的数字与审计对象总体中项目的一一对应关系。如果总体中的项目已连续编号，则这种一一对应关系就很容易建立，但有时需要重新编号才能建立这种对应关系。审计人员使用随机数表时，应选择一个起点和一个选号路线，起点和选号路线可任意选择，但一经选定，就不得改变，必须从起点开始，按照选号路线依次选取。

随机选样不仅使总体中每个抽样单元被选取的概率相等，而且使相同数量的抽样单元组成的每种组合被选取的概率相等。这种方法在统计抽样和非统计抽样中均适用。

（2）系统选样，也称等距选样，是指首先计算选样间隔，确定随机起点，然后按照间隔，顺序选取样本的方法。选样间隔计算公式为：

$$选样间距＝总体规模÷样本规模$$

系统选样的特点是使用方便，可适应于无限总体，但它要求总体项目必须随机排列，不带有任何规律，否则易发生较大偏差。

假设拟从被查总体 3 000 张收款凭证中采用系统选样法抽取 300 张样本进行审查，那么，选样间距为 10 张（3 000÷300），假设抽签确定起点为 46，则应选取样本的编号向下为 36、26、16、6，向上为 56、66、76、86、96。

（3）随意选样，是指审计人员不带任何偏见地选取样本，即不考虑样本项目的性质、金额大小、位置、外观或其他特征而选取总体项目。随意选样的缺点在于很难完全无偏见地选取样本项目，即这种方法难以彻底排除审计人员的个人偏好对样本的影响，因而其结果有时缺乏合理性与可靠性。

2. 确定样本规模

样本规模,是指从总体中选取样本项目的数量。注册会计师应当确定足够的样本规模,以将抽样风险降至可接受的低水平。

确定样本规模要适量。样本规模过小,不能反映审计对象总体的特征,从而加大抽样风险;样本规模过大,虽然可能减少了抽样风险,但是严重影响审计效率。影响样本规模的因素主要包括:

(1) 可接受的信赖过度风险水平。可接受的信赖过度风险水平与样本规模为反向变动关系。由于控制测试是控制是否有效运行的主要证据来源,因此,可接受的信赖过度风险水平应确定在相对较低的水平上。通常,相对较低的水平是指5%~10%的可接受的信赖过度风险水平。注册会计师一般将可接受的信赖过度风险水平确定为10%,特别重要的测试可以将可接受的信赖过度风险水平确定为5%。

(2) 可容忍偏差率。可容忍偏差率与样本规模呈反向变动关系。可容忍偏差率是指注册会计师设定的偏离规定的内部控制的比率,注册会计师试图对总体中的实际偏差率不超过该比率获取适当水平的保证。换言之,可容忍偏差率是注册会计师能够接受的最大偏差数量,如果偏差超过这一数量则减少或取消对内部控制的信赖。一般来说,可容忍偏差率最高为20%,当可容忍偏差率超过20%时,由于估计控制运行无效,注册会计师将无需进行控制测试。

(3) 预计总体偏差率。预计总体偏差率与样本规模呈同向变动关系。在实务中,如果以前年度的审计结果无法取得或被认为不可靠,注册会计师可以在抽样总体中选取一个较小的初始样本;如果预计总体偏差率高得无法接受,意味着控制有效性很低,这时注册会计师通常决定不实施控制测试,而实施更多的实质性程序。

(4) 总体规模。总体规模对样本规模影响很小。

① 除非总体非常小,一般而言,总体规模对样本规模的影响几乎为零。

② 注册会计师通常将抽样单元超过2 000个的总体视为大规模总体。对大规模总体而言,总体的实际容量对样本规模几乎没有影响。

③ 对小规模总体而言,审计抽样比其他选择测试项目的方法的效率低。

(三) 评价样本结果(evaluate sample results)

审计人员必须运用恰当的审计技术对所选取的样本进行审查,并按照下列步骤评价样本结果。

1. 分析样本误差

注册会计师应当考虑样本的结果、已识别的所有误差的性质和原因及其对具体审计目标和审计的其他方面可能产生的影响。无论是统计抽样还是非统计抽样,对样本结果进行定性评估和定量评估同样重要。

2. 推断总体误差

在实施控制测试中,审计人员将样本中发现的偏差数量除以样本规模,就计算出样本偏差率。无论使用统计抽样或非统计抽样方法,样本偏差率都是审计人员对总体偏差率的最佳估计,但审计人员必须考虑抽样风险。当实施细节测试时,注册会计师应当根据样本中发现的误差金额推断总体误差金额,并考虑推断误差对特定审计目标及审计其他方面的影响。

3. 形成审计结论

审计人员应当评价样本结果,确定对总体相关特征的评估是否得到证实或需要修正,以最终形成审计结论。

(1)控制测试中的样本结果评价。在控制测试中,审计人员应当将总体偏差率与可容忍偏差率相比较,但必须考虑抽样风险。

(2)细节测试中的样本结果评价。在细节测试中,审计人员应当根据样本中发现的实际错报要求被审计单位调整账面记录金额。将被审计单位已更正的错报从推断的总体错报金额中减掉后,审计人员应当将调整后的推断总体错报与该类交易或账户余额的可容忍错报相比较,但必须考虑抽样风险。

【例3-4】 X公司应付票据备查簿显示,"应付票据"项目由72笔应付票据业务构成。根据具体审计计划的要求,注册会计师需从中选取6笔应付票据业务进行检查。

假定应付票据备查簿中记载的72笔应付票据业务是随机排列的,注册会计师采用系统选样法选取6笔应付票据业务样本,并且确定随机起点为第7号。请判断其余5笔应付票据业务分别是哪几笔?

【解析】 选样间隔:$72 \div 6 = 12$,即以第7号为起点按相等的间隔12选取样本,其余5笔业务的号码分别为:19,31,43,55,67。

引导案例解析

此次扶贫资金的审计运用了检查记录或文件、观察、询问等。

素养园地

2019年5月24日,中国证监会发布〔2019〕37号《行政处罚决定书》,认定众华会计师事务所(以下简称"众华所")在对江苏雅百特科技股份有限公司(以下简称"雅百特")进行2015年财务报表审计、盈利预测实现情况专项审核以及财务报告内部控制有效性审核时存在违法违规行为,并依法对众华所及签字注册会计师作出罚款和警告的处罚决定。证监会在调查中发现,雅百特在2015年时虚构了一个位于巴基斯坦木尔坦的项目。但雅百特实际上并没有参与此项目,只是找了一家海外公司伪造了一个虚假的工程建设合同,且合同并未履行。通过伪造此项目,雅百特虚增营业收入2.02亿元,相应虚增当期营业利润1.50亿元,占当期利润总额的47.09%;以虚构国内建材贸易的方式虚增收入2.61亿元,相应虚增当期利润6 855.89万元,占当期利润总额的21.57%。

众华所在对雅百特销售与收款循环与记录应收账款有关的业务活动的控制实施控制测试程序时,设定的控制目标是"所有记录的应收账款均已发出相应货物"。但其实施的控制测试程序是抽取凭证,并在底稿中记录凭证编号、发票上是否有相符印戳、是否输入应收账款借方、发票号码等信息,而以上获取的信息并不能印证记录的应收账款均已发出相应货物,而应该获取的货物出入库单据、运费单据等资料,底稿中未予记载和保留。

此外,雅百特称,首都工程公司代雅百特支付了巴基斯坦木尔坦项目中Sahi材料公司的材料费用和Al劳务公司的劳务费用,共计2 494.88万元,并直接从雅百特巴基斯坦木尔坦项目款中扣除。审计工作底稿显示,众华所在出具2015年年度审计报告前未对巴基斯坦木尔坦项目的当地材料供应商和劳务供应商进行访谈或实施函证等审计程序,仅依据双方签订的合同便确认了业务发生的真实性。

众华所在对雅百特2015年度财务报表进行审计时,缺少应有的职业审慎及职业怀疑,存在获取审计证据不完整、执行审计程序不到位的情况,未做到勤勉尽责,被证监会处以责令改正,没收业务收入54万元,没收违法所得12万元,并合计处以174万元罚款的行政处罚;签字注册会计师孙勇、顾洁被处以警告,并分别处以8万元罚款的行政处罚。

通过对众华会计师事务所审计失败案例的分析,可以得出以下教训:审计人员必须严格遵守职业道德准则,保持独立性和客观性;审计人员需通过对重要信息的分析和理解,正确评估审计对象的风险和问题;审计人员应具备扎实的业务知识和技能,确保采集和评估审核证据的准确性和完整性;审计人员编写审计报告时要准确、明确地表达审计意见,确保审计报告的真实性和可靠性。

项目知识结构

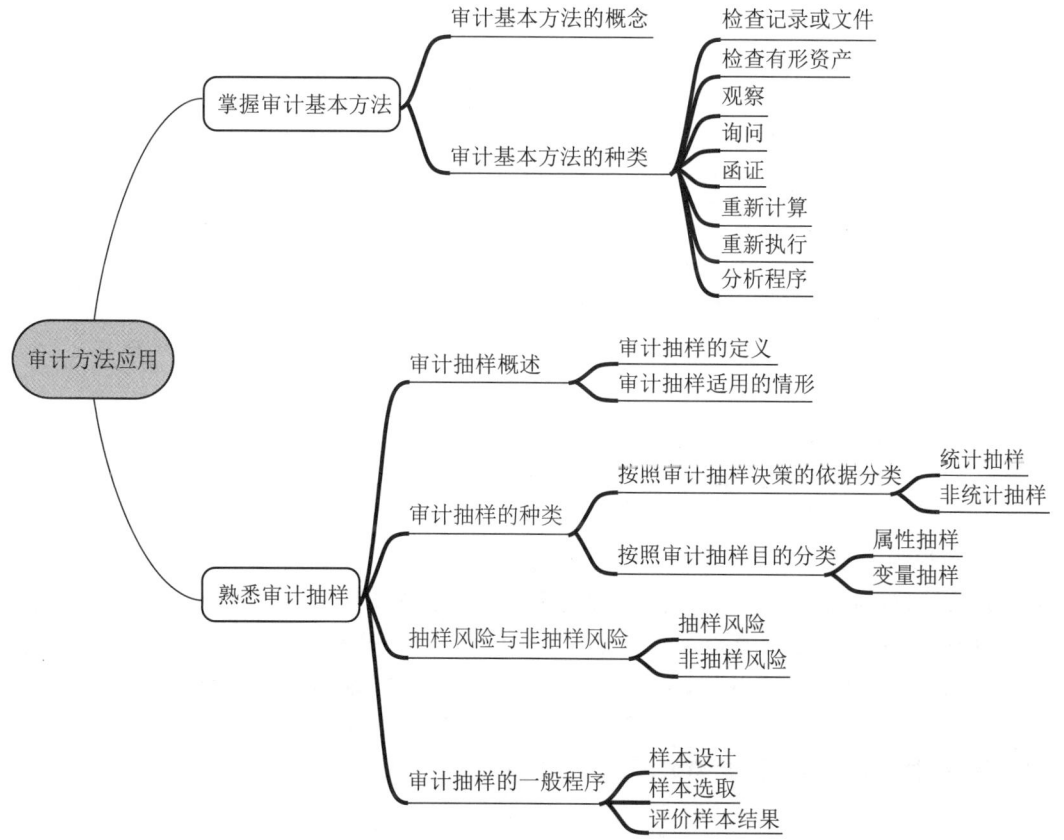

技能训练

一、单项选择题

1. 现代审计的一个显著特点,是在评审内部控制的基础上进行的( )。
   A. 详细审计　　　　　　　　　B. 局部审计
   C. 抽样审计　　　　　　　　　D. 事前审计

2. 下列情况,对应收账款采用肯定式函证较好的是( )。
   A. 被审单位相关内控有效　　　B. 个别账户的欠款金额较大
   C. 欠款余额小的债务人较多　　D. 预计差错率较低

3. 注册会计师采用系统选样法从8 000张凭证中选取200张作为样本,确定随机起点为凭证编号的第35号,则抽取的第5张凭证的编号应为( )号。
   A. 155　　　　B. 195　　　　C. 200　　　　D. 235

二、多项选择题

1. 下列有关审计取证方法的表述中,错误的有( )。
   A. 询问本身不足以测试内部控制运行的有效性
   B. 检查有形资产可为其存在性提供可靠的审计证据
   C. 重新计算是指对有关业务程序或者控制活动独立进行重新验证
   D. 函证回函来自独立第三方,审计人员无须对函证过程进行控制

2. 审计机关在对某国有银行的信贷业务实施审计时,审计人员调阅了某企业信贷档案,与企业负责人、信贷经理座谈,并实地查看了抵押的房产,为跟踪贷款资金的流向,延伸检查了其他相关单位。在这一审计过程中,审计人员采取的取证方法有( )。
   A. 检查　　　B. 询问　　　C. 重新操作　　　D. 外部调查

3. 审计抽样只与审计风险要素中的( )相关。
   A. 程序风险　　B. 固有风险　　C. 控制风险　　D. 检查风险

三、判断题

1. 顺查法一般适用于规模较大,业务较多的大中型企业和会计凭证较多的机关行政事业单位。( )

2. 询证函一般以被审计单位的名义签发,但须注明回函时要寄至会计师事务所,并写明地址,以保证所复函件能寄回到审计人员手中,切忌将函件寄回被审计单位,以避免被审计单位有关人员借机更改数字或截留。( )

3. 在样本量不变的条件下,由于可容忍误差与可信赖程度呈同向变动关系,与抽样风险呈反向变动关系,因此,可信赖程序与抽样风险之间呈反向变动关系,即,要求的可信赖程度越高,相应的抽样风险就越低。( )

四、案例题

1. 合力公司2023年年末部分应收账款余额明细表如表3-2所示。

表 3-2　　　　　　　　合力公司部分应收账款余额明细表

债务人名称	摘要	期初数(元)	期末数(元)	账龄			
				1年以内	1~2年	2~3年	3年以上
高华公司	销货款	850 000	50 000				
庆园公司	销货款	5 000 000	4 500 000				
宇亮公司	销货款	88 000	88 000				
乐业公司	销货款	100 000	1 100 000	√			
鸿发公司	销货款	596 430	596 430				√
航宇公司	销货款	0	20 000	√			

要求：请问注册会计师梁勇在运用函证方法证实合力公司应收账款金额真实性时，如何针对不同客户选择不同的函证方式？

2. 注册会计师梁勇对合力公司存货进行审计时，发现合力公司存在以下可能会导致错误的情况。

（1）所有存货都未认真盘点。

（2）接近资产负债表日前入库的甲材料采购已验收入库，但可能没有进行相关会计记录。

（3）F公司存放于合力公司仓库内的乙材料可能已计入合力公司存货项目中。

（4）存货计价方法已作变更。

要求：(1) 注册会计师梁勇为证实上述情况是否将导致错误，应当采取的最主要的实质性程序是什么？（每种情况限列一种程序）

（2）注册会计师梁勇实施的实质性程序能够实现的审计目标主要是什么？

项目四
审计证据获取与审计工作底稿编制

学习目标

素养目标
1. 培养求真、求实的科学态度,以进行审计证据的收集和鉴定。
2. 培养认真、严谨的工作态度,以进行审计工作底稿的编制。
3. 培养以德执业、依法执业的意识,在工作中满怀正能量地服务社会。

知识目标
1. 了解审计证据的含义、特性和种类。
2. 熟悉审计工作底稿的含义、作用、内容和格式。
3. 熟悉编制审计工作底稿应包括的要素。
4. 掌握审计证据收集和审计证据鉴定的基本理论和基本方法。
5. 掌握审计工作底稿的复核及审计工作底稿的归档。

能力目标
1. 能够判断不同种类的审计证据。
2. 能够对审计证据进行收集、整理并进行基本分析。
3. 能够编制和复核审计工作底稿。
4. 能够对审计工作底稿进行归档。

引导案例

2018年10月19日,长园集团股份有限公司(以下简称"长园集团")收到上海证券交易所《关于对长园集团股份有限公司2018年半年度报告事后审核的二次问询函》,在问询函阶段,长园集团聘请律师对本次函件中涉及的所属子公司长园和鹰智能科技有限公司(以下简称"长园和鹰")的问题进行全面核查后,了解到其智能工厂项目和设备业务的真实性存在重大问题。独立董事认为,智能工厂项目结算及回款严重滞后,根据公司反馈及提供的资料,已有理由初步判断长园和鹰原负责人存在业绩造假的嫌疑。

从2016年开始,长园集团与其他三家企业签订合同,共同建造服装生产智能工厂,智能工厂项目合同金额巨大,能够对公司业绩产生重要影响。公司按各项目完工进度确认收入,收入确认时点存在更多的主观性,收入发生认定存在较大舞弊风险。经调查,三家企业中,一家企业仅有部分设备处于运转状态,且声称其已与长园和鹰签署"补充协议",约定已签署的"验收确认书"无效,"往来账项询证函"等文件上的公章不是其真实印鉴。另外两家企业处于停工状态,其中一家已不具备履行合同付款义务的能力。

然而,大华会计师事务所对长园和鹰的财务数据发表了无保留意见,认为2016年度和2017年度长园和鹰智能工厂的财务数据和长园和鹰管理层对收入确认的依据合理。大华会计师事务所审计人员在对智能工厂项目进行年度审计过程中并未发现审计证据失真的问题,未发现存在导致销售合同及验收报告无效的补充协议,也并未发现公章造假、审计证据伪造以及串通舞弊提供虚假审计证据的情况。

【讨论】对于获取的审计证据,注册会计师应当考虑哪些方面的问题?

任务一 获取审计证据

审计工作就是围绕审计目标,收集审计证据,并根据审计证据形成审计结论和审计意见的过程。审计证据是形成审计意见的基础。为得出合理的审计结论,审计人员必须收集充分、适当的审计证据,并评价审计证据,据此得出审计结论、支撑审计意见。

一、审计证据概述

(一)审计证据的概念

审计证据(audit evidence)是指注册会计师为了得出审计结论、形成审计意见而使用的所有信息,包括构成财务报表基础的会计记录中含有的信息和其他信息。

审计人员对被审计单位的会计报表及其反映的经济活动所作的分析、判断和评价,不仅要依靠各种审计依据,而且必须依靠一定的事实凭据,这种证据来源于企业经济行为本身,它反映着企业经济活动的客观事实,审计人员实施审计工作的最终目的是根据一定的证据对被审计单位的受托经济责任表明意见。从一定意义上讲,审计证据是审计成败的关键。没有证据就没有发言权,审计意见也就无从谈起。因此,审计实施的过程实质上就是收集和评价审计证据的过程。通过审计证据的收集和评价以证明被审计单位账务报表的合法性和公允性,证明经济活动的合法性、效益性和审计人员所作的结论及所提的意见的正确性。总之,审计证据是做好审计工作、合理提出审计意见、达到审计目标的重要条件。

(二) 审计证据的内容

1. 会计记录中含有的信息

会计记录主要包括原始凭证、记账凭证、总分类账和明细分类账、未在记账凭证中反映的对财务报表的其他调整,以及支持成本分配、计算、调节和披露的手工计算表和电子数据表。

依据会计记录编制财务报表是被审计单位管理层的责任,审计人员应当测试会计记录以获取审计证据。会计记录中含有的信息本身并不足以提供充分的审计证据作为对财务报表发表审计意见的基础,审计人员还应当获取用作审计证据的其他信息。

2. 其他的信息

可用作审计证据的其他的信息包括审计人员从被审计单位内部或外部获取的会计记录以外的信息,如被审计单位会议记录、内部控制手册、询证函回函、分析师报告、与竞争者的比较数据等;通过询问、观察和检查等审计程序获取的信息,如通过检查存货获取存货存在的证据等;自身编制或获取的可以通过合理推断得出结论的信息,如审计人员编制的各种计算表、分析表等。

(三) 审计证据的特征

审计证据的特征是指审计证据的充分性和适当性。审计人员应当保持职业怀疑态度,运用职业判断,评价审计证据的充分性和适当性。

1. 充分性(sufficiency)

充分性是对审计证据数量的一种衡量,主要与审计人员确定的样本量有关。充分性是审计人员形成审计结论和意见对审计证据的最低数量要求。例如,对某个审计项目实施某一选定的审计程序,从 300 个样本项目中获得的证据要比从 200 个样本项目中获得的证据更充分。

2. 适当性(appropriateness)

适当性是对审计证据质量的一种衡量,即要求审计证据在支持审计结论和意见方面具有相关性和可靠性。相关性和可靠性是审计证据适当性的核心内容,只有相关且可靠的审计证据才是高质量的。

(1) 相关性,是指审计证据与审计目标之间或审计证据与其他审计证据之间的内在联系程度,它要求审计证据所反映的内容与审计事项之间具有实质性联系,能够支持审计结论和意见。只有具备相关性的证据才是适当的、有说服力的。

(2) 可靠性,是指审计证据的可信赖程度,它要求审计证据必须是客观存在的事实材料,故又称为审计证据的客观性。注册会计师通常采用以下标准进行判断:

① 从外部独立来源获取的审计证据比从其他来源获取的审计证据更可靠。从外部独立来源获取的审计证据由完全独立于被审计单位以外的机构或人士编制并提供,未经被审计单位有关职员之手,从而减少了伪造、更改凭证或业务记录的可能性,因而其证明力最强,如银行询证函回函、应收账款询证函回函、保险公司等机构出具的证明等。相反,

从其他来源获取的审计证据,由于证据提供者与被审计单位存在经济或行政关系等原因,其可靠性应受到质疑,如被审计单位内部的会议记录等。

② 直接获取的审计证据比间接获取或推论得出的审计证据更可靠。间接获取的证据有被涂改或伪造的可能性,降低了可信赖程度。而推论得出的审计证据,主观性较强,人为因素较多,可信赖程度也因此受到影响。

③ 以文件、记录形式(无论是纸质、电子或其他介质)存在的审计证据比口头形式的审计证据更可靠。口头证据本身并不足以证明事实的真相,仅仅提供一些重要线索,为进一步调查确认所用,需要得到其他证据的支持。

④ 从原件获取的审计证据比从传真件或复印件获取的审计证据更可靠。注册会计师可审查原件是否有被涂改或伪造的迹象,提高证据的可依赖程度。而传真件或复印件容易被变造或伪造,可靠性较低。

⑤ 内部控制有效时内部生成的审计证据比内部控制薄弱时内部生成的审计证据更可靠。如果被审计单位有着健全的内部控制且在日常管理中得到一贯的执行,会计记录的可信赖程度将会增加。相反,如果被审计单位的内部控制薄弱,甚至不存在任何内部控制,被审计单位内部凭证记录的可靠性就大为降低。

3. 充分性和适当性之间的关系

充分性和适当性是审计证据的两个重要特征,两者缺一不可,只有充分且适当的审计证据才是有证明力的。

(1) 审计证据质量越高,需要的审计证据数量可能越少。审计人员需要获取的审计证据的数量受审计证据质量的影响,也就是说,审计证据质量越高,需要的审计证据可能越少。例如,被审计单位内部控制健全有效时生成的审计证据更可靠,注册会计师只有获取适量的审计证据,才可以为发表审计意见提供合理的基础。

(2) 单纯地增加审计证据数量,无法弥补审计证据质量上的缺陷。尽管审计证据的充分性和适当性相关,但如果审计证据的质量存在缺陷,审计人员仅靠获取更多的审计证据可能无法弥补其质量上的缺陷。例如,审计人员应当获取收入完整性证据,获取的却是收入真实性证据,即便收入真实性证据再多,也无法证明收入的完整性。

【例 4-1】 以下关于审计证据可靠性的表述中,不正确的是(　　)。
A. 从外部独立来源获取的审计证据比从其他来源获取的审计证据更可靠
B. 内部控制有效时内部生成的审计证据比内部控制薄弱时内部生成的审计证据更可靠
C. 注册会计师推理得出的审计证据比直接获取的审计证据可靠
D. 直接获取的审计证据比间接获取或推论得出的审计证据更可靠

【解析】 正确答案为 C。注册会计师直接获取的审计证据比推理得出的审计证据可靠。

二、审计证据的分类

审计证据有许多不同的分类标准。

(一) 按外形特征分类

1. 实物证据(physical evidence)

实物证据是指注册会计师通过实际观察或实地清点等方法取得的、用以确定实物资产是否确实存在的证据。实物证据通常是最可靠、证明力最强的证据,可以有效地证实资产的数量、特征等,但不能证实被审计单位对其拥有所有权,一般也不能确定实物资产的质量好坏和价值情况。

2. 书面证据(written evidence)

书面证据是指注册会计师所获取的各种以书面文件为形式的证据。它包括与审计有关的会计证据,如原始凭证、会计记录(包括记账凭证、会计账簿、各种计算书和明细表)及其相关的非会计证据,如各种会议记录、合同、通知书、报告书、函件等。书面证据是审计证据中最大量、最基本的证据,是审计证据的主体,所以也称为基本证据。

3. 口头证据(parole evidence)

口头证据是指被审计单位人员或其他有关人员对注册会计师的提问作口头答复所形成的证据。注册会计师应将各种重要的口头证据形成书面记录,并注明何人、何时、在何种情况下所作的口头陈述,必要时还应获得被询问人的签名确认。口头证据常常带有被询问者个人的观点、情感、倾向性等,所以可靠性较差,证明力较弱,注册会计师在使用这类证据时要特别谨慎。但如果对同一事项,不同的人的口头证据能够相互印证或一致时,这类口头证据则具有较高的证明力。通常口头证据本身不足以证明事情的真相,但注册会计师往往可以通过口头证据挖掘出一些重要线索,从而有利于对某些需要审核的情况作进一步的调查,以收集到更为可靠的证据。

4. 环境证据(circumstantial evidence)

环境证据是指对被审计单位产生影响的各种环境事实。它主要包括被审计单位的内部控制、会计机构和人员素质、其他组织机构及管理人员素质、经营情况及发展趋势、发展战略与经营方针、当地经济发展情况、所在行业经营及发展情况等。环境证据一般不属于基本证据,但它可以帮助注册会计师了解被审计单位及其经济活动所处的环境,把握其经营业务的总体情况,分析其相关经济业务的合理性,便于掌握审计线索和审计重点,是注册会计师进行判断必须掌握的资料。

(二) 按重要性不同分类

1. 基本证据(basic evidence)

基本证据是指对审计事项的某一审计目标有重要的、直接证明作用的审计证据。例如,证明资产负债表各项目的真实性、正确性,其基本证据应是据以编制资产负债表的各账户的余额。基本证据与所要证实的目标有极其密切的关系。

2. 辅助证据(secondary evidence)

辅助证据也称旁证证据,是指能支持基本证据证明力的证据。在证实被审计事项时,要取得充分、可靠的证据,只有基本证据是不够的,因为基本证据虽然重要却未必可靠。

(三) 按来源不同分类

1. 内部证据(internal evidence)

内部证据是指由被审计单位内部编制并提供的审计证据,如各种会计记录、管理层声明书等。内部证据由被审计单位自己制作、处理和保存,客观性较差,容易为被审计单位歪曲,所以可靠性和证明力相对较低。

2. 外部证据(external evidence)

外部证据是指来源于外部单位,未经过被审计单位就直接被审计人员获取的证据,如应收账款询证函的回函、律师声明书等,这类证据的可靠性和证明力较强。

3. 亲历证据(personal evidence)

亲历证据是指由注册会计师亲自获得的证据,如通过亲自监盘或清点后所编制的盘点表、通过现场观察或调查所获得的环境证据、实质性测试时编制的各种明细表等。亲历证据可信程度高,证明力较强。

【例 4-2】 审计人员在审计中收集到以下审计证据:
(1) 审计人员亲自盘点取得的库存现金盘点表和被审计单位提供的库存现金日记账。
(2) 销货发票副本和销售明细账。
(3) 应收账款函证的回函和应收账款明细账。
(4) 管理严格的被审计单位的会计资料和财务负责人对某项开支的口头说明。

要求:请分析一下上述每组的证据中哪个审计证据更具有可靠性,并说明理由。

【解析】
(1) 库存现金盘点表更为可靠。因为库存现金盘点表是审计人员亲自取得的,是亲历证据,证明力更强。
(2) 销货发票副本更为可靠。尽管两者均为内部证据,但销货发票是在外部流转的,并获得公司以外的机构或个人的承认,而产品出库单只在公司内部流转,证明力较弱。
(3) 审计人员收回的应收账款回函更为可靠。因为回函既是外部证据,又是注册会计师亲自收集的证据,证明力更强,而客户应收账款明细账是内部证据,证明力较弱。
(4) 管理严格的被审计单位的会计资料更为可靠。因为管理严格的被审计单位的会计资料内部控制比较好,且是书面证据,证明力更强,而财务负责人对某项开支的口头说明是口头证据,证明力较差。

【例 4-3】 审计人员在对某公司进行审计时,发现该公司的内部控制制度存在严重问题,获取了以下审计证据:①销售发票副本;②实物证据;③被审计单位管理层声明书。

要求:请分析审计人员能否依据这些证据。

【解析】
(1) 销售发票副本可以作为证据。因为它既是书面证据,也是内部证据,可以用来审查销售收入的实现情况。
(2) 实物证据可以作为证据,因为它可反映实物存在的真实性、数量和计价的正确性,实物证据可靠性强,具有较强的证明力。
(3) 被审计单位管理当局声明书不能作为证据。因为被审计单位的声明书虽然能够强调会计报表具有主要责任,但该公司本身内部控制存在严重问题,管理层声明书的可靠性较弱,且管理层声明书不可替代审计人员实施必要的审计程序。

三、审计证据的形成与整理

审计证据的形成必须通过收集、鉴定、综合和运用,对已获取的审计证据需要进行整理和分析，以便形成恰当的审计意见。

（一）审计证据的收集

收集审计证据是审计实施阶段的主要工作，直接反映了审计工作的质量。审计证据的收集方法很多，注册会计师获取审计证据的方法具体有检查记录或文件、检查有形资产、观察、询问、函证、重新计算、重新执行、分析程序。

（二）审计证据的鉴定

审计人员在实施审计过程中所收集到的大量审计证据都具有潜在的证据力，要使这种潜在的证据力转化为现实的证据力，审计人员必须对所收集到的审计证据加以鉴定整理筛选，使之条理化、系统化，以保证所收集整理的审计证据足以支持审计人员发表的审计意见。因此审计人员应对反映不同内容的审计证据进行适当的取舍，选择那些具有代表性、典型性的审计证据。

取舍审计证据需要考虑以下两个方面：

1. 金额的大小

金额较大，对被审计单位的财务状况或经营成果的反映产生重大影响的证据，应当作为重要证据。

2. 问题性质的严重程度

有些审计证据本身所揭露的问题金额也许并不大，但这类问题的性质较为严重，它可能导致其他重要问题的产生或与其他可能存在的重要问题有关，则这类证据也应作为重要证据。

（三）审计证据的综合

审计证据的综合，是指对鉴定后的审计证据进行归纳、分类、计算、比较、总结，把具有个别证据力的分散的审计证据有机地联系起来，形成综合证明力以证明被审计事项。

（四）审计证据的运用

审计证据的运用是指审计人员将经过综合之后的各种证据转化为具有充分证明力的审计证据，对被审计事项进行整体分析，评价被审计单位的经营活动和财务状况，提出审计意见和建议，形成审计结论的过程。

（五）审计证据的整理

审计证据的整理是注册会计师把收集到的分散的、个别的证据予以条理化、系统化，使之具有充分的证明力，以便形成恰当的审计意见和审计结论的过程。整理审计证据的基本方法包括分类、计算、比较、小结和综合。

（1）分类是指将审计证据按照证明力强弱，或与审计目标的关系进行归类整理。

（2）计算是指按照一定的方法对数据方面的审计证据进行计算，从而得出所需的新的证据的方法。

（3）比较包括两方面的内容：①将各种证据进行反复比较，从中分析被审计单位经济业务的变动趋势及其特征；②将各种证据与审计目标进行比较，看其是否足以形成审计结论，是否还需要获取新的证据。

（4）小结是指在上述工作的基础上，对审计证据进行归纳总结，得出具有说服力的局部审计结论。

(5) 综合是将各类审计证据及其形成的局部审计结论进行综合分析,最终形成整体的审计意见。

【例4-4】 下列关于审计证据充分性的说法中,错误的是( )。
A. 审计证据的充分性是对审计证据数量的衡量,主要与确定的样本量有关
B. 获取更多的审计证据可以弥补这些审计证据质量上的缺陷
C. 注册会计师需获取审计证据的数量受其对重大错报风险评估的影响
D. 需要获取的审计证据的数量受审计证据质量的影响

【解析】 正确答案:B。如果审计证据的质量存在缺陷,仅靠获取更多的审计证据可能无法弥补审计证据质量上的缺陷。

任务二　编制审计工作底稿

审计工作底稿(audit working papers)是注册会计师对制定的审计计划、实施的审计程序、获取的相关审计证据,以及得出的审计结论作出的记录。审计工作底稿是审计证据的载体,是审计人员在审计过程中形成的审计工作记录和获取的资料。审计工作底稿形成于审计过程,反映整个审计过程。

一、审计工作底稿编制的目的

审计工作底稿在计划和执行审计工作中发挥着关键作用。注册会计师及时编制审计工作底稿,为了实现以下目的:①提供充分、适当的记录,作为出具审计报告的基础;②提供证据,证明注册会计师已按照审计准则和相关法律法规的规定计划和执行了审计工作。

除上述目的外,编制审计工作底稿还可以实现下列目的:

(1) 有助于项目组计划和执行审计工作。

(2) 有助于负责督导的项目组成员按照《中国注册会计师审计准则第1121号——对财务报表审计实施的质量管理》的规定,履行指导、监督与复核审计工作的责任。

(3) 便于项目组说明其执行审计工作的情况。

(4) 保留对未来审计工作持续产生重大影响的事项的记录。

(5) 便于会计师事务所实施项目质量复核与检查。

(6) 便于监管机构和注册会计师协会根据相关法律法规或其他相关要求,对会计师事务所实施执业质量检查。

二、审计工作底稿的内容

审计工作底稿通常包括总体审计策略、具体审计计划、分析表、问题备忘录、重大事项概要、询证函回函和声明、核对表、有关重大事项的往来函件(包括电子邮件),注册会计师还可以将被审计单位文件记录的摘要或复印件(如重大的或特定的合同和协议)作为审计工作底稿的一部分。

此外，审计工作底稿通常还包括业务约定书、管理建议书、项目组内部或项目组与被审计单位举行的会议记录、与其他人士（如其他注册会计师、律师、专家等）的沟通文件及错报汇总表等。但是，审计工作底稿并不能代替被审计单位的会计记录。

审计工作底稿可以以纸质、电子或其他介质形式存在。随着信息技术的广泛运用，审计工作底稿的形式从传统的纸质形式扩展到了电子或其他介质形式。

三、审计工作底稿的分类

（一）按性质和作用分类

1. 综合类工作底稿（comprehensive working papers）

综合类工作底稿，是审计人员在审计计划阶段和审计报告阶段，为规划、控制和总结整个审计工作，并为最终发表审计意见所形成的审计工作底稿。

2. 业务类工作底稿（audit-oriented working papers）

业务类工作底稿，是审计人员在审计实施阶段执行具体审计程序时所形成的工作底稿。

3. 备查类工作底稿（reference working papers）

备查类工作底稿，是审计人员在审计过程中编制取得的，对审计工作仅具有备查作用的审计工作底稿。

（二）按取得方式分类

1. 自编的审计工作底稿

自编的审计工作底稿，是审计人员自己编制形成的审计工作底稿，如审计计划、审计日程表等。

2. 直接获取的审计工作底稿

直接获取的审计工作底稿，是指审计人员直接从被审计单位或其他有关单位取得的审计工作底稿，或是要求被审计单位有关人员代为编制的有关会计账项的明细分类或汇总底稿。这类底稿只有经过审核合格后才能作为审计工作底稿。

四、审计工作底稿的编制

（一）审计工作底稿的基本要素

审计工作底稿形式多样，记录内容各不相同，但一般都包括以下基本要素。

1. 审计工作底稿的标题

每张审计工作底稿应当包括被审计单位名称、审计项目名称以及资产负债表日或审计工作底稿覆盖的会计期间（如果与交易相关）。

2. 审计过程记录

在记录审计过程时，应当特别注意以下几方面重点内容：

（1）具体项目或事项的识别特征。在记录实施审计程序的性质时间安排和范围时，注册会计师应当记录测试的具体项目或事项的识别特征。记录具体项目或事项的识别特征可以实现多种目的，例如，既能反映项目组履行职责的情况，也便于对例外事项或不符事项进行调查以及对测试的项目或事项进行复核。

识别特征是指被测试的项目或事项表现出的征象或标志。识别特征因审计程序的性质和测试的项目或事项不同而不同。对某一具体项目或事项而言,其识别特征通常具有唯一性,这种特性可以使其他人员根据识别特征在总体中识别该项目或事项并重新执行该测试。

(2) 重大事项及相关重大职业判断。注册会计师应当根据具体情况判断某一事项是否属于重大事项。重大事项通常包括:①引起特别风险的事项;②实施审计程序的结果,该结果表明财务信息可能存在重大错报,或需要修正以前对重大错报风险的评估和针对这些风险拟采取的应对措施;③导致注册会计师难以实施必要审计程序的情形;④导致出具非标准审计报告的事项。注册会计师应当记录与管理层、治理层和其他人员对重大事项的讨论,包括所讨论的重大事项的性质以及讨论的时间、地点和参加人员。

相关重大事项的记录可能分散在审计工作底稿的不同部分。将这些分散在审计工作底稿中的相关重大事项的记录汇总在重大事项概要中,不仅可以帮助注册会计师集中考虑重大事项对审计工作的影响,还便于审计工作复核人员全面、快速地了解重大事项,从而提高复核工作的效率。对于大型、复杂的审计项目,重大事项概要的作用尤为重要。因此,注册会计师编制重大事项概要有利于有效地复核和检查审计工作底稿,并评价重大事项的影响。

(3) 记录针对重大事项如何处理不一致的情况。如果注册会计师识别出的信息与针对某重大事项得出的最终结论不一致,则应当记录形成最终结论时如何处理该不一致的情况。这些情况包括但不限于:注册会计师针对该信息执行的审计程序;项目组成员对某事项的职业判断不同而向专业技术部门的咨询情况;项目组成员和被咨询人员不同意见的解决情况。

3. 审计结论

注册会计师需要根据所执行审计程序及获取的审计证据得出结论,并以此作为对财务报表发表审计意见的基础。在记录审计结论时需注意,在审计工作底稿中记录的审计程序和审计证据应足以支持所得出并记录的审计结论。

4. 审计标识及其说明

审计工作底稿中可使用各种审计标识,但应说明其含义,并保持前后一致。在实务中,也可以依据实际情况运用更多的审计标识,但要注意说明其含义。表 4-1 列示了注册会计师在审计工作底稿中常见的标识。

表 4-1   审计标识

审计标识	标识意义
∧	纵加核对,复核无误
<	横加核对,复核无误
B	期初余额与上年审计后报表期末数核对相符
A	与原始凭证核对相符
G	与总分类账核对相符
S	与明细账核对相符
T/B	与试算平衡表核对相符
C	已发询证函
¢	已收回询证函

5. 索引号及编号

通常,审计工作底稿需要注明索引号及顺序编号,相关审计工作底稿之间需要保持清晰的勾稽关系。为了汇总及便于交叉索引和复核,每个会计师事务所都会制定特定的审计工作底稿归档流程。每张表或记录都有一个索引号以说明其在审计工作底稿中的放置位置,如 A1、D6 等。审计工作底稿中包含的信息通常需要与其他相关审计工作底稿中的相关信息进行交叉索引,例如,现金盘点表与列示所有现金余额的导引表进行交叉索引。利用计算机编制审计工作底稿时,可以采用电子索引和链接。随着审计工作的推进,链接表还可予以自动更新。例如,审计调整表可以链接到试算平衡表,当新的调整分录编制完后,计算机会自动更新试算平衡表,为相关调整分录插入索引号。同样,评估的固有风险或控制风险可以与针对特定风险领域设计的相关审计程序进行交叉索引。

在实务中,注册会计师可以按照所记录的审计工作的内容层次对审计工作底稿进行编号。例如,固定资产汇总表的编号为"C1",按类别列示的固定资产明细表的编号为"C1-1",房屋建筑物的编号为"C1-1-1",机器设备的编号为"C1-1-2",运输工具的编号为"C1-1-3",其他固定资产的编号为"C1-1-4"。相互引用时,需要在审计工作底稿中交叉注明索引号。

6. 编制者、复核者姓名及执行时间

为了明确责任,编制者、复核者在各自完成与特定工作底稿相关的任务之后,都应在工作底稿上签名并注明编制日期和复核日期。在记录已实施审计程序的性质、时间安排和范围时,注册会计师应当记录测试的具体项目或事项的识别特征、审计工作的执行人员及完成审计工作的日期、审计工作的复核人员及复核的日期和范围。在需要项目质量复核的情况下,还需要注明项目质量复核人员及复核的日期。通常,需要在每一张审计工作底稿上注明执行审计工作的人员和复核人员、完成该项审计工作的日期以及完成复核的日期。

7. 其他与审计事项有关的记录和证据

注册会计师根据其专业判断,认为应在审计工作底稿中予以记录的其他相关事项。

(二) 审计工作底稿的格式、内容和范围

1. 需要考虑的因素

在确定审计工作底稿的格式、内容和范围时,注册会计师应当考虑下列因素。

(1) 被审计单位的规模和复杂程度。在通常情况下,对规模大、业务复杂的被审计单位进行审计所形成的审计工作底稿比对规模小业务简单的被审计单位进行审计所形成的审计工作底稿要多,涉及范围要广。

(2) 拟实施审计程序的性质。通常,不同的审计程序会使得注册会计师获取不同性质的审计证据,由此,注册会计师可能会编制不同格式、内容和范围的审计工作底稿。

(3) 识别和评估出的重大错报风险。识别和评估的重大错报风险水平的不同可能导致注册会计师实施的审计程序和获取的审计证据不尽相同。由此,审计工作底稿的格式、内容和范围也不同。

（4）已获取的审计证据的重要程度。注册会计师通过执行多项审计程序可能会获取不同的审计证据，有些审计证据的相关性和可靠性较高，有些质量则较低，注册会计师可以区分不同的审计证据，进行有选择性的记录，因此，审计证据的重要程度也会影响审计工作底稿的格式、内容和范围。

（5）识别出的例外事项的性质和范围。有时注册会计师在执行审计程序时会发现例外事项，由此可能导致审计工作底稿在格式、内容和范围方面的不同。

（6）当从已执行审计工作或获取审计证据的记录中不易确定结论或结论的基础时，记录结论或结论基础的必要性。

（7）使用的审计方法和使用的工具。使用的审计方法和工具可能影响审计工作底稿的格式、内容和范围。

注册会计师应综合考虑以上影响因素，根据不同情况确定审计工作底稿的格式、内容和范围。

2. 审计工作底稿的格式

审计工作底稿应有规范的格式，但不同性质的审计项目、被审计单位和审计事项对工作底稿的格式又有不同的要求，因而审计工作底稿的格式有一定的弹性。实务中应用的工作底稿格式主要有通用格式、专用格式两类。

（1）通用格式工作底稿。通用格式审计工作底稿是指不预先设计好特定的格式，审计人员可以根据审计事项的特点、被审计单位的实际情况，直接记录在空白表上，或自己在空白表上画成所需要的表格后填写。通用格式审计工作底稿示例如表 4-2 所示。

表 4-2　　　　　　　　　　通用格式审计工作底稿

审计工作底稿编号	
情况摘要	
审计人员	复核人员

（2）专用格式工作底稿。专用格式审计工作底稿是根据具体审计事项特点而专门设计的工作底稿，如业务循环内部控制测试记录表、科目审定表、财产物资监盘表、现金监盘表、银行存款余额调节表及询证函等。通用格式和专用格式工作底稿各有优缺点。专用格式是根据具体审计事项特点设计的，比较适用，而且许多需要写的文字都事先准备好，使用起来效率比较高，但这种专用格式是按照常规程序设计的，内容比较完整，当被审计单位业务具有特殊性或者业务量不大时就显得不太适用，能够使用的往往只是整张表格中的一小部分，显得十分多余和不适用。相反，通用格式则具有较大灵活性，可以根据需要编制。专用格式工作底稿示例如表 4-3 所示。

表 4-3　　　　　　　　　　　存货控制测试程序表

客户：		签名	日期	索引号		执行人
项目：		编制人		页　次		
会计期间/截止日：		复核人		执行情况	索引号	
1.选择（　）份购货合同，作如下检查：						
	1.1 核对货物名称、规格、型号、请购量是否与请购单一致					
	1.2 检查购货合同是否授权批准及批准采购量、采购限价					
	1.3 核对相应的运货单副本，检查购货发票日期与货运日期是否一致					
	1.4 复核购货发票中所列商品的单价，合计金额是否正确					
2.审核与所抽取购货合同有关的购货发票、验收报告、入库单、付款结算凭证、记账凭证，并追查至相关的明细账与总账						
3.选择（　）份付款凭证，作如下检查：						
	3.1 检查是否明确款项支付权限					
	3.2 编制付款凭证时，是否与订货合同、验收单和发票相核对					
	3.3 核对原始凭证，与明细账是否一致，是否经过授权批准					
	3.4 是否及时入账，货款支出与记账的职责是否分离					
4.内部控制评价						

编制审计工作底稿的目的是要把审计过程和结果完整地记录下来，只要能达到目的，哪种格式都可以。实际工作中，审计人员可以根据具体情况选用一些专用格式同时选用一些通用格式来综合运用。

五、审计工作底稿的复核与管理

审计工作底稿复核制度，是指审计组织对有关复核人员级别、复核程序与要点、复核人员职责等作出的明确规定。审计工作底稿的复核与管理可以减少工作失误，提高审计工作质量。

（一）审计工作底稿复核的内容和要求

审计工作底稿复核的内容包括所引用的材料是否真实可靠；所获取的审计证据是否充分恰当；所作的审计判断是否有理有据；所形成的审计结论是否正确。

审计工作底稿复核的要求包括必要的复核记录；签署复核意见；对于发现的问题，应让有关人员予以答复、处理，并形成相应的审计记录、各级复核人签名。

（二）审计工作底稿的三级复核制度

1. 第一级复核——项目经理或者项目负责人复核

第一级复核是对审计工作底稿的详细复核，在审计现场工作结束前完成。项目经理应对下属审计人员的审计工作底稿进行逐一复核,发现问题应及时指出,并督促有关人员及时修改与完善。

2. 第二级复核——部门经理或者签字注册会计师复核

第二级复核是对审计工作底稿的一般性复核,在审计现场工作结束时完成,对审计工作底稿中重要会计账项的审计、重要审计程序的执行以及重要事项的调整等进行复核。这既是对项目经理复核的一种再监督,也是对重要审计事项的把关。

3. 第三级复核——主任会计师或者签字注册会计师复核

第三级复核是三级复核中的最后一级复核,又称为重点复核。它是对审计过程中的重大会计师审计问题、重大审计调整事项以及重要的审计工作底稿进行的复核。主任会计师复核既是对前面两级复核的再监督,也是对整个审计工作的计划、进度和质量的重点把握。

(三)审计工作底稿的归档和保管

会计师事务所应当制定有关及时完成最终业务档案归整工作的政策和程序。审计工作底稿的归档期限为审计报告日后60天内。如果注册会计师未能完成审计业务,审计工作底稿的归档期限为审计业务中止后的60天内。

如果针对客户的同一财务信息执行不同的委托业务,出具两个或多个不同的报告,会计师事务所应当将其视为不同的业务,根据会计师事务所内部制定的政策和程序,在规定的归档期限内分别将审计工作底稿归整为最终审计档案。

会计师事务所应当自审计报告日起,对审计工作底稿至少保存10年。如果注册会计师未能完成审计业务,会计师事务所应当自审计业务中止日起,对审计工作底稿至少保存10年。在完成最终审计档案的归整工作后,注册会计师不应在规定的保存期届满前删除或废弃任何性质的审计工作底稿。

(四)审计工作底稿归档后的变动

在审计工作底稿归档后,注册会计师发现有必要修改现有审计工作底稿或增加新的审计工作底稿的情形主要有以下两种:

(1)注册会计师已实施了必要的审计程序,取得了充分、适当的审计证据并得出了恰当的审计结论,但对审计工作底稿的记录不够充分。

(2)审计报告日后,发现例外情况要求注册会计师实施新的或追加审计程序,或导致注册会计师得出新的结论。例外情况主要是指审计报告日后发现与已审计财务信息相关,且在审计报告日已经存在的事实,该事实如果被注册会计师在审计报告日前获知,可能影响审计报告的结论。例如,注册会计师在审计报告日后才获知法院在审计报告日前已对被审计单位的诉讼、索赔事项作出最终判决。例外情况可能在审计报告日后发现,也可能在财务报表报出日后发现,注册会计师应当按照相关规定,对例外事项实施新的或追加的审计程序。

在完成最终审计档案的归整工作后,如果发现有必要修改现有审计工作底稿或增加新的审计工作底稿,无论修改或增加的性质如何,注册会计师均应当记录下列事项:

(1)修改或增加审计工作底稿的理由。

(2)修改或增加审计工作底稿的时间和人员以及复核的时间和人员。

(五) 审计档案

审计工作底稿经过分类整理、汇集归档后，就形成了审计档案。审计档案的所有权归承接该项业务的会计师事务所。审计档案是会计师事务所审计工作的重要历史资料，要妥善管理。

1. 审计档案的分类和保管

审计档案按其使用期限的长短和作用的大小可以分为永久性档案和当期档案。

（1）永久性档案，是指由那些记录内容相对稳定，具有长期使用价值，并对以后审计工作具有重要影响和直接作用的审计工作底稿所组成的审计档案。永久性档案主要由综合类工作底稿和备查类工作底稿组成。

（2）当期档案又称一般档案，是由那些记录内容在各年度之间经常发生变化，只供当期审计使用和下期审计参考的审计工作底稿所组成的审计档案。当期档案主要由业务类工作底稿组成，如具体会计账项实质性测试的工作底稿等。这些工作底稿所记录的内容在各年度之间是不同的，因此主要供当期审计使用。

2. 审计档案的使用

由于审计工作底稿中往往涉及被审计单位的商业秘密，所以会计师事务所应建立严格的保密制度，做好保密工作，除合法使用外，不得对外公开和外借。但在下列情况下，外部单位可以查阅审计工作底稿且不属于泄密行为：

（1）法院、检察院及其他有关部门按有关规定办理必要的手续后依法进行查阅。

（2）审计组织主管部门对执业情况进行检查时，可查阅审计工作底稿。

（3）其他审计组织因工作的需要，并经委托人的同意，办理了相关的手续后，可查阅审计工作底稿。

拥有审计工作底稿的会计师事务所应当对要求查阅者提供适当的协助，并根据有关审计工作底稿的性质和内容，决定是否允许要求查阅者查阅、复印或摘录审计工作底稿。审计工作底稿中的内容被查阅者引用后，因为查阅者的误用而造成的后果，与拥有审计工作底稿的会计师事务所无关。

【例 4-5】 审计工作底稿的所有权应该属于(　　)。

A. 委托单位

B. 被审计单位

C. 执行业务的会计师事务所

D. 编制工作底稿的审计人员

【解析】 正确答案：C。审计工作底稿的所有权属于执行业务的会计师事务所。

【例 4-6】 诚德会计师事务所原来负责审计档案管理的职员调离了该岗位，由张燕从 2024 年 2 月起担任审计档案管理工作。2024 年 6 月，张燕在清理审计档案时发现了宏远公司 2019 年 2 月至 2021 年 2 月的一批审计档案，包括审计报告副本、已审计的财务报表和相关审计测试的底稿等。从 2021 年 2 月后，诚德会计师事务所只于 2021 年 6 月向宏远公司提供了一项内部控制设计服务，没有再为其提供其他服务。于是张燕请示将宏远公司 2019 年 2 月至 2021 年 2 月的这批审计档案销毁。

要求：分析诚德会计师事务所的主任会计师是否能批准张燕关于销毁宏远公司 2019 年 2 月到 2021 年 2 月的这批审计档案的请示，并说明理由。

【解析】

诚德会计师事务所的主任会计师不能批准张燕销毁审计档案的请示。该审计档案包括审计报告副本、已审计财务报表和相关审计测试的底稿，而会计师事务所应当自审计报告日起，对审计工作底稿至少保存 10 年。

引导案例解析

对于获取的审计证据，注册会计师应当考虑到其存在管理层造假舞弊的可能性，对审计证据的可靠性和完整性保持质疑的思维态度，对相互矛盾的审计证据保持警觉。在审计过程中，注册会计师应当审慎评价审计证据后再得出审计结论，并注意考察往来商是否与被审计单位之间缺乏独立性。对询证函、销售合同、验收确认书等审计证据，注册会计师应该保持职业怀疑，考虑串通舞弊的可能性，进一步检查相关文件记录，尤其是独立第三方出具的证据，以验证销售业务的真实性。

素养园地

成立于 1992 年 9 月的獐子岛公司，于 2006 年在深交所上市，主营业务包括水产养殖、水产加工、水产贸易等。公开资料显示，獐子岛四次上演"扇贝大逃亡"的荒唐戏码，"扇贝跑了""扇贝饿死"成了其业绩"变脸"的主要理由。随意上报的捕捞面积，无法核查检验的数据，是獐子岛造假的基本操作。虽然市场对该公司 2014 年以来的财务数据存疑，也曾多次开展对其海产养殖业务的调查，但獐子岛均以行业本身存在的自然环境等不可控风险予以解释。2020 年，证监会借助北斗卫星导航系统，对獐子岛 27 条采捕船只的数百万条海上航行定位数据进行分析，委托第三方机构还原真实航行轨迹和采捕海域，进而确定实际采捕面积，并据此认定獐子岛公司在捕捞记录中少报实际采捕的海域面积，隐藏捕捞成本，虚增营业外支出，夸大亏损幅度，操纵财务报表。

上述案例中北斗卫星数据被用作获取审计证据，可靠性增强，证明和揭发了獐子岛的财务造假行为。

大国重器，唯有自力更生。伟大事业孕育伟大精神，伟大精神引领伟大事业。中国卫星导航系统管理办公室主任冉承其认为，新时代北斗精神，是以爱国主义为核心的民族精神和以改革创新为核心的时代精神在航天领域的生动展示，是"两弹一星"精神、载人航天精神等科技战线红色基因在新时代的赓续传承，是中国精神极其鲜活、极其真切、极具特色的具体体现，是全体北斗人执着坚守的核心价值。建设自主卫星导航系统，对于提高一个国家的国际地位、促进国民经济发展、保障经济社会安全、维护国防安全等，具有十分特殊的战略意义。

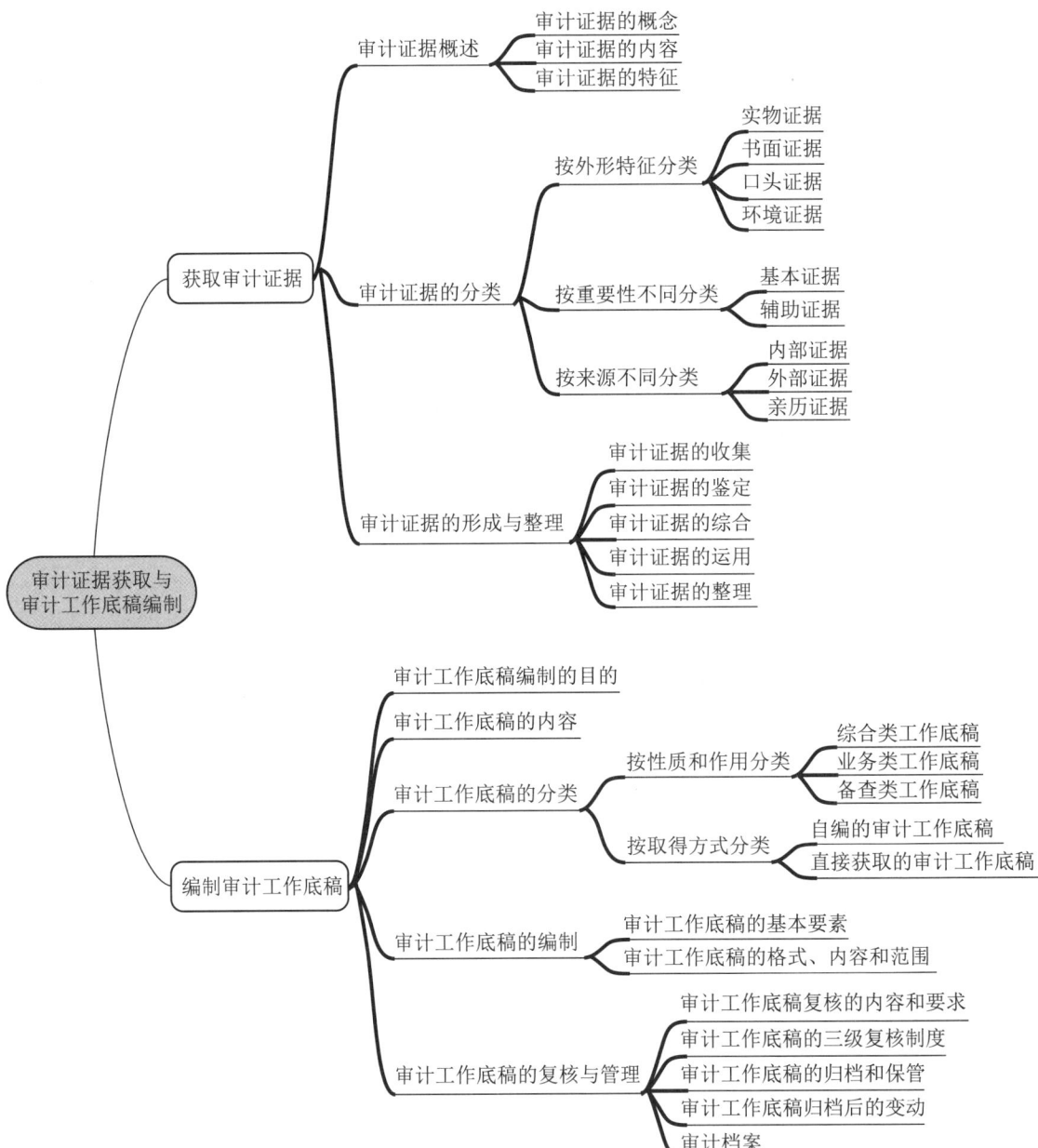

技能训练

一、单项选择题

1. 注册会计师执行财务报表审计业务获取的下列审计证据中,可靠性最强的是(　　)。
   A. 购货发票
   B. 销货发票
   C. 采购订货单副本
   D. 应收账款询证函回函

2. 作为内部证据的会计记录,在下列情形中可靠性较强的是(　　)。
   A. 在外部流转
   B. 经注册会计师验证
   C. 有健全有效的内部控制制度
   D. 被审计单位管理当局声明

3. 以下关于审计证据可靠性的表述中,不正确的是(　　)。
   A. 从外部独立来源获取的审计证据比从其他来源获取的审计证据更可靠
   B. 内部控制有效时内部生成的审计证据比内部控制薄弱时内部生成的审计证据更可靠
   C. 注册会计师推理得出的审计证据比直接获取的审计证据可靠
   D. 直接获取的审计证据比间接获取或推论得出的审计证据更可靠

4. 注册会计师在审计过程中形成的审计工作底稿的所有权应当属于(　　)。
   A. 被审计单位　　B. 会计师事务所　　C. 注册会计师个人　　D. 预期使用者

5. 在归档期间,注册会计师实施的以下工作中不恰当的是(　　)。
   A. 删除或废弃部分审计工作底稿
   B. 对审计工作底稿进行分类、整理和交叉索引
   C. 对审计档案归整工作的完成核对表签字认可
   D. 记录在审计报告日前获取的、与审计项目组相关成员进行讨论并取得一致意见的审计证据

二、多项选择题

1. 注册会计师在获取和评价审计证据的充分性和适当性时,特别要考虑的因素有(　　)。
   A. 文件记录可靠性
   B. 使用被审计单位生成的信息
   C. 证据相互矛盾
   D. 审计证据的成本

2. 在确定实质性分析程序使用的数据是否可靠时,注册会计师应当考虑的因素有(　　)。
   A. 可获得信息的来源
   B. 可获得信息的可比性
   C. 可获得信息的性质和相关性
   D. 与信息编制相关的控制

3. 注册会计师按照审计计划的规定对应收账款实施了审计程序后,需要形成相应的审计工作底稿。确定审计工作底稿的格式、要素、范围时,应当考虑的因素有(　　)。
   A. 如果根据已实施的凭证检查程序和获取的相关审计证据不易确定结论,必须在工作底稿中恰当记录得出的各种可能结论
   B. 如果根据已实施的函证程序和获取的函证回函不能得出结论,必须在工作底稿中恰当记录不能得出结论的原因
   C. 使用计算机辅助审计技术对应收账款的账龄进行重新计算时,可以针对总体进行

测试,并记录于审计工作底稿

D. 如果已识别出应收账款项目存在重大错报风险,则工作底稿对相关内容的记录应更加详细

4. 在确定审计证据的相关性时,注册会计师应当考虑( )。

A. 特定的审计程序可能只为某些认定提供相关的审计证据,而与其他认定无关

B. 针对同一项认定可以从不同来源获取审计证据或获取不同性质的审计证据

C. 只与特定认定相关的审计证据并不能替代与其他认定相关的审计证据

D. 一种审计程序往往只能取得某一认定的审计证据

5. 审计工作底稿在计划和执行审计工作中发挥着重要作用,下列对编制审计工作底稿的目的的陈述中恰当的有( )。

A. 审计工作底稿是形成审计报告的基础

B. 审计工作底稿可用于会计师事务所质量控制复核

C. 审计工作底稿可用于监管会计师事务所对审计准则的遵循情况

D. 审计工作底稿可作为注册会计师涉诉时向法庭提供的证明,作为其按照审计准则的规定执行了审计工作的证据

三、判断题

1. 审计工作底稿的保管,一般都属于永久性保管。 ( )

2. 环境证据可以帮助审计人员了解被审计单位和审计事项所处的环境,为审计人员分析判断审计事项提供有用的线索。 ( )

3. 在审计过程中,收集到的审计证据越多越好。 ( )

4. 审计证据质量越高,需要的审计证据数量就越多。 ( )

5. 审计工作底稿可以是纸质、电子或其他介质存在。 ( )

四、案例题

下列是注册会计师 A 对被审计单位财务报表审计时,审计工作底稿中部分内容的摘录。

(1) 由于在审计过程中识别出重大错报并提出审计调整建议,注册会计师 A 重新评估并修改了重要性,并将记录计划阶段评估的重要性的工作底稿删除,代之以记录重新评估的重要性的工作底稿。

(2) 被审计单位所处行业 2023 年度市场需求显著下降。注册会计师 A 在实施风险评估分析程序时,以 2022 年财务报表已审数为预期值,将 2023 年财务报表中波动变大的项目评估为存在重大错报风险的领域。

(3) 注册会计师 A 对运输费用实施实质性分析程序,确认已记录金额与预期值之间接受的差异额为 200 万元,实际差异为 400 万元。注册会计师 A 就超出可接受差异额的 200 万元询问了管理层,并对其答复获取了充分、适当的审计证据。

(4) 审计报告日期为 2024 年 3 月 20 日。A 注册会计师于 2024 年 3 月 25 日将审计报告提交给被审计单位管理层,并于 2024 年 8 月 20 日完成审计工作底稿的归档工作。

要求:请针对以上各项,逐项指出注册会计师 A 的做法是否恰当,如不恰当请提出改进建议。

项目五
审计计划编制

学习目标

素养目标
1. 培养良好计划组织协调能力,以合理明确审计计划。
2. 培养目标导向意识,以确定审计重心,提升审计效率。
3. 培养团队协作意识及良好的沟通能力,以提升审计质量。

知识目标
1. 理解审计重要性的含义。
2. 掌握如何确定重要性水平。
3. 理解总体审计策略及具体审计计划的内容。
4. 掌握审计风险模型及其含义。
5. 了解重大错报风险和检查风险之间的关系。

能力目标
1. 能够制订总体审计策略和具体审计计划。
2. 能够理解重要性的含义。
3. 能够确定审计重要性水平。
4. 能够确定可接受的检查风险水平。

引导案例

东方金钰股份有限公司（以下简称"东方金钰"）曾被称为"中国翡翠第一股"。公司主要从事珠宝首饰产品的设计、采购和销售。公司2005年与多佳股份重组上市，2006年变更为现名。此后几年里，东方金钰经营业绩逐步提高，创始人曾有两年被评为云南首富。但2018年以来，东方金钰经营问题迭出，债务危机爆发，被证监会质疑诸多项目涉嫌造假瞒骗，经调查后于2020年被证监会终止上市。

东方金钰财务造假主要手段包括虚构销售业务和伪造现金流水。首先，东方金钰通过孙公司姐告宏宁珠宝有限公司（以下简称"姐告宏宁"）虚构销售业务、虚增利润。东方金钰为了增加母公司报表中的盈利指标，在2016年设立的姐告宏宁公司中设置了6位名义客户，伪造与供应商之间的采购合同，涉及总支付金额高达8.18亿元。

此外，通过控制银行账户伪造现金流水，东方金钰利用姐告宏宁名下的19个银行账户实现现金流转闭环，同一笔资金在虚构的客户身份中流转，最终又回到姐告宏宁，伪造了银行账户上的现金流水。

会计师事务所此次审计工作中并未做到勤勉尽责。根据证监会的行政处罚决定书，大华会计师事务所（以下简称"大华所"）在这一阶段的失误主要为对与利润相关的重要项目缺乏足够的谨慎和职业怀疑。姐告宏宁在2016年才刚成立，但2017年利润总额为18 776.19万元，占集团当年合并报表利润总额的60.8%，该项目在财务报表审计过程中具有财务重大性，应给予充分的关注。但大华所并未进行充分的风险评估，没能识别和评估由于舞弊或错误导致集团财务报表发生重大错报的风险。大华在了解东方金钰及其环境时，未基于收入确认存在舞弊风险的假定，未将相关收入、收入交易或认定评价为存在舞弊风险，也未记录"认为收入确认存在舞弊风险的假定不适用于业务的具体情况，从而未将收入确认作为由于舞弊导致的重大错报风险领域"的理由。

【讨论】在审计过程中，倘若遇到如此进行虚假陈述的企业，审计人员应如何降低审计风险？

任务一 开展初步业务活动

注册会计师审计是一种受托审计，为了促使注册会计师与被审计单位双方责任的履行，需要签订或修改审计业务约定书。而要完成审计业务约定书的签订或修改，就必须开展一些工作，如在承接客户委托时应考虑被审计单位是否诚信及其对保证审计质量的影响，审计的前提条件是否存在、能否承接委托，注册会计师执行业务所需要的独立性和专业胜任能力是否具备及其对审计质量的影响，以及连续审计时在前期审计中发现的重大问题对保持同客户的关系有无影响等，这些工作就是在本期审计业务开始时注册会计师应进行的初步业务活动。

一、初步业务活动的目的

注册会计师开展初步业务活动，主要是为了确保审计计划工作的完成，使审计有较高的工作质量。为此，应实现以下四个目的：

(1) 确保注册会计师已具备执行业务所需要的独立性和专业胜任能力。
(2) 不存在因管理层诚信问题而影响注册会计师保持该项业务意愿的情况。
(3) 审计的前提条件存在。
(4) 与被审计单位不存在对业务约定条款的误解。

二、初步业务活动的内容

(一) 针对保持客户关系和具体审计业务实施质量管理程序

针对保持客户关系和具体审计业务实施质量管理程序,并且根据实施相应程序的结果作出适当的决策是注册会计师控制审计风险的重要环节。

在首次接受审计委托时,注册会计师需要执行针对建立有关客户关系和承接具体审计业务的质量管理程序;在连续审计时,注册会计师通常需要执行针对保持客户关系和具体审计业务的质量管理程序。总体来说,无论是首次接受审计委托还是连续审计,注册会计师都应当考虑下列主要事项,以确定保持客户关系和具体审计业务的结论是恰当的:

(1) 被审计单位的主要股东、关键管理人员和治理层是否诚信。
(2) 项目组是否具备执行审计业务的专业胜任能力以及必要的时间和资源。
(3) 注册会计师接受客户委托的前提条件是否存在。
(4) 会计师事务所和项目组能否遵守职业道德规范。

会计师事务所执行被审计单位接受与客户保持程序的目的,旨在识别和评价会计师事务所面临的风险,以作出是否接受和保持客户的正确决策。

在连续审计的情况下,注册会计师已经积累了一定的审计经验,因此在决定是否保持与某一客户的关系时,项目负责人通常重点考虑本期或前期审计中发现的重大事项及其对保持该客户关系的影响。在实务中,会计师事务所可以分别首次接受审计委托和连续审计的情况制定不同的质量控制程序,以提高审计工作的效率及效果。

(二) 评价遵守职业道德规范的情况

职业道德规范要求注册会计师项目组成员恪守独立、客观、公正的原则,保持专业胜任能力和应有的关注,并对审计过程中获知的信息保密。只有确保注册会计师已具备执行业务所需要的独立性和专业胜任能力,且不存在因管理层诚信问题而影响注册会计师对该项业务正确意愿的表达。因此,注册会计师应评价注册会计师遵守职业道德规范的情况。

(三) 及时签订或修改审计业务约定书

在作出接受或保持客户关系及具体审计业务的决策后,注册会计师应当在审计业务开始前,与被审计单位就审计业务约定条款达成一致意见,签订或修改审计业务约定书,以避免双方对审计业务的理解产生分歧。审计业务约定书一经签订,双方就要按约定书的规定条款履行业务,否则就要承担法律责任。

任务二 制订审计计划

一、总体审计策略

注册会计师应当为审计工作制定总体审计策略。总体审计策略用以确定审计范围、时间安排和方向,并指导具体审计计划的制定。在制定总体审计策略时,应当考虑以下主要事项。

(一) 审计范围

在确定审计范围时,注册会计师需要主要考虑下列事项:

(1) 编制财务报表适用的会计准则和相关会计制度;

(2) 特定行业的报告要求,如某些行业的监管部门要求提交的报告;

(3) 预期的审计工作涵盖范围,包括需审计的集团内组成部分的数量及所在地点;

(4) 母公司和集团内其他组成部分之间存在的控制关系的性质,以确定如何编制合并财务报表;

(5) 其他注册会计师参与组成部分审计的范围;

(6) 需审计的业务分部性质,包括是否需要具备专门知识;

(7) 外币业务的核算方法及外币财务报表折算和合并方法;

(8) 除对合并财务报表审计外,是否需要对组成部分的财务报表单独进行审计;

(9) 内部审计工作的可利用性及对内部审计工作的拟依赖程度;

(10) 被审计单位使用服务机构的情况及注册会计师如何取得有关服务机构内部控制设计、执行和运行有效性的证据;

(11) 拟利用在以前期间审计工作中获取的审计证据的程度,如获取的与风险评估程序和控制测试相关的审计证据;

(12) 信息技术对审计程序的影响,包括数据的可获得性和预期使用计算机辅助审计技术的情况;

(13) 根据中期财务信息审阅及在审阅中所获信息对审计的影响,相应调整审计涵盖范围和时间安排;

(14) 与为被审计单位提供其他服务的会计师事务所人员讨论可能影响审计的事项;

(15) 被审计单位的人员和相关数据可利用性。

(二) 报告目标、时间安排及所需沟通的性质

为计划报告目标、时间安排和沟通的性质,注册会计师需要考虑下列事项:

(1) 被审计单位的财务报告时间表;

(2) 与管理层和治理层就审计工作的性质、范围和时间所举行的会议的组织工作;

(3) 与管理层和治理层讨论预期签发报告和其他沟通文件的类型及提交时间,如审计报告、管理建议书和与治理层沟通函等;

(4) 就组成部分的报告和其他沟通文件的类型及提交时间与负责组成部分审计的注册会计师沟通;

(5) 项目组成员之间预期沟通的性质和时间安排,包括项目组会议的性质和时间安排及复核工作的时间安排;

(6) 是否需要跟第三方沟通,包括与审计相关的法律法规的规定和业务约定书约定的报告责任;

(7) 与管理层讨论预期在整个审计过程中通报审计工作进展及审计结果的方式。

(三) 审计方向

在确定审计方向时,注册会计师需要考虑下列事项。

(1) 重要性。

重要性方面要考虑的具体包括:

① 在制定审计计划时确定的重要性水平;

② 为组成部分确定重要性且与组成部分的注册会计师沟通;

③ 在审计过程中重新考虑重要性;

④ 识别重要的组成部分和账户余额。

(2) 重大错报风险较高的审计领域。

(3) 评估的财务报表层次的重大错报风险对指导、监督及复核的影响。

(4) 项目组成员的选择(在必要时包括项目质量控制复核人员)和工作分工,包括向重大错报风险较高的审计领域分派具备适当经验的人员。

(5) 项目预算,包括考虑为重大错报风险可能较高的审计领域分配适当的工作时间。

(6) 向项目组成员强调在收集和评价审计证据过程中保持职业怀疑必要性的方式。

(7) 以往审计中对内部控制运行有效性评价的结果,包括所识别的控制缺陷的性质及应对措施。

(8) 管理层重视设计和实施健全的内部控制的相关证据,包括这些内部控制得以适当记录的证据。

(9) 业务交易量规模,以基于审计效率的考虑确定是否信赖内部控制。

(10) 管理层对内部控制重要性的重视程度。

(11) 影响被审计单位经营的重大发展变化,包括信息技术和业务流程的变化,关键管理人员变化,以及收购、兼并和分立。

(12) 重大的行业发展情况,如行业法规变化和新的报告规定。

(13) 会计准则及会计制度的变化。

(14) 其他重大变化,如影响被审计单位的法律环境的变化。

(四) 审计资源

注册会计师应当在总体审计策略中清楚地说明审计资源的规划和调配,包括确定执行审计业务所必需的审计资源的性质、时间安排和范围。具体应考虑下列事项:

(1) 向具体审计领域调配的资源,包括向高风险领域分派有相当经验的项目组成员,就复杂的事项利用专家的工作等。

(2) 向具体审计领域分配资源的多少,包括分派到重要地点进行存货监盘的项目组成员的人数,在集团审计中复核组成部分注册会计师工作的范围,向高风险领域分配的审计时间预算等。

(3) 何时调配这些资源,包括是在期中审计阶段还是在关键截止日期调配资源等。

(4) 如何管理、指导和监督这些资源,包括预期何时召开项目组预备会和总结会,预期项目合伙人和经理如何进行复核(现场复核还是非现场复核),是否需要实施项目质量控制复核等。

二、具体审计计划

注册会计师应当为审计工作制订具体审计计划。具体审计计划应当包括风险评估程序、计划实施的进一步审计程序和计划实施的其他审计程序。

（一）风险评估程序

具体审计计划应当包括按照《中国注册会计师审计准则第1211号——重大错报风险的识别和评估》的规定，为了充分识别和评估财务报表重大错报风险，注册会计师计划实施的风险评估程序的性质、时间安排和范围。

（二）计划实施的进一步审计程序

具体审计计划应当包括按照《中国注册会计师审计准则第1231号——针对评估的重大错报风险采取的应对措施》的规定，针对评估的认定层次的重大错报风险，注册会计师计划实施的进一步审计程序的性质、时间安排和范围。进一步审计程序包括控制测试和实质性程序。

通常，注册会计师计划的进一步审计程序可以分为进一步审计程序的总体方案和拟实施的具体审计程序两个层次。进一步审计程序的总体方案主要是指注册会计师针对各类交易、账户余额和披露决定采用的总体方案（包括实质性方案和综合性方案）。具体审计程序是对进一步审计程序的总体方案的细化和延伸，它通常包括控制测试和实质性程序的性质、时间安排和范围。在实务中，注册会计师通常单独编制一套包括这些具体程序的"进一步审计程序表"，待具体实施审计程序时，注册会计师将基于所计划的具体审计程序，进一步记录所实施的审计程序及结果，并最终形成有关进一步审计程序的相关审计工作底稿。

（三）计划实施的其他审计程序

具体审计计划应当包括根据审计准则的规定，注册会计师针对审计业务需要实施的其他审计程序。计划的其他审计程序可以包括上述进一步审计程序的计划中没有涵盖的、根据其他审计准则的要求注册会计师应当执行的既定程序。例如，有些企业可能涉及环境事项、电子商务，在实务中，注册会计师就应根据被审计单位的具体情况确定特定项目并执行相应的其他审计程序。

三、审计过程中对审计计划的修改

计划审计工作并非审计业务的一个孤立阶段，而是一个持续的、不断修正的过程。注册会计师应当在审计过程中对总体审计策略和具体审计计划作出必要的修改和更新。

审计过程可以分为不同阶段，通常前一阶段的工作结果会对后一阶段的工作计划产生影响，而后一阶段的工作过程中又可能发现需要对已制订的相关计划进行相应的修改和更新。通常，这些修改和更新涉及比较重要的事项。例如，对重要性水平的修改，对某类交易、账户余额和列报的重大错报风险的评估和进一步审计程序的修改和更新等。一旦计划被修改和更新，审计工作也应当进行相应修正。例如，如果在制订审计计划时，注册会计师基于对材料采购交易的相关控制的设计和执行获取的审计证据，认为相关控制设计合理并得以执行，因此未将其评价为高风险领域并且计划实施控制测试。但是如果在实施控制测试时获取的审计证据与审计计划阶段获取的审计证据相矛盾，注册会计师则应认为该类交易的相关控制没有得到有效执行,此时,注册会计师可能需要修正对该类交易的风险评估,并基于修正的风险评估结果修改计划的审计方案,如采用实质性方案。

四、指导、监督与复核

注册会计师应当就对项目组成员工作的指导、监督与复核的性质、时间安排和范围制定计划。项目组成员工作的指导、监督与复核的性质、时间安排和范围主要取决于下列因素:
(1) 被审计单位的规模和复杂程度。
(2) 审计领域。
(3) 评估的重大错报风险水平。
(4) 执行审计工作的项目组成员的专业素质和胜任能力。

注册会计师应当在评估重大错报风险的基础上,计划对项目组成员工作的指导、监督与复核的性质、时间安排和范围。当评估的重大错报风险增加时,注册会计师通常会扩大指导与监督的范围,增强指导与监督的及时性,执行更详细的复核工作。在计划复核的性质、时间安排和范围时,注册会计师还应考虑单个项目组成员的专业素质和胜任能力。

任务三 确定审计重要性

一、重要性的含义

重要性可从下列方面进行理解:
(1) 如果合理预期错报(包括漏报)单独或汇总起来可能影响财务报表使用者依据财务报表作出的经济决策,则通常认为该错报是重大的。
(2) 对重要性的判断是根据具体环境作出的,并受错报的金额或性质的影响,或受两者共同作用的影响。
(3) 判断某事项对财务报表使用者是否重大,是否是在考虑财务报表使用者整体共同的财务信息需求的基础上作出的。由于不同财务报表使用者对财务信息的需求可能差异很大,因此不需考虑错报对个别财务报表使用者可能产生的影响。

二、重要性水平的确定

(一) 财务报表整体的重要性

由于财务报表审计的目标是注册会计师通过执行审计工作对财务报表发表审计意见,因此,注册会计师应当考虑财务报表整体的重要性。只有这样,才能得出财务报表是否公允反映的结论。注册会计师在制订总体审计策略时,应当确定财务报表整体的重要性。

确定重要性需要运用职业判断。注册会计师通常先选定一个基准再乘以某一百分比作为财务报表整体的重要性。

注册会计师在选择基准时,需要考虑的因素包括:
(1) 财务报表要素,如资产、负债、所有者权益、收入和费用。
(2) 是否存在特定会计主体的财务报表使用者特别关注的项目,如为了评价财务业

微课视频:
审计重要性

绩,财务报表使用者可能更关注利润、收入或净资产。

(3) 被审计单位的性质、所处的生命周期阶段及其所处的行业和经济环境。

(4) 被审计单位的所有权结构和融资方式,例如,如果被审计单位仅通过债务方式而非权益方式进行融资,财务报表使用者可能更关注资产及资产的索偿权,而非被审计单位的收益。

(5) 基准的相对波动性。适当的基准取决于被审计单位的具体情况,包括各类报告收益(如税前利润、营业收入、毛利和费用总额)以及所有者权益或净资产。一些实务中较为常用的基准如表 5-1 所示。

表 5-1　　　　　　　　　　实务中较为常用的基准

被审计单位的具体情况	可能选择的基准
企业的盈利水平保持稳定	经常性业务的税前利润
企业近年来经营状况大幅度波动,盈利和亏损交替发生,或者由正常盈利变为亏损或微利,或者本年度税前利润因情况变化而出现意外增加或减少	过去 3~5 年经常性业务的平均税前利润或亏损(取绝对值)或者其他基准,如营业收入
企业为新设企业,处于开办期,尚未开始经营,目前正在建造厂房及购买机器设备	总资产
企业处于新兴行业,目前侧重于抢占市场份额、提高企业知名度和扩大企业影响力	营业收入

为选定的基准确定百分比需要运用职业判断。百分比和选定的基准之间存在一定的联系,如经常性业务的税前利润对应的百分比通常比营业收入对应的百分比要高。同时,与企业的性质也存在一定的联系,如对以营利为目的的制造行业实体,注册会计师可能认为重要性水平为经常性业务的税前利润的 5% 是适当的;而对非营利组织,注册会计师可能认为重要性水平为总收入或费用总额的 1% 是适当的。百分比无论是高一些还是低一些,只要符合具体情况,都是适当的。

(二) 特定类别的交易、账户余额或披露的重要性水平

根据被审计单位的特定情况,下列因素可能表明存在一个或多个特定类别的交易、账户余额或披露,其发生的错报金额虽然低于财务报表整体的重要性,但合理预期将影响财务报表使用者依据财务报表作出的经济决策:

(1) 法律法规或适用的财务报告编制基础是否影响财务报表使用者对特定项目计量或披露的预期,如关联方交易、管理层和治理层的薪酬。

(2) 与被审计单位所处行业相关的关键性披露,如制药企业的研究与开发成本。

(3) 财务报表使用者是否特别关注财务报表中单独披露的业务的特定方面,如新收购的业务。

在根据被审计单位的特定情况考虑是否存在上述交易、账户余额或披露时,注册会计师可能会发现,了解治理层和管理层的看法和预期是有用的。

(三) 实际执行的重要性

实际执行的重要性,是指注册会计师确定的低于财务报表整体的重要性的一个或多

个金额,旨在将未更正和未发现错报的汇总数超过财务报表整体的重要性的可能性降至可接受的低水平。如果适用,实际执行的重要性还指注册会计师确定的低于特定类别的交易、账户余额或披露的重要性水平的一个或多个金额。

确定实际执行的重要性并非简单的计算,需要注册会计师运用职业判断,并考虑下列因素的影响:

(1) 对被审计单位的了解,这些了解在实施风险评估程序的过程中可能会得到更新。
(2) 前期审计工作中识别出的错报的性质和范围。
(3) 根据前期识别出的错报对本期错报作出的预期。

通常情况下,实际执行的重要性为财务报表整体重要性的50%~75%。

如果存在下列情况,注册会计师可能考虑选择较低的百分比来确定实际执行的重要性:

(1) 首次接受委托的审计项目。
(2) 连续审计项目,但以前年度审计调整较多。
(3) 项目总体风险较高,如处于高风险行业,管理层能力欠缺,面临较大市场竞争压力或业绩压力等。
(4) 存在或预期存在值得关注的内部控制缺陷。

如果存在下列情况,注册会计师可能考虑选择较高的百分比来确定实际执行的重要性:

(1) 连续审计项目,以前年度审计调整较少。
(2) 项目总体风险为低到中等,如处于非高风险行业,管理层有足够能力,面临较低的业绩压力等。
(3) 以前期间的审计经验表明内部控制运行有效。

审计准则要求注册会计师确定低于财务报表整体重要性的一个或多个金额作为实际执行的重要性,注册会计师无须通过将财务报表整体的重要性平均分配或按比例分配至各个报表项目的方法来确定实际执行的重要性,而是根据对报表项目的风险评估结果来确定一个或多个实际执行的重要性。例如,根据以前期间的审计经验和本期审计计划阶段的风险评估结果,注册会计师认为可以以财务报表整体重要性的75%作为大多数报表项目的实际执行的重要性;与营业收入项目相关的内部控制存在控制缺陷,而且以前年度审计中存在审计调整,可考虑以财务报表整体重要性的50%作为营业收入项目的实际执行的重要性,从而有针对性地对高风险领域执行更多的审计工作。

(四) 审计过程中修改重要性

由于存在下列原因,注册会计师可能需要修改财务报表整体的重要性和特定类别的交易、账户余额或披露的重要性水平(如适用):

(1) 审计过程中情况发生重大变化,如决定处置被审计单位的一个重要组成部分。
(2) 获取到了新的相关信息。
(3) 通过实施进一步审计程序,注册会计师对被审计单位及其经营所了解的情况发生变化。例如,注册会计师在审计过程中发现,实际财务成果与最初确定财务报表整体的重要性使用的预期本期财务成果相比存在很大差异,则需要修改重要性。

(五) 在审计中运用实际执行的重要性

注册会计师在计划审计工作时可以根据实际执行的重要性确定需要对哪些类型的交

易、账户余额和披露实施进一步审计程序,即通常选取金额超过实际执行的重要性的财务报表项目,因为这些财务报表项目有可能导致财务报表出现重大错报。但是,这不代表注册会计师可以对所有金额低于实际执行的重要性的财务报表项目不实施进一步审计程序,主要出于以下考虑:

(1) 单个金额低于实际执行的重要性的财务报表项目汇总起来可能金额重大(可能远远超过财务报表整体的重要性),注册会计师需要考虑汇总后的潜在风险。

(2) 对于存在低估风险的财务报表项目,不能仅仅因为其金额低于实际执行的重要性而不实施进一步审计程序。

(3) 对于识别出存在舞弊风险的财务报表项目,不能因为其金额低于实际执行的重要性而不实施进一步审计程序。

运用实际执行的重要性确定进一步审计程序的性质、时间安排和范围。例如,在实施实质性分析程序时,注册会计师确定的已记录金额与预期值之间的可接受差异额通常不超过实际执行的重要性;在运用审计抽样实施细节测试时,注册会计师可将可容忍错报的金额设定为等于或低于实际执行的重要性。

三、错报

(一) 错报的含义

错报,是指某一财务报表项目的金额、分类、列报或披露,与按照适用的财务报告编制基础应当列示的金额、分类、列报或披露之间存在的差异;或根据注册会计师的判断,为使财务报表在所有重大方面实现公允反映,需要对金额、分类、列报或披露作出的必要调整。错报可能是由于错误或舞弊导致的。

具体来说,错报可能由下列事项导致:

(1) 收集或处理用以编制财务报表的数据时出现错误。

(2) 遗漏某项金额或披露。

(3) 由于疏忽或明显误解有关事实导致作出不正确的会计估计。

(4) 注册会计师认为管理层对会计估计作出不合理的判断或对会计政策作出不恰当的选择和运用。

(二) 累计识别出的错报

为了帮助注册会计师评价审计过程中累计的错报的影响以及与管理层和治理层沟通错报事项,将错报分为事实错报、判断错报和推断错报。

1. 事实错报

事实错报产生于被审计单位收集和处理数据的错误,对事实的忽略、误解或故意舞弊行为。例如,注册会计师在实施细节测试时发现最近购入存货的实际价值为 15 000 元,但账面记录的金额却为 10 000 元。因此,存货和应付账款分别被低估了 5 000 元,这里被低估的 5 000 元就是已识别的对事实的具体错报。

2. 判断错报

判断错报,是指由于注册会计师认为管理层对会计估计作出不合理的判断或不恰当地选择和运用会计政策而导致的差异。这类错报产生于两种情况:一是管理层和注册会计师对会计估计值的判断差异,如由于包含在财务报表中的管理层作出的估计值超出了注册会计师确定的一个合理范畴,导致出现判断差异;二是管理层和注册会计师对选择和运用会计政策的判断差异,如注册会计师认为管理层选用不适当的会计政策造成错报,管理层却认为选用会计政策适当,从而导致出现判断差异。

3. 推断错报

注册会计师对总体存在的错报作出的最佳估计数,涉及根据在审计样本中识别出的错报来推断总体的错报。推断错报通常是指通过测试样本估计出的总体的错报减去在测试中发现的已经识别的具体错报。例如,应收账款年末余额为2 000万元,注册会计师抽查10%的样本发现金额有100万元的高估,高估部分为账面金额的20%,据此,注册会计师推断总体的错报金额为400万元(2 000×20%),那么上述100万元就是已识别的具体错报,其余300万元即推断错报。

(三) 对审计过程识别出的错报的考虑

错报可能不会孤立发生,一项错报的发生还可能表明存在其他错报,所以还需考虑潜在错报。例如,注册会计师识别出由于内部控制失效而导致的错报,或被审计单位广泛运用不恰当的假设或评估方法而导致的错报。

【例 5-1】 假设被审计单位应收账款金额为300万元,重要性水平为2万元,先对其中的50%进行抽查,发现0.98万元的错报。要求:判断此时注册会计师应当怎么做。

【解析】注册会计师应当:①追加审计程序;②建议被审计单位调整错报。抽样风险和非抽样风险可能导致某些错报未被发现。审计过程中累计错报的汇总数接近确定的重要性,则表明存在比可接受的风险水平更大的风险,即可能未被发现的错报连同审计过程中累计错报的汇总数可能超过重要性水平。注册会计师可能要求管理层检查某类交易、账户余额和披露,以使管理层了解注册会计师识别的错报的产生原因,并要求管理层采取措施以确定实际发生错报的金额,以及对财务报表作出适当调整。例如,在根据审计样本中识别出的错报推断总体错报时,注册会计师可能提出上述要求。

【例 5-2】 至真会计师事务所的注册会计师李泓和张慧接受委派,对盛大公司2022年度的财务报表进行审计。在计划阶段,初步确定财务报表层次的重要性水平为160万元。在报告阶段,对财务报表层次的重要性水平进行最终评估,确定为180万元。

要求:说明李泓和张慧应将重要性水平最终确定为多少。此时,李泓和张慧是否需要重新评估所执行的审计程序的充分性,为什么?

【解析】

根据注册会计师李泓和张慧分别在计划阶段和报告阶段确定的重要性水平,他们应当将重要性水平最终确定为180万元。因为在报告阶段所了解的被审计单位的情况比计划阶段所了解的情况更多,所确定的重要性水平更准确。此时,注册会计师李泓和张慧无须重新评估所执行的审计程序的充分性,因为注册会计师李泓和张慧是按照160万元的重要性水平设定审计程序并进行审计的,而将重要性水平提高为180万元表明他们所实际执行的审计程序比要求的审计程序更充分。

任务四　识别审计风险

一、审计风险的含义

审计风险,是指当财务报表存在重大错报时,注册会计师发表不恰当审计意见的可能性。审计业务提供的是合理保证,合理保证与审计风险之和等于100%。如果注册会计师将审计风险降至可接受的低水平,则代表对财务报表不存在重大错报获取了合理保证。

二、审计风险模型

审计风险取决于重大错报风险和检查风险。审计风险、重大错报风险和检查风险之间的关系用模型表示为:

$$审计风险=重大错报风险\times 检查风险$$

注册会计师应当实施审计程序,评估重大错报风险,并根据评估结果设计和实施进一步审计程序,以控制检查风险。

(一) 重大错报风险

重大错报风险,是指财务报表在审计前存在重大错报的可能性。重大错报风险与被审计单位的风险相关,且独立存在于财务报表的审计中。在设计审计程序以确定财务报表整体是否存在重大错报时,注册会计师应当从财务报表层次和各类交易、账户余额和披露认定层次方面考虑重大错报风险。《中国注册会计师审计准则第1211号——重大错报风险的识别和评估》对注册会计师如何评估财务报表层次和认定层次的重大错报风险提出了详细的要求。

1. 财务报表层次重大错报风险

财务报表层次重大错报风险与财务报表整体存在广泛联系,它可能影响多项认定。此类风险通常与控制环境有关,如管理层缺乏诚信、治理层形同虚设而不能对管理层进行有效监督等,但也可能与其他因素有关,如经济萧条、企业所处行业处于衰退期。此类风险难以被界定于某类交易、账户余额和披露的具体认定,相反,此类风险增加了一个或多个不同认定发生重大错报的可能性,与由舞弊引起的风险特别相关。

2. 认定层次重大错报风险

注册会计师同时考虑各类交易、账户余额和披露认定层次重大错报风险,考虑的结果有助于注册会计师确定认定层次上实施的进一步审计程序的性质、时间安排和范围。注册会计师在各类交易、账户余额和披露认定层次获取审计证据,以便能够在审计工作完成时,能够以可接受的低审计风险水平对财务报表整体发表审计意见。《中国注册会计师审计准则第1231号——针对评估的重大错报风险采取的应对措施》对注册会计师如何应对评估的两个层次重大错报风险,提出了详细的要求。

认定层次的重大错报风险又可以进一步细分为固有风险和控制风险。

(1) 固有风险。固有风险,是指在考虑相关的内部控制之前,某类交易、账户余额或披露的某一认定易于发生错报(该错报单独或连同其他错报可能是重大的)的可能性。某些类别的交易、账户余额和披露及其认定的固有风险较高。例如,复杂计算比简单计算更可能出错;受重大计量不确定性影响的会计估计发生错报的可能性较大;技术进步可能导致某些产品陈旧,进而导致存货易于发生高估错报(计价和分摊认定)。被审计单位及其环境中的某些因素还可能与多个甚至所有类别的交易、账户余额和披露有关,进而影响多个认定的固有风险。这些因素包括维持经营的流动资金匮乏、被审计单位处于夕阳行业等。

(2)控制风险。控制风险,是指某类交易、账户余额或披露的某一认定发生错报,该错报单独或连同其他错报可能是重大的,但没有被内部控制及时防止或发现并纠正的可能性。控制风险取决于与财务报表编制有关的内部控制设计和运行的有效性。由于控制的固有局限性,某种程度的控制风险始终存在。

(二) 检查风险

检查风险,是指如果存在某一错报,该错报单独或连同其他错报可能是重大的,注册会计师为将审计风险降至可接受的低水平而实施审计程序后没有发现这种错报的风险。

检查风险取决于审计程序设计的合理性和执行的有效性。由于注册会计师通常并不对所有的交易、账户余额和披露进行检查以及其他原因,检查风险不可能降为零。其他原因包括注册会计师可能选择了不恰当的审计程序、审计过程执行不当或者错误解读了审计结论。这些其他因素可以通过适当计划,在项目组成员之间进行恰当的职责分配,保持职业怀疑态度以及监督、指导和复核助理人员所执行的审计工作得以解决。

三、检查风险与重大错报风险的反向关系

在既定的审计风险水平下,可接受的检查风险水平与认定层次重大错报风险的评估结果呈反向关系。即:

$$检查风险 = \frac{审计风险}{重大错报风险}$$

评估的重大错报风险越高,可接受的检查风险越低;评估的重大错报风险越低,可接受的检查风险就越高。

【例5-3】 至真会计师事务所指派注册会计师李泓担任盛大公司2022年度财务报表审计业务的项目合伙人。李泓正在编制盛大公司的审计计划。相关资料如下:

资料一:根据至真会计师事务所质量控制制度的要求,李泓将盛大公司年度财务报表审计的可接受审计风险水平确定为5%。通过实施风险评估程序,李泓确定了财务报表下列项目的重大错报风险,具体如表5-2所示。

表5-2 部分财务报表项目的重大错报风险

财务报表项目	应收账款	存货	固定资产
评估的重大错报风险	80%	20%	5%

资料二:上年度审计工作底稿显示,盛大公司的应收账款、存货、固定资产项目的可接受检查风险水平依次为15%、25%和50%。

要求：

(1) 根据资料一，确定应收账款、存货、固定资产项目的可接受检查风险水平。

(2) 指出可接受检查风险水平与所需审计证据数量之间的关系，并根据资料二和要求(1)的结果(不考虑其他情况)，指出应当在上年度审计证据数量基础上对本年度应收账款、存货、固定资产项目中的哪些项目调整增加或减少所需审计证据的数量。

(3) 根据要求(1)中计算确定的固定资产项目的可接受检查风险水平，指出注册会计师是否可以仅对固定资产项目实施控制测试而不实施实质性程序并说明理由。

【解析】

(1) 应收账款项目的可接受检查风险＝5%÷80%＝6.25%。

存货项目的可接受检查风险＝5%÷20%＝25%。

固定资产项目的可接受检查风险＝5%÷5%＝100%。

(2) 可接受检查风险水平与所需审计证据的数量呈反向变动关系。可接受检查风险水平越低，所需的审计证据越多；可接受检查风险水平越高，所需的审计证据数量越少。应调整增加应收账款项目的审计证据数量，调整减少固定资产项目的审计证据数量。

(3) 不可以。无论评估的重大错报风险有多低，针对重要账户，注册会计师都不能完全省略实质性程序。

【例 5-4】 A 企业年利润为 1 元，经注册会计师审计后发现高估了 2 元，请问高估了 2 元是否重要？

【解析】 高估的 2 元是重要的。企业真实的利润为－1 元(1－2)，即该企业当年已经亏损，高估了 2 元后，该企业实现了"扭亏为盈"，可能严重影响投资者进行经济决策，因此 2 元金额虽小，但影响重大，因而是重要的。

引导案例解析

大华会计师事务所在风险评估阶段的审计流于形式，导致了审计失败。在对东方金钰的购销业务的审查中，会计师事务所的问题主要有两方面。第一，在执行实质性程序时，函证是很重要的外部证据，函证的状况需要引起注册会计师的关注，但是大华会计师事务所在函证阶段未对应收账款、预收账款以及应付账款等科目的函证保持有效控制，未对营业收入的回函保持合理怀疑，也未获取进一步审计证据以消除函证回函可靠性的疑虑。第二，分析程序可以帮助评估出风险的大小，但是大华会计师事务所并未严格执行实质性分析程序。一方面大华会计师事务所所执行的内部控制测试程序不完整，未对姐告宏宁销售业务中的订单录入、发货、记录应收账款、退换货、收款等流程的关键控制点材料及记录不足等情况给予关注；另一方面在对姐告宏宁执行内部控制测试时，即使姐告宏宁已存在诸多十分明显的内控缺陷，大华会计师事务所并未对审计证据中可能显示内部控制无效的情况保持必要的职业怀疑。审计人员面对此类存在虚假陈述的企业，应严格地执行实质性程序、内部控制测试等措施，降低审计风险。

素养园地

苏宁易购在电子商务环境下,积极利用大数据、云计算等技术搭建信息系统,通过对数据的深度挖掘和处理,实现了全自动的经营流程。但是在自动化的信息系统中,容易出现数据重复或者遗漏的情况,同时,由于系统公开透明强度大,内部人员很容易篡改流程编码以及程序,使得销售金额确认存在一定风险。并且苏宁易购在转型初期,并没有实现自动化流程,在订单量激增时期,手工监测的错误率会提高,这一行为会使内控系统的审计风险增加。

大数据下电商企业的经营活动有其特殊性。因此在识别电商企业的审计风险中,审计人员不但要熟悉企业的会计准则,还应当根据实际情况,结合电商企业的特殊性采用恰当的审计程序,从而控制审计风险。具体而言,由于电子商务企业经营模式复杂,内部信息系统应用广泛,涉及的数据量大,审计人员要不断增强自身专业素养,不仅具备传统审计知识和审计能力,同时还要提高使用数据分析以及建模等计算机能力,才能适应新的审计环境。

创新是我国经济社会发展的重要推动力量,创新可以创造更多的就业机会和财富,提高国家和地区的竞争力和经济发展水平。新时代的人才必须具备创新意识和创新思维,必须要有创新的勇气和决心,唯有不断创新,才能更好地为经济社会发展做出自己应有的贡献。基于大数据、云计算的成熟运用,云审计的模式也日益完善。审计人员可以利用云审计进行相关业务操作,也可以在平台上进行学习,不断提升自己的专业素养与创新能力,更好地服务社会。

项目知识结构

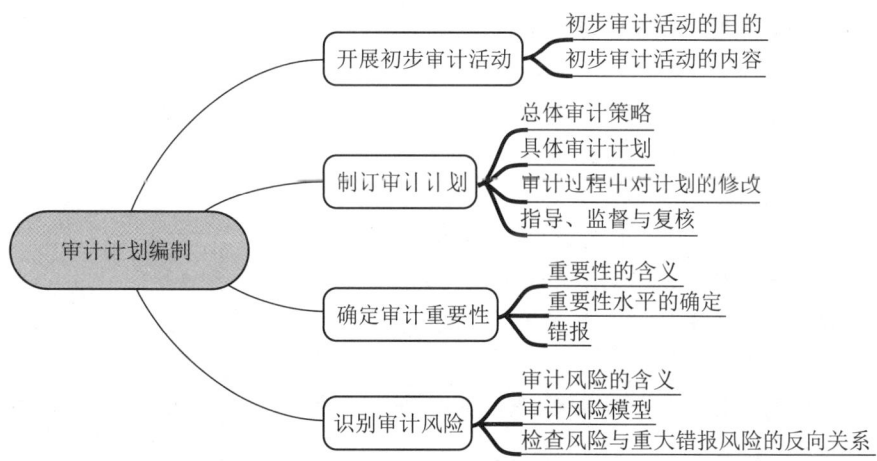

技能训练

一、单项选择题

1. 注册会计师在制订总体审计策略时,对审计范围的考虑事项不包括( )。
   A. 编制拟审计的财务信息所依据的财务报告编制基础
   B. 对利用在以前审计工作中获取的审计证据的预期
   C. 计划实施的进一步审计程序
   D. 拟审计的经营分部的性质

2. 总体审计策略的详略程度取决于( )。
   A. 审计业务约定书的条款
   B. 为被审计单位提供其他服务时所获得的经验
   C. 审计业务的特征
   D. 被审计单位规模及该审计业务的复杂程度

3. 会计师事务所开展初步业务活动,以确保在计划审计工作时执行审计工作的注册会计师具备( )的要求。
   A. 按合理的方式收费
   B. 有效利用专家工作
   C. 独立性和专业胜任能力
   D. 对客户的商业机密保密

4. 如果注册会计师认为利润表可接受的重要性水平为60 000元,而资产负债表可接受的重要性水平为200 000元,则财务报表层面的重要性水平应为( )元。
   A. 200 000
   B. 60 000
   C. 75 000
   D. 130 000

5. 下列关于审计风险的说法中不正确的是( )。
   A. 审计风险可以完全消除
   B. 审计风险只是一种可能的风险
   C. 审计风险由重大错报风险和检查风险组成
   D. 审计责任的扩大和期望差距的存在增加了审计风险

二、多项选择题

1. 下列关于计划审计工作的说法中,正确的有( )。
   A. 计划审计工作可以节约有限的审计资源、提高审计的工作效率
   B. 制订总体审计策略
   C. 制订具体审计计划
   D. 计划审计工作不是一个孤立阶段,是一个持续的、不断修正的过程、贯穿整个审计过程

2. 关于重要性的下列说法中,正确的是( )。
   A. 重要性的判断应从审计人员角度来考虑
   B. 重要性需要注册会计师运用专业判断确定
   C. 不同环境下对重要性的判断可能是不同的
   D. 重要性的判断应从报表使用者角度来考虑

3. 随着审计过程的推进,不能作为审计人员修改重要性水平的合理理由是( )。
A. 甲公司及其经营环境发生变化
B. 审计的时间预算重新调整
C. 约定的审计收费发生变化
D. 甲公司在下一年度采用新的固定资产折旧政策

4. 下列有关重要性的说法中,不正确的是( )。
A. 重要性与可接受的审计风险之间呈同向关系,即重要性水平越高,可接受的审计风险越高
B. 重要性与审计证据呈同向关系,即重要性水平越低,所需审计证据越少
C. 重要性仅包括对错报数量的考虑,不包括对错报性质的考虑
D. 在重要性水平之下的小额错报,无需关注

5. 在既定的审计风险水平下,下列表述正确的是( )。
A. 评估的认定层次重大错报风险越低,可接受的检查风险越高
B. 可接受的检查风险与认定层次重大错报风险的评估结果呈正向关系
C. 评估的认定层次重大错报风险越高,可接受的检查风险越低
D. 可接受的检查风险与认定层次重大错报风险的评估结果呈反向关系

三、判断题

1. 审计人员应合理确定重要性水平,与实际相比偏低偏高都不好,偏低会浪费人力时间,导致审计成本过大,偏高则审计质量低下,招致诉讼困境。 ( )
2. 重要性取决于在具体环境下对错报金额和性质的判断。 ( )
3. 一般而言,财务报表使用者十分关心流动性较高的项目,但是基于成本效益原则,注册会计师应当从宽确定重要性水平。 ( )
4. 审计风险模型中,重大错报风险是被审计单位形成的,审计人员可以改变其实际水平,再进行评估。 ( )
5. 在重要性水平之下的小额错报,无需关注。 ( )

四、简答题

审计重要性和审计风险的关系是什么?

项目六
风险评估与风险应对

学习目标

素养目标
1. 培养与时俱进、开拓创新的科学态度,以进行风险应对。
2. 培养诚信、责任意识,以进行风险评估。
3. 具有职业敏感性,具备风险识别和风险分析能力。
4. 具有风险意识,能够从宏观层面、微观层面,内部、外部发现并甄别审计线索。

知识目标
1. 理解被审计单位及其环境的内容。
2. 理解内部控制的定义及其要素。
3. 理解针对认定层次重大错报风险制定进一步审计程序时应考虑的因素。
4. 熟悉控制测试、实质性程序的含义和要求。
5. 掌握控制风险的初步评估和检查风险的评估基础。

能力目标
1. 能够准确理解被审计单位环境的内容。
2. 能够运用文字表述法、调查表法和流程图法记录内部控制流程。
3. 能够识别财务报表层次和认定层次重大错报风险。
4. 能够设计进一步审计程序。

引导案例

2019年7月5日,康得新复合材料集团股份有限公司(以下简称"康得新")收到证监会下发的《事先告知书》。根据《事先告知书》认定的事实,康得新2015—2018年连续四年净利润实际为负,触及《深圳证券交易所上市公司重大违法强制退市实施办法》第四条第(三)项规定的重大违法强制退市情形,公司股票可能被实施重大违法强制退市,公司股票自2019年7月8日起停牌。康得新涉嫌在2015年至2018年,通过虚构销售业务等方式虚增业务收入,并通过虚构采购生产研发费用、产品运输费用等方式,虚增营业成本、研发费用和销售费用。通过上述方式,康得新虚增利润总额119亿元。

中国证监会《行政处罚决定书》(〔2020〕71号)显示,2015年1月至2018年12月,康得新通过虚构销售业务、采购、生产、研发费用、产品运输费用等方式,虚增营业收入、营业成本、研发费用和销售费用,导致2015年至2018年年度报告虚增利润总额分别为2 242 745 642.37元、2 943 420 778.01元、3 908 205 906.90元、2 436 193 525.40元,分别占各年度报告披露利润总额的136.22%、127.85%、134.19%、711.29%,康得新2015年至2018年年度报告中披露的利润总额存在虚假记载。

然而,在康得新造假期间,瑞华会计师事务所连续3年均出具了"标准无保留意见",只有2018年报,在康得新已经深陷危机时才出具了"无法表示意见"。

最终,证监会对康得新及主要责任人员顶格处罚并采取终身证券市场禁入措施,证监会新闻发言人表示,上市公司及大股东必须讲真话,做真账,及时讲话,牢牢守住"四条底线":不披露虚假信息,不从事内幕交易,不操纵股票价格,不损害上市公司利益。

【讨论】瑞华会计师事务所在出具审计报告时是否评估了审计风险?

任务一 了解被审计单位

一、被审计单位及其环境

注册会计师应当了解被审计单位及其环境,包括:

(一) 组织结构、所有权和治理结构、业务模式

(1) 了解被审计单位组织结构的复杂程度。通常来说,组织结构越复杂,越容易出现导致重大错报风险的可能性增加的因素。相关问题可能包括对商誉、合营企业、投资或特殊目的实体的会计处理是否恰当以及财务报表是否已对这些事项作出充分披露。

(2) 了解所有权结构以及所有者与其他人员或实体之间的关系,包括关联方。了解这些方面有助于注册会计师确定关联方交易是否已得到恰当识别和处理,并在财务报表中得到充分披露。

(3) 了解被审计单位的治理结构。具体可从以下方面着手:治理层人员是否参与对被审计单位的管理;董事会中的非执行人员(如有)是否与负责执行的管理层相分离;治

层人员是否在被审计单位法律上的组织结构下的组成部分中任职,例如担任董事;治理层是否下设专门机构,例如审计委员会,以及该专门机构的责任;治理层监督财务报告的责任,包括批准财务报表。

(4) 了解被审计单位的目标、战略和业务模式(包括该业务模式利用信息技术的程度)。这将有助于从战略层面了解被审计单位,并了解被审计单位承担和面临的经营风险。由于多数经营风险最终都会产生财务后果,从而影响财务报表,因此了解影响财务报表的经营风险有助于注册会计师识别重大错报风险。注册会计师并非需要了解被审计单位业务模式的所有方面。经营风险比财务报表重大错报风险范围更广,并且包括重大错报风险。注册会计师没有责任了解或识别所有的经营风险,因为并非所有的经营风险都会导致重大错报风险。

(5) 被审计单位信息技术环境的组织结构和复杂程度。例如,被审计单位可能在不同的业务中拥有多个旧版信息技术系统,这些系统无法很好地集成整合,从而导致信息技术环境较为复杂;在信息技术环境的各个方面使用外部或内部服务提供商。

(二) 行业形势、法律环境、监管环境和其他外部因素

(1) 相关行业因素包括行业形势,如竞争环境、供应商和客户关系、技术发展情况等。注册会计师可能需要考虑的事项包括:

① 市场与竞争,包括市场需求、生产能力和价格竞争;
② 生产经营的季节性和周期性;
③ 与被审计单位产品相关的生产技术;
④ 能源供应与成本。

(2) 相关法律和监管因素包括法律环境和监管环境。法律环境和监管环境包括适用的财务报告编制基础、法律和社会环境及其变化等。注册会计师可能需要考虑的事项包括:

① 受管制行业的法规框架,如与审慎监管相关的监管框架,包括相关披露;
② 对被审计单位经营活动产生重大影响的法律法规,如劳动法和相关法规;
③ 税收相关法律法规;
④ 目前对被审计单位开展经营活动产生影响的政府政策,如货币政策(包括外汇管制)、财政政策、关税或贸易限制政策等;
⑤ 影响行业和被审计单位经营活动的环保要求。

(3) 注册会计师考虑的影响被审计单位的其他外部因素可能包括总体经济情况、利率、融资的可获得性、通货膨胀水平或币值变动等。

(三) 财务业绩的衡量标准

财务业绩的衡量标准,包括内部和外部使用的衡量标准。财务业绩的衡量标准包括如下几类:

(1) 关键业绩指标(财务或非财务的)、关键比率、趋势和经营统计数据;
(2) 同期财务业绩比较分析;
(3) 预算、预测、差异分析,分部信息和分部、部门或其他不同层次的业绩报告;
(4) 员工业绩考核与激励性报酬政策;
(5) 被审计单位与竞争对手的业绩比较。

二、适用的财务报告编制基础、会计政策以及变更会计政策的原因

在了解被审计单位适用的财务报告编制基础,以及如何根据被审计单位及其环境的性质和情况运用该编制基础时,注册会计师可能需要考虑的事项具体如下。

(1) 被审计单位与适用的财务报告编制基础相关的财务报告实务,例如:

① 会计政策和行业特定惯例,包括特定行业财务报表中的相关交易类别、账户余额和披露;

② 收入确认;

③ 金融工具以及相关信用损失的会计处理;

④ 外币资产、负债与交易;

⑤ 异常或复杂交易(包括在有争议或新兴领域的交易)的会计处理。

(2) 就被审计单位对会计政策的选择和运用(包括发生的变化以及变化的原因)获得的了解,可能包括下列事项:

① 被审计单位用于确认、计量和列报(包括披露)重大和异常交易的方法;

② 在缺乏权威性标准或共识的争议或新兴领域采用重要会计政策产生的影响;

③ 环境变化,例如适用的财务报告编制基础的变化或税制改革可能导致被审计单位的会计政策变更;

④ 新颁布的财务报告准则、法律法规,被审计单位采用的时间以及如何采用或遵守这些规定。

任务二 熟悉被审计单位内部控制

一、内部控制的含义与目标

(一) 内部控制的含义

内部控制(internal control)是被审计单位为了合理保证财务报告的可靠性、经营的效率和效果以及对法律法规的遵守,由治理层、管理层和其他人员设计与执行的政策及程序。

(二) 内部控制的目标

内部控制的目标主要包括:

(1) 合理保证财务报告的可靠性,这一目标与管理层履行财务报告编制责任密切相关。

(2) 合理保证经营的效率和效果,即经济、有效地使用企业资源,以最优方式实现企业目标。

(3) 合理保证在所有经营活动中遵守法律法规的要求,即在法律法规的框架下从事经营活动。

二、内部控制的要素

内部控制的要素包括内部环境(控制环境)、风险评估、信息与沟通、控制活动和内部

监督。

（一）内部环境

内部环境或控制环境包括治理职能和管理职能以及治理层和管理层对内部控制及其重要性的态度、认识和措施。控制环境设定了被审计单位的内部控制基调，影响员工的内部控制意识。良好的控制环境是被审计单位实施有效内部控制的基础，主要体现在以下方面：

（1）管理层如何履行其管理职责，例如创建和维护被审计单位的文化以及管理层对诚信、道德和价值观的重视程度。控制的有效性离不开负责创建、管理和监督内部控制的人员的诚信、道德和价值观。被审计单位的道德行为准则或行为规范，以及这些准则和规范如何在被审计单位内部得到沟通（如通过政策规定进行沟通）和落实（例如，管理层采取消除或减少措施可能是导致员工不诚实、不守法或不道德行为的动机或诱因），决定了员工的诚信和道德行为。被审计单位对诚信、道德和价值观方面政策的沟通包括通过政策规定、行为规范和示范的方式向员工沟通行为准则。

（2）如果治理层与管理层相分离，治理层如何证明其独立于管理层监督被审计单位的内部控制体系。被审计单位的控制意识受到治理层的影响，考虑因素包括治理层是否充分独立于管理层，并在评估和决策中保持客观性；治理层如何识别和接受监督责任；以及治理层是否对管理层设计、实施和执行被审计单位的内部控制体系承担监督责任。治理层职责的重要性在被审计单位的行为守则、其他法律法规或在为治理层制定的指引中予以体现。治理层的职责还包括监督内部举报不恰当行为的程序的设计和有效运行。

（3）治理层如何被监督，特别是，如果治理层与管理层并未实现充分的分离，被审计单位是否存在相应的补偿性控制。例如，监事会的职责、人员构成以及在被审计单位治理体系中的地位和作用。

（4）被审计单位为实现其目标分配内部权限和职责。具体可以考虑下列事项：

① 内部权限和职责的关键领域，以及适当的报告层级；

② 与适当的商业惯例、关键员工的知识和经验、履行职责时提供的资源相关的政策；

③ 政策和沟通，旨在确保所有员工了解被审计单位的目标、知悉员工之间的工作如何相互关联以及个人的工作对实现目标的作用，并认识到其对什么承担责任以及如何承担。

（5）被审计单位根据其目标如何吸引、培养和留住具有胜任能力的人员。这包括被审计单位如何确保人员具有完成工作所需的知识和技能。

（6）被审计单位如何使其人员致力于实现内部控制体系的目标。这可以通过下列措施实现：

① 建立沟通机制，使员工对履行控制职责负责，并在必要时采取纠正措施；

② 为负责被审计单位内部控制体系的员工制定绩效衡量标准以及激励和奖励措施，包括如何评价衡量标准并保持相关性；

③ 与实现控制目标相关的压力如何影响员工的职责和绩效衡量；

④ 必要时，如何对员工进行处罚。

(二) 风险评估 (risk assessment)

被审计单位的风险评估工作是一个不断修正的过程,目的是识别和分析实现被审计单位的目标所面临的风险,是管理层和治理层确定拟管理的风险的基础。就财务报告的目的而言,被审计单位的风险评估工作包括管理层如何识别与按照适用的财务报告编制基础编制财务报表相关的经营风险,评估其重要性和发生的可能性,并采取措施以管理这些风险及其导致的结果。例如,被审计单位的风险评估工作可能针对如何考虑交易未被记录的可能性,或识别并分析财务报表中反映的重要估计。可能产生风险的事项和情形包括:

(1) 监管环境、经济环境及经营环境的变化。
(2) 新员工加入。
(3) 新信息系统的使用或对原系统的升级。
(4) 业务快速发展。
(5) 新技术。
(6) 新业务模式、产品和活动。
(7) 企业重组。
(8) 发展海外经营。
(9) 新的会计政策。
(10) 使用信息技术。

注册会计师应当了解被审计单位风险评估过程和结果,确定管理层如何识别与财务报告相关的经营风险,如何估计该风险的重要性,如何评估风险发生的可能性以及如何采取措施管理这些风险。如果被审计单位的风险评估过程符合其具体情况,了解被审计单位的风险评估过程和结果有助于注册会计师识别财务报表的重大错报风险。

注册会计师可以通过了解被审计单位及其环境的其他方面信息,评价被审计单位风险评估过程的有效性。例如,在了解被审计单位的业务情况时,发现了某些经营风险,注册会计师应当了解管理层是否也意识到这些风险以及如何应对。在审计过程中,注册会计师如果识别出管理层未能识别的重大错报风险,应当考虑被审计单位的风险评估过程为何没有识别出这些风险以及评估过程是否适合于具体环境。

(三) 内部监督 (internal supervision)

被审计单位监督内部控制体系的工作是指被审计单位评价内部控制体系的有效性,并及时采取必要的整改措施的持续过程。被审计单位监督内部控制体系的工作可能包括持续的监督活动、单独的评价活动(定期执行)或两者相结合。持续的监督活动通常贯穿于被审计单位日常重复的活动中,包括常规管理和监督工作。监督内部控制体系的工作的范围和频率可能根据被审计单位对风险的评估结果而发生变化。

1. 内部监督的作用

监督保证控制的持续有效运行。被审计单位监督内部控制体系的工作可能包括管理层对是否及时编制银行存款余额调节表进行复核,内部审计人员评价销售人员是否遵守被审计单位关于销售合同条款的政策,法律部门监控被审计单位的道德规范和商业行为政策是否得到遵守等。例如,如果缺乏对编制银行存款余额调节表的及时性和准确性的监督,则相关人员可能不编制该调节表。

2. 内部监督与信息系统相关的控制

与被审计单位监督内部控制体系的工作相关的控制(包括监督相关自动化控制的控制)可能是自动化控制或人工控制,也可能是两者的结合。例如,被审计单位可能使用自动化监督控制访问某些信息技术程序或数据,并自动向管理层报告异常活动,继而由管理层人工调查识别的异常。

在区分监督活动和与信息系统相关的控制时,注册会计师需要考虑活动的基本细节以作出职业判断,特别是当该活动涉及某种程度上的监督复核时。例如,月度完整性控制的目的是发现和纠正错误,而监督活动关注的是错误发生的原因,并要求管理层修正导致该错误的流程,以防止未来发生错误。简而言之,与信息系统相关的控制旨在应对具体风险,而监督活动则是为了评估被审计单位内部控制体系各要素中的控制是否如预期运行。

3. 内部监督与外部信息

监督活动可能包括利用与外部有关机构或人员沟通所获取的信息,这些外部信息可能显示出内部控制存在的问题或需要改进的领域。例如,客户通过付款来间接表示其同意发票金额,或者对发票金额提出异议。此外,监管机构可能会针对影响被审计单位的内部控制体系运行的问题与被审计单位进行沟通,如银行监管机构针对检查所作的沟通。在执行监督活动时,管理层也可能考虑与注册会计师就被审计单位的内部控制体系进行沟通。

(四)信息与沟通(information and communication)

1. 信息

与财务报表编制相关的信息由一系列的活动和政策、会计记录和支持性记录组成。信息的质量影响管理层在管理和控制被审计单位活动时作出恰当的决策以及编制可靠的财务报告的能力。被审计单位设计和建立这些活动、政策和记录,旨在:

(1) 生成、记录和处理交易,获取、处理和披露与交易以外的事项和情况相关的信息,以及为相关资产、负债和所有者权益明确受托责任;

(2) 解决不正确处理交易的问题,如自动生成暂记账户文件,以及及时按照程序清理暂记项目;

(3) 处理并解释凌驾于控制之上或规避控制的情况;

(4) 将从交易处理系统中获取的信息过入总账,例如,将明细账中的累计交易过入总账;

(5) 针对除交易以外的事项和情况获取并处理与财务报表编制相关的信息,如资产的折旧和摊销、可回收性的改变等;

(6) 确保由适用的财务报告编制基础规定披露的信息得到收集、记录、处理和汇总,并适当包含在财务报表中。

2. 沟通

沟通包括使员工了解各自在被审计单位内部控制体系中的角色和岗位职责,可以采用政策手册、会计和财务报告手册以及备忘录等形式。沟通也可以采用电子方式或口头方式以及通过管理层的行动来实现。

被审计单位就与财务报告相关的岗位职责和相关人员的角色以及与财务报告相关的重大事项的沟通,包括使员工了解各自的和他们与财务报告相关内部控制体系的角色和岗位职责。这可能包括使员工了解其在信息系统中的活动与其他员工工作之间关联的程度,以及向适当的更高层级的管理层报告例外事项的方式。

(五) 控制活动(control activity)

控制活动是指有助于确保管理层的指令得以执行的政策和程序,包括授权与批准、调节、验证、实物或逻辑控制和职责分离等相关的活动。

1. 授权与批准

授权确认交易是有效的,即交易具有经济实质或符合被审计单位的政策。授权的形式通常为较高级别的管理层批准或验证并确定交易是否有效。例如,主管在复核某项费用是否合理且符合政策后批准该费用报告单。

2. 调节

调节即将两项或多项数据要素进行比较。如果发现差异,则采取措施使数据一致。调节通常针对所处理交易的完整性或准确性。

3. 验证

验证即将两个或多个项目互相进行比较,或将某个项目与政策进行比较。如果两个项目不匹配或者某个项目与政策不一致,则可能对其执行跟进措施。验证通常针对所处理交易的完整性、准确性或有效性。

4. 实物或逻辑控制

实物或逻辑控制包括针对资产安全的控制,以防止未经授权的访问、获取、使用或处置资产。实物或逻辑控制包括下列控制:

(1) 保证资产的实物安全,包括恰当的安全保护措施,如针对接触资产和记录的安全设施;

(2) 对接触计算机程序和数据文档设置授权,即逻辑访问权限;

(3) 定期盘点并将盘点记录与控制记录相核对,如将会计记录与现金、有价证券和存货的定期盘点结果相比较。用于防止资产盗窃的实物控制在多大程度上与财务报表编制的可靠性相关,取决于资产被侵占的风险。

5. 职责分离

职责分离,即将交易授权、交易记录以及资产保管等职责分配给不同员工。职责分离旨在降低同一员工在正常履行职责过程中实施并隐瞒舞弊或错误的可能性。

三、在整体层面了解内部控制

在整体层面对被审计单位内部控制的了解和评估,通常由项目组中对被审计单位情况比较了解且较有经验的成员负责,同时需要项目组其他成员的参与和配合。在了解内部控制的各要素时,注册会计师应当对被审计单位整体层面的内部控制的设计进行评价,并确定其是否得到一贯执行。这一评价过程需要大量的职业判断,注册会计师应当考虑管理层本身的理念和态度、实际设计和执行的控制以及对经营活动的密切参与是否能够实现控制的目标。

财务报表层次的重大错报风险很可能源于薄弱的控制环境,因此,注册会计师在评估财务报表层次的重大错报风险时,应当将被审计单位整体层面的内部控制状况和了解到的被审计单位及其环境等方面的情况结合起来考虑。

被审计单位整体层面的内部控制是否有效将直接影响重要业务流程层面控制的有效性,进而影响注册会计师拟实施的进一步审计程序的性质、时间和范围。

四、在业务流程层面了解内部控制

(一) 确定被审计单位的重要业务流程和重要交易类别

在实务中,将被审计单位的整个经营活动划分为几个重要的业务循环,有助于注册会计师更有效地了解和评估重要业务流程及相关控制。通常,以制造业企业的内部控制为例,审计循环可以划分为下列五个循环:

1. 销售与收款循环

销售与收款循环包括接受顾客订购单,核准购货方的信用,装运商品,开具销货发票,记录收入和应收账款、记录现金收入等程序。

2. 采购与付款循环

采购与付款循环包括购买存货、其他资产和劳务,发出订货单,检查所收货物和开具验收报告,记录应付销货方债务,核准付款,支付款项和记录现金支出等程序。

3. 生产与存货循环

生产与存货循环包括领取各种原材料及其他物料用品,交付生产,分摊费用,计算生产成本,核算销售成本等程序。

4. 人力资源与工薪循环

人力资源与工薪循环包括雇用、辞退职工、制定工资标准,核计实际工时,计算应付职工薪酬,计算个人所得税和其他代扣款项,记录工薪卡,发放工资等程序。

5. 筹资与投资循环

筹资与投资循环包括授权、核准、执行和记录有关银行贷款、融资租赁、应付公司债券和股本、交易性金融资产、债权投资、其他债权投资、长期股权投资等业务事项。

(二) 记录重要交易流程

在确定重要业务流程和重要交易类别后,注册会计师便可着手了解每一类重要交易的生成、记录、处理及在财务报表中报告的程序,即重要交易流程。

注册会计师可以通过下列方法获得对重要交易流程的了解:①询问被审计单位的适当人员;②观察所运用的处理方法和程序;③检查被审计单位的交易手册和其他书面资料;④追踪交易在财务报告信息系统中的处理过程(穿行测试)。

注册会计师在了解重要交易流程时,可以采用下列方法对业务流程进行记录:

1. 文字表述法

文字表述法是指审计人员用文字叙述的方式描述被审计单位内部控制的方法。文字表述法形式灵活,可以根据实际情况选择记录的内容,能充分表达内部控制的一切特殊情况。但这种方法也有局限性,表现在调查和叙述内部控制的情况比较耗费时间,对业务环节多的企业,用文字说明难免冗长,容易产生误解,记录时也容易发生遗漏,且不能快速地确定内部控制的薄弱点。因此,文字说明法只适用于业务简单的中小型企业。

2. 调查表法

调查表法是指审计人员通过事先设计好的有关内部控制的问题式调查表,了解被审计单位内部控制的方法。采用这种方法,可事先进行细致研究,将内部控制的关键控制点和主要控制程序编制成一定格式的调查表。调查表可印发多份,分发给有关被调查人填写,填写后统一回收并将问题归纳整理,以便进行分析研究。如果调查的问题比较单一,涉及面不广,亦可采用当面询问、随问随填的方式。

3. 流程图法

流程图法是指利用图解形式来描述被审计单位的内部控制的方法。流程图一般按主要经营环节绘制,如果将各主要经营环节的流程图合并起来,就构成比较完整的内部控制流程图。流程图的绘制方法有横式和纵式两种,无论采用哪种方式,都必须注意以下几点:

(1) 在绘制流程图前,审计人员必须全面、详细地调查了解被审计单位主要经营业务各环节的相互关系、凭证传递程序、各环节和各程序应负的责任等。

(2) 必须事先确定图形符号,设计好图例说明,在目前尚无统一规定的专用符号的情况下,可选用一般通用的符号。

(3) 流程图的绘制一般有两种形式:纵式流程图和横式流程图。如采用横式流程图,应将业务部门放在上端,业务流程从左上角开始自左至右、从上到下绘制,线条、符号之间的关系要标示清楚,要特别注意业务交叉线的绘制,防止紊乱,还要考虑所有流程图的合并问题,要将业务之间的勾稽关系说明清楚。

(三) 进行内部控制初步评价

在识别和了解内部控制后,根据获取的审计证据,注册会计师需要初步评价内部控制设计的合理性并确定其是否得到执行。注册会计师对内部控制的评价结论可能是以下三种情况之一:

(1) 所设计的内部控制单独或连同其他控制能够防止或发现并纠正重大错报,并得到执行。

(2) 内部控制本身的设计是合理的,但没有得到执行。

(3) 内部控制本身的设计就是无效的,或缺乏必要的控制。

任务三　评估重大错报风险

一、评估重大错报风险的重要性

注册会计师识别和评估重大错报风险,以确定用于获取充分、适当的审计证据的进一步审计程序的性质、时间安排和范围。这些证据使得注册会计师能够以可接受的审计风险水平对财务报表发表意见。通过实施风险评估程序收集的信息可以作为审计证据,为识别和评估重大错报风险提供依据。

二、识别两个层次的重大错报风险

在对重大错报风险进行识别和评估后,注册会计师应当确定,识别的重大错报风险是与特定的某类交易、账户余额、披露的认定相关,还是与财务报表整体广泛相关。

认定层次重大错报风险是指与财务报表整体不存在广泛联系的重大错报风险。财务报表层次的重大错报风险是指与财务报表整体存在广泛联系并潜在影响多项认定的风险。这种性质的风险不限定于某类交易、账户余额和披露层面的特定认定,如管理层凌驾于控制之上的风险,而在一定程度上代表了可能广泛增加认定层次重大错报风险的情况。注册会计师评价识别的风险是否与财务报表存在广泛联系,能够支持其对财务报表层次重大错报风险的评估。注册会计师可能识别出多个易于发生错报的认定,这些认定将影响注册会计师对认定层次重大错报风险的识别和评估。

对于识别出的财务报表层次重大错报风险,注册会计师应当从评价这些风险对财务报表整体产生的影响和确定这些风险是否影响对认定层次风险的评估结果这两方面进行评估。对于识别出的认定层次重大错报风险,注册会计师应当分别评估固有风险和控制风险。

三、控制环境对评估财务报表层次重大错报风险的影响

财务报表层次的重大错报风险很可能源于薄弱的控制环境。薄弱的控制环境可能对财务报表产生广泛的影响,难以限于某类交易、账户余额和披露,注册会计师应当采取总体应对措施。例如,被审计单位治理层、管理层对内部控制的重要性缺乏认识,没有建立必要的制度和程序,这样的缺陷源于薄弱的控制环境,可能对财务报表产生广泛影响,需要注册会计师采取总体应对措施。

四、控制环境对评估认定层次重大错报风险的影响

在评估重大错报风险时,注册会计师应当将所了解的控制与特定认定相联系。控制可能与某一认定直接相关,也可能与某一认定间接相关。关系越间接,控制在防止或发现并纠正认定中错报的作用越小。注册会计师应当考虑对识别的各类交易、账户余额和披露认定层次的重大错报风险予以汇总和评估,以确定进一步审计程序的性质、时间安排和范围。

五、仅通过实质性程序无法应对的重大错报风险

作为风险评估的一部分,如果注册会计师认为仅通过实质性程序获取的审计证据无法应对认定层次的重大错报风险,注册会计师应当评价被审计单位针对这些风险设计的控制,并确定其执行情况。

在被审计单位对日常交易采用高度自动化处理的情况下,审计证据可能仅以电子形式存在,其充分性和适当性通常取决于自动化信息系统相关控制的有效性,注册会计师应当考虑仅通过实质性程序不能获取充分、适当审计证据的可能性。

如果注册会计师认为仅通过实施实质性程序不能获取充分、适当的审计证据,注册会计师应当考虑依赖的相关控制的有效性,并对其进行评估和测试。

六、对风险评估的修正

注册会计师对认定层次重大错报风险的评估,可能随着审计过程中不断获取审计证据而作出相应地修正。

如果通过实施进一步审计程序获取的审计证据与初始评估获取的审计证据相矛盾,注册会计师应当修正风险评估结果,并相应修改原计划实施的进一步审计程序。

评估重大错报风险与了解被审计单位及其环境一样,也是一个连续和动态地收集、更新与分析信息的过程,贯穿于整个审计过程。

任务四 应对审计风险

一、财务报表层次重大错报风险的总体应对措施

在重大错报风险的评估过程中,注册会计师应当确定识别的重大错报风险是与特定的某类交易、账户余额和披露的认定相关,还是与财务报表整体广泛相关,进而影响多项认定。如果是后者,则属于财务报表层次的重大错报风险。注册会计师应当针对评估的财务报表层次重大错报风险确定下列总体应对措施。

(一)向项目组强调保持职业怀疑的必要性

职业怀疑是指注册会计师以质疑的思维方式评价所获取审计证据的有效性,并对相互矛盾的审计证据以及引起对文件记录或管理层和治理层提供的信息的可靠性产生怀疑的审计证据保持警觉。

(二)指派更有经验或具有特殊技能的审计人员或利用专家的工作

由于各行业在经营业务、经营风险、财务报告、法规要求等方面具有特殊性,审计人员的专业分工细化成为一种趋势。审计项目组成员中应有一定比例的人员曾经参与被审计单位以前年度的审计或具有被审计单位所处特定行业的相关审计经验。必要时,注册会计师要考虑利用信息技术、税务、评估、精算等方面的专家的工作。

(三)提供更多的督导

对于财务报表层次重大错报风险较高的审计项目,项目组的高级别成员,如项目合伙人、项目经理等经验较丰富的人员,要对其他成员提供更详细、更经常、更及时的指导和监督,并加强项目质量复核。

(四)在选择拟实施的进一步审计程序时融入更多的不可预见的因素

被审计单位人员,尤其是管理层,如果熟悉注册会计师的审计思路,就可能提前采取种种规避手段,掩盖财务报告中的舞弊行为。因此,在设计拟实施审计程序的性质、时间安排和范围时,为了避免既定思维对审计方案的限制,避免对审计效果的人为干涉,从而使针对重大错报风险的进一步审计程序更加有效,注册会计师要考虑使某些程序不会被被审计单位管理层预见或事先了解。

(五)对拟实施审计程序的性质、时间安排和范围作出总体修改

财务报表层次重大错报风险很可能源于薄弱的控制环境。薄弱的控制环境带来的风

险可能对财务报表产生广泛影响,难以限于某类交易、账户余额、披露,注册会计师应当采取总体应对措施。相应地,注册会计师对控制环境的了解也影响其对财务报表层次重大错报风险的评估。有效的控制环境可以使注册会计师增强对内部控制和被审计单位内部产生的证据的信赖程度。如果控制环境存在缺陷,注册会计师在对拟实施审计程序的性质、时间安排和范围作出总体修改时应当考虑:

(1) 在期末而非期中实施更多的审计程序。控制环境的缺陷通常会削弱期中获得的审计证据的可信赖程度。

(2) 主要依赖实质性程序获取审计证据。良好的控制环境是其他控制要素发挥作用的基础。控制环境存在缺陷通常会削弱其他控制要素的作用,导致注册会计师可能无法信赖内部控制而主要依赖实质性程序获取审计证据。

(3) 增加拟纳入审计范围的经营地点的数量。

(六) 总体应对措施对拟实施进一步审计程序的总体审计方案的影响

财务报表层次重大错报风险难以限于某类交易、账户余额和披露的特点,意味着此类风险可能对财务报表的多项认定产生广泛影响,并相应增加注册会计师对认定层次重大错报风险的评估难度。因此,注册会计师评估的财务报表层次重大错报风险以及采取的总体应对措施,对拟实施进一步审计程序的总体审计方案具有重大影响。

拟实施进一步审计程序的总体审计方案包括实质性方案和综合性方案。其中,实质性方案是指注册会计师实施的进一步审计程序以实质性程序为主;综合性方案是指注册会计师在实施进一步审计程序时,将控制测试与实质性程序结合使用。当评估的财务报表层次重大错报风险属于高风险水平时,应相应采取更强调审计程序不可预见性以及重视调整审计程序的性质、时间安排和范围等总体应对措施,拟实施进一步审计程序的总体方案往往更倾向于实质性方案。

二、认定层次重大错报风险的进一步审计程序

(一) 进一步审计程序的含义和要求

1. 进一步审计程序的含义

进一步审计程序相对于风险评估程序而言,是指注册会计师针对评估的各类交易、账户余额和披露认定层次重大错报风险实施的审计程序,包括控制测试和实质性程序。注册会计师应当针对评估的认定层次重大错报风险设计和实施进一步审计程序,包括审计程序的性质、时间和范围。

2. 进一步审计程序的要求

进一步审计程序的性质、时间和范围,应当与被评估的认定层次重大错报风险具备明确的对应关系。在应对评估的风险时,合理确定审计程序的性质是最重要的。注册会计师应当考虑下列因素:

(1) 风险的重要性。风险的重要性是指风险造成的后果的严重程度。风险造成的后果越严重,就越需要注册会计师关注和重视,越需要精心设计有针对性的进一步审计程序。

(2) 重大错报发生的可能性。重大错报发生的可能性越大，越需要注册会计师精心设计进一步审计程序。

(3) 涉及的各类交易、账户余额和披露的特征。不同的交易、账户余额和披露，产生的认定层次的重大错报风险不同，适用的审计程序也有差别，需要注册会计师区别对待，并设计有针对性的进一步审计程序。

(4) 被审计单位采用的特定控制的性质。不同性质的控制（尤其应区分是人工控制还是自动化控制）对注册会计师设计进一步的审计程序具有重要影响。

(5) 注册会计师是否拟获取审计证据，以确定内部控制在防止或发现并纠正重大错报方面的有效性。如果注册会计师在风险评估时预期内部控制运行有效，随后拟实施的进一步审计程序就必须包括控制测试，相应的实质性程序自然会受到之前控制测试结果的影响。

（二）进一步审计程序的性质

进一步审计程序的性质是指进一步审计程序的目的和类型。其中，进一步审计程序的目的包括通过实施控制测试以确定内部控制运行的有效性，通过实施实质性程序以发现认定层次的重大错报；进一步审计程序的类型包括检查、观察、询问、函证、重新计算、重新执行和分析程序。不同的审计程序应对特定认定错报风险的效力不同。

在确定进一步审计程序的性质时，注册会计师需要考虑如下因素：

(1) 认定层次重大错报风险的评估结果。评估的认定层次重大错报风险越高，对通过实质性程序所获取的审计证据的相关性和可靠性的要求越高，从而可能影响进一步审计程序的类型及其综合运用。例如，当注册会计师判断某类交易协议的完整性存在更高的重大错报风险时，除了检查文件以外，注册会计师还可能决定向独立第三方询问或函证协议的完整性。

(2) 评估的认定层次重大错报风险产生的原因。例如，注册会计师可能判断某特定类别的交易即使在不存在相关控制的情况下发生重大错报的风险仍较低，此时可能认为仅实施实质性程序就可以获取充分、适当的审计证据。再如，对于经由被审计单位信息系统日常处理和控制的某类交易，如果注册会计师预期此类交易在内部控制运行有效的情况下发生重大错报的风险较低，且拟在控制运行有效的基础上设计实质性程序，注册会计师就会决定先实施控制测试。

（三）进一步审计程序的时间

进一步审计程序的时间是指注册会计师何时实施进一步审计程序或审计证据适用的期间或时点。不同的审计程序应对特定认定错报风险的效力不同。评估的认定层次重大错报风险越高，对通过实质性程序获取的审计证据的相关性和可靠性的要求越高。

注册会计师可以在期中或期末实施控制测试或实质性程序。当重大错报风险较高时，注册会计师应当考虑在期末或接近期末实施实质性程序；或采用不通知的方式，或在管理层不能预见的时间实施审计程序。

在期中实施进一步审计程序，可能有助于注册会计师在审计工作初期识别重大事项，并在管理层的协助下及时解决这些事项；或针对这些事项制定有效的实质性方案或综合性方案。如果在期中实施了进一步审计程序,注册会计师还应当针对剩余期间获取审计证据。

注册会计师在确定进一步审计程序的时间时应当考虑下列几项重要因素:

(1) 控制环境。

(2) 何时能得到相关信息。

(3) 错报风险的性质。

(4) 审计证据适用的期间或时点。

需要说明的是,虽然注册会计师在很多情况下可以根据具体情况选择实施进一步审计程序的时间,但也存在着一些限制选择的情况,某些审计程序只能在期末或期末以后实施,包括将财务报表与会计记录相核对,检查财务报表编制过程中所作的会计调整等。如果被审计单位在期末或接近期末发生了重大交易,或重大交易在期末尚未完成,则注册会计师应当考虑交易的发生或截止等认定可能存在的重大错报风险,并在期末或期末以后检查此类交易。

(四) 进一步审计程序的范围

进一步审计程序的范围是指实施进一步审计程序的数量多少,包括抽取的样本量,对某项控制活动的观察次数等。

在确定进一步审计程序的范围时,注册会计师应当考虑下列因素:

(1) 重要性水平。确定的重要性水平越低,注册会计师实施进一步审计程序的范围越广。

(2) 评估的重大错报风险。评估的重大错报风险越高,对拟获取审计证据的相关性、可靠性的要求越高,因此注册会计师实施的进一步审计程序的范围也越广。

(3) 计划获取的保证程度。计划获取的保证程度,是指注册会计师计划通过所实施的审计程序对测试结果可靠性所获取的信心。计划获取的保证程度越高,对测试结果可靠性要求越高,注册会计师实施的进一步审计程序的范围越广。例如,注册会计师对财务报表是否不存在重大错报的信心可能来自控制测试和实质性程序。如果注册会计师计划从控制测试中能够获取更高的保证程度,则控制测试的范围就应更广。

随着重大错报风险的增加,注册会计师应当考虑扩大审计程序的范围。但是,只有当审计程序本身与特定风险相关时,扩大审计程序的范围才是有效的。

注册会计师可以使用计算机辅助审计技术对电子化的交易和账户文档进行更广泛的测试,包括从主要电子文档中选取交易样本,按照某一特征对交易进行分类,或对总体而非样本进行测试。

注册会计师通常可以使用恰当的抽样方法得出有效结论。如果存在下列情形,注册会计师依据样本得出的结论可能与对总体实施同样的审计程序得出的结论不同,进而出现不可接受的风险:

(1) 从总体中选择的样本量过小。

(2) 选择的抽样方法对实现特定目标不适当。

(3) 未对发现的例外事项进行恰当的追查。

三、控制测试

(一) 控制测试的含义和要求

1. 控制测试的含义

控制测试是指用于评价内部控制在防止或发现并纠正认定层次重大错报方面的运行有效性的审计程序。控制测试的目的是测试控制运行的有效性,这一概念不同于"了解内部控制"。"了解内部控制"包含两层含义:一是评价控制的设计;二是确定控制是否得到执行。

了解内部控制时,注册会计师获取的审计证据应当确定某项控制是否存在,被审计单位是否正在使用;在测试控制运行的有效性时,注册会计师应当获取关于控制是否有效运行的审计证据。因此,在了解控制是否得到执行时,注册会计师只需抽取少量的交易进行检查或观察某几个特定时点。但在测试控制运行的有效性时,注册会计师需要抽取足够数量的交易进行检查或对多个不同时点进行观察。

在测试控制运行的有效性时,注册会计师应当从下列方面获取关于控制是否有效运行的审计证据:

(1) 控制在所审计期间的相关时点是如何运行的。

(2) 控制是否得到一贯执行。

(3) 控制由谁或以何种方式执行。

2. 控制测试的要求

控制测试并非在任何情况下都需要实施。当存在下列情形之一时,注册会计师应当实施控制测试。

(1) 在评估认定层次重大错报风险时,预期控制的运行是有效的。

如果在评估认定层次重大错报风险时,预期控制的运行是有效的,注册会计师应当实施控制测试,就控制在相关期间或时点的运行的有效性获取充分、适当的审计证据。只有认为控制设计合理、能够防止或发现并纠正认定层次的重大错报,注册会计师才有必要对控制运行的有效性实施测试。

(2) 仅实施实质性程序不足以提供认定层次充分、适当的审计证据。

如果注册会计师认为仅实施实质性程序获取的审计证据无法将认定层次重大错报风险降至可接受的低水平,注册会计师应当实施相关的控制测试,以获取控制运行有效性的审计证据。例如,在被审计单位对日常交易或与财务报表相关的其他数据(包括信息的生成、记录、处理、报告)采用高度自动化处理的情况下,审计证据可能仅以电子形式存在,此时审计证据是否充分和适当通常取决于自动化信息系统相关控制的有效性。如果信息的生成、记录、处理和报告均通过电子格式进行而没有适当、有效的控制,则生成不了正确信息或信息被不恰当修改的可能性就会大大增加。在认为仅通过实施实质性程序不能获取充分、适当的审计证据的情况下,注册会计师必须实施控制测试,且这种测试已经不再是单纯出于"成本—效益"原则的考虑,而是必须获取的一类审计证据的审计程序。

(二) 控制测试的性质

控制测试的性质是指控制测试所使用的审计程序的类型及其组合。注册会计师应当选择适当类型的审计程序以获取有关控制运行有效性的保证。计划的保证水平越高,对有关控制运行有效性的审计证据的可靠性要求越高。当拟实施的进一步审计程序主要以控制测试为主,尤其是仅实施实质性程序获取的审计证据无法将认定层次重大错报风险降至可接受的低水平时,注册会计师应当获取有关控制运行有效性的更高的保证水平。

控制测试与了解内部控制的目的不同,但两者采用审计程序的类型通常相同,包括询问、观察、检查和穿行测试和重新执行。

1. 询问

询问即向被审计单位适当人员询问,获取与内部控制运行情况相关的信息。虽然询问是一种有用的手段,但仅仅通过询问不能为控制运行有效性提供充分的证据,注册会计师应当将询问与其他审计程序结合使用,以获取有关控制运行有效性的审计证据。

2. 观察

观察是测试不留下书面记录的控制(如职责分离)的运行情况的有效方法。通常情况下,注册会计师通过观察直接获取的证据比间接获取的证据更可靠。但是,观察提供的证据仅限于观察发生的时点,且观察本身也不足以测试控制运行的有效性。

3. 检查

对运行情况留有书面证据的控制,检查非常适用。书面说明、复核时留下的记号或其他记录在偏差报告中的标志,都可以被当作控制运行情况的审计证据。

4. 重新执行

通常只有当询问、观察和检查程序结合在一起仍无法获得充分的证据时,注册会计师才会考虑通过重新执行来证实控制是否有效运行。

将询问、观察和检查或重新执行结合使用,通常比仅实施询问和观察能够获取更高的保证。例如,被审计单位针对处理收到的邮政汇款单设计和执行了相关的内部控制,注册会计师通过询问和观察程序往往不足以测试此类控制的运行有效性,还需要检查能够证明此类控制在所审计期间的其他时段有效运行的文件和凭证,以获取充分、适当的审计证据。

(三) 控制测试的时间

控制测试的时间包含两层含义:一是何时实施控制测试;二是测试所针对的控制适用的时点或期间。如果测试的是特定时点的控制,注册会计师仅得到该时点控制运行有效性的审计证据;如果测试的是某一期间的控制,注册会计师可以获取控制在该期间有效运行的审计证据。

如果仅需要测试控制在特定时点的运行有效性(如对被审计单位期末存货盘点进行控制测试),注册会计师只需要获取该时点的审计证据。如果需要获取控制在某一期间有效运行的审计证据,仅获取与某一特定时点相关的审计证据是不充分的,注册会计师应当辅以其他控制测试,包括测试被审计单位对控制的监督。其中:"其他控制测试"应当具备的功能是,能提供相关控制在所有相关时点都运行有效的审计证据;被审计单位对控制的监督起到的就是一种检验相关控制在所有相关时点是否都有效运行的作用。

(四) 控制测试的范围

控制测试的范围是指某项控制活动的测试次数。注册会计师在确定某项控制的测试范围时通常考虑的因素有:

(1) 在整个拟信赖的期间,被审计单位执行控制的频率。控制执行的频率越高,控制测试的范围越大。

(2) 在所审计期间,注册会计师拟信赖控制运行有效性的时间长度。拟信赖期间越长,控制测试的范围越大。

(3) 为证实控制能够防止或发现并纠正认定层次重大错报,所需获取的有关认定层次控制运行有效性的审计证据的相关性和可靠性。对审计证据的相关性和可靠性要求越高,控制测试的范围越大。

(4) 通过测试与认定相关的其他控制获取的审计证据的范围。针对同一认定,可能存在不同的控制。当针对其他控制获取的审计证据的充分性和适当性较高时,测试该控制的范围可适当缩小。

(5) 在风险评估时拟信赖控制运行有效性的程度。

(6) 控制的预期偏差。预期偏差可以用控制未得到执行的预期次数占控制应当得到执行的次数的比率进行衡量。控制的预期偏差率越高,需要实施控制测试的范围越大。如果控制的预期偏差率过高,注册会计师应当考虑控制可能不足以将认定层次的重大错报风险降至可接受的低水平,从而针对某一认定实施的控制测试可能是无效的。

四、实质性程序(substantial procedure)

(一)实质性程序的含义和要求

1. 实质性程序的含义

实质性程序,是指用于发现认定层次重大错报的审计程序,包括对各类交易、账户余额和披露实施的细节测试和实质性分析程序。其目的是检查和确定在被审计单位的内部控制下所产生的会计资料的真实性和正确性,为编写审计报告收集更为确切的证据。

2. 实质性程序的要求

由于注册会计师对重大错报风险的评估是一种判断,可能无法充分识别所有的重大错报风险,并且由于内部控制存在固有局限性,无论评估的重大错报风险的结果如何,注册会计师都应当针对所有重大的各类交易、账户余额和披露实施实质性程序。

(二)实质性程序的性质

实质性程序的性质,是指实质性程序的类型及其组合。实质性程序包括细节测试和实质性分析程序两种基本类型。

1. 细节测试

细节测试是对各类交易、账户余额和披露的具体细节进行测试,目的在于直接识别财务报表认定是否存在错报。细节测试被用于获取与某些认定相关的审计证据,如"存在""准确性""计价和分摊"等认定。

2. 实质性分析程序

实质性分析程序从技术特征上仍然是分析程序,主要是通过研究数据之间的关系评价信息,只是将该技术方法用作实质性程序,即用以识别各类交易、账户余额、披露及相关认定是否存在错报。它通常更适用于在一段时间内存在可预期关系的大量交易。

（三）实质性程序的时间

微课视频：
实质性程序

实质性程序的时间可以选择在期中或期末。如果在期中实施了实质性程序，注册会计师应当针对剩余期间实施进一步的实质性程序，或将实质性程序和控制测试结合使用，以将期中测试得出的结论合理延伸至期末。在如何将期中实施的实质性程序得出的结论合理延伸至期末时，注册会计师有两种选择：一是针对剩余期间实施进一步的实质性程序；二是将控制测试和实质性程序结合使用。

如果拟将期中测试得出的结论延伸至期末，注册会计师应当考虑针对剩余期间仅实施实质性程序是否足够。如果认为实施实质性程序本身不充分，注册会计师还应当测试剩余期间相关控制运行的有效性或针对期末实施实质性程序。

（四）实质性程序的范围

评估的认定层次重大错报风险和实施控制测试的结果是注册会计师在确定实质性程序的范围时的重要考虑因素。因此，在确定实质性程序的范围时，注册会计师应当考虑评估的认定层次重大错报风险和实施控制测试的结果。注册会计师评估的认定层次的重大错报风险越高，需要实施实质性程序的范围越广。如果对控制测试结果不满意，注册会计师应当考虑进一步扩大实质性程序的范围。

在设计细节测试时，注册会计师除了从样本量的角度考虑测试范围外，还要考虑选样方法的有效性等因素。在设计实质性分析程序时，注册会计师应当确定已记录金额与预期值之间可接受的差异额。在确定该差异项时，注册会计师应当主要考虑各类交易、账户余额和披露及相关认定的重要性和计划的保证水平。

【例 6-1】 ABC 会计师事务所接受委托负责审计上市公司甲公司 2023 年度财务报表，并委派 A 注册会计师担任审计项目合伙人。在执行审计工作时，A 注册会计师对计划审计工作有以下考虑：

（1）计划风险评估程序和计划进一步审计程序应当同时进行，然后实施相应的风险评估程序和进一步审计程序。

（2）完整、详细的进一步审计程序的计划包括对各类交易、账户余额和披露实施的具体审计程序的性质、时间安排和范围，但不应包括抽取的样本量。

（3）在计划实施的进一步审计程序中，应当在对所有交易、账户余额和披露制订计划后，再实施相应的进一步审计程序，而不能先制订计划的先实施程序，后制订计划的后实施程序。

要求：评价注册会计师的以上考虑是否恰当，如不恰当，请说明理由。

【解析】

（1）不恰当。计划风险评估程序通常在审计开始阶段进行，计划进一步审计程序则需要依据风险评估程序的结果进行。因此注册会计师需要先制订风险评估程序计划，识别和评估重大错报风险后，计划实施进一步审计程序的性质、时间安排和范围。

（2）不恰当。完整、详细的进一步审计程序的计划包括抽取的样本量等。

（3）不恰当。注册会计师可以统筹安排进一步审计程序的先后顺序，如果对某类交易、账户余额或披露已经制订计划，则可以安排先行开展工作，再制订其他交易、账户余额和披露的进一步审计程序的计划。

引导案例解析

风险评估工作是一个不断修正的、以识别和分析实现被审计单位的目标所面临的风险的过程,是管理层和治理层确定拟管理的风险的基础。就财务报告的目的而言,被审计单位的风险评估工作包括管理层如何识别与按照适用的财务报告编制基础,编制财务报表相关的经营风险,评估其重要性和发生的可能性,并采取措施以管理这些风险及其导致的结果。与财务报告的可靠性相关的风险包括可能发生并会对被审计单位生成、记录、处理和报告财务报表中与管理层认定相一致的财务信息的能力产生不利影响的外部和内部事项、交易或情况。下列情况可能会产生或改变此类风险。

(1) 监管环境、经济环境和经营环境的变化会导致竞争压力的变化,并产生显著的风险。

(2) 新员工可能对被审计单位的内部控制体系有不同的关注点或认识。

(3) 信息系统重大、快速的变化会改变与被审计单位的内部控制体系相关的风险。

(4) 重要、快速的业务扩张可能使控制难以应对,从而增加了控制失效的风险。

(5) 将新技术运用于生产过程或信息系统可能改变与被审计单位的内部控制体系相关的风险。

(6) 进入新的业务领域和发生新的交易时,可能因对审计被审计单位具有较少的经验而带来新的与被审计单位的内部控制体系相关的风险。

(7) 重组可能带来裁员以及监督及职责分离方面的变化,可能改变与被审计单位的内部控制体系相关的风险。

(8) 在海外扩张或收购海外企业会产生新的并且往往是独特的风险,进而可能影响内部控制,如由于外币交易产生的额外风险或风险变化。

(9) 采用新的会计政策或变更会计政策可能影响财务报表编制过程中的风险。

素养园地

辅仁药业集团有限公司(以下简称"辅仁药业"),是我国的知名药企,成立于1993年8月。作为中医药领域的佼佼者,辅仁药业曾获得科技部颁发的"国家火炬计划重点高新技术企业"称号。2020年,经证监会查证,辅仁药业在2015—2018年年报中虚增货币资金、未披露控股股东及其关联方非经营性资金占用,在2018年年报中未披露关联方担保,导致定期报告存在虚假记载、重大遗漏的行为。这期间审计方瑞华会计师事务所却均出具标准无保留审计意见。

早在2015年,辅仁药业就因隐瞒关联交易等信息披露违规问题被河南证监局责令改正;同时,审计方瑞华会计师事务所存在对辅仁药业关联方及其交易的审计执行不到位,存货盘点记录不完整,审计业务约定书签订不符合要求等问题,被河南证监局警示。然而,瑞华会计师事务所对证监会的提醒不以为意。直至2019年年中,辅仁药业"爆雷"并被证监会立案调查,瑞华会计师事务所才转为出具无法表示意见。

瑞华会计师事务所未能发现辅仁药业财务造假问题,不仅反映出注册会计师对其的风险评估不足,未能充分了解该公司的经营状况和风险状况,更说明审计机构的风险管理存在漏洞。审计是党和国家监督体系的重要组成部分,是推动国家治理体系和治理能力现代化的重要力量。注册会计师作为资本市场的看门人,加强风险管理,提供高质量审计监督工作对保护投资者利益、维护国家经济秩序发展具有重要意义。

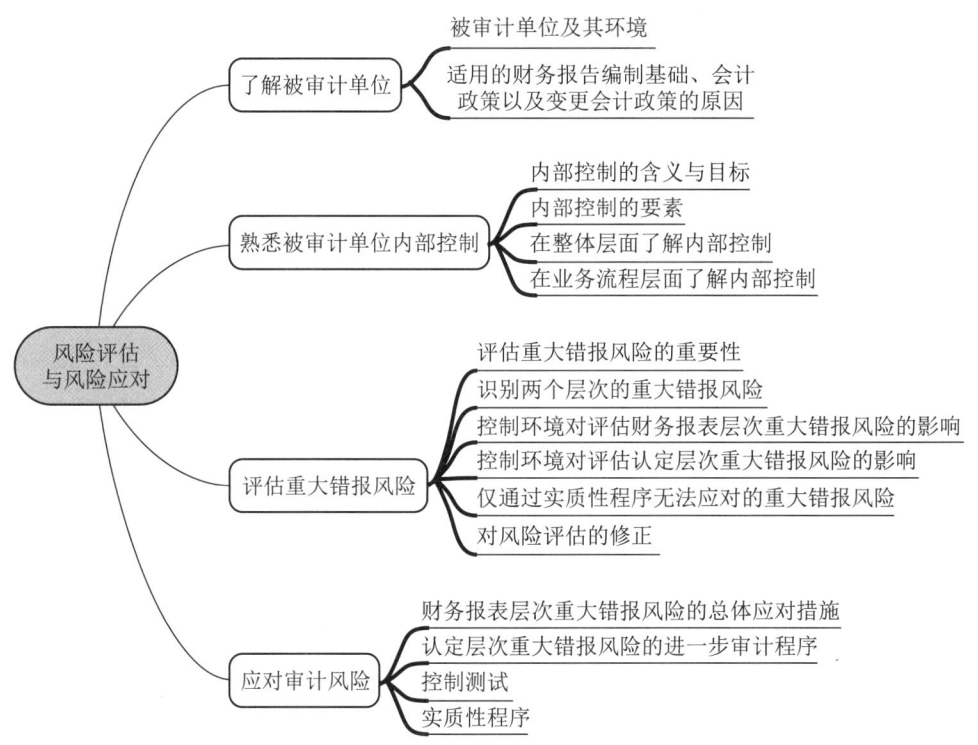

技能训练

一、单项选择题

1. 注册会计师在就被审计单位对胜任能力的重视情况进行了解和评估时,不需要考虑的主要因素是(　　)。
   A. 财会人员以及信息管理人员是否具备与被审计单位业务性质和复杂程度相称的足够的胜任能力和培训,在发生错误时,是否通过调整人员或系统来加以处理
   B. 被审计单位是否配备足够的财务人员以适应业务发展的需要
   C. 财会人员是否具备理解和运用会计准则所需的技能
   D. 被审计单位是否有书面的行为规范并向所有员工传达

2. 下列属于注册会计师对被审计单位及其环境进行了解的时间段是(　　)。
   A. 贯穿整个审计过程的始终　　　　B. 在进行审计计划时
   C. 在进行期中审计时　　　　　　　D. 在承接客户和续约时

3. 注册会计师在了解被审计单位控制环境时,可不必考虑的因素是(　　)。
   A. 销售交易是否经过适当审批　　　B. 被审计单位经营管理的观念和风格
   C. 被审计单位的组织结构　　　　　D. 被审计单位的人事政策

4. 注册会计师了解的以下事项中,属于行业状况的是(　　)。
   A. 是否存在新出台的法律法规
   B. 生产经营的季节性和周期性
   C. 国家的特殊监管要求
   D. 与被审计单位相关的税务法规是否发生变化

5. (　　)设定了被审计单位的内部控制基调,影响员工对内部控制的认识和态度。
   A. 控制活动　　　B. 控制监督　　　C. 控制检查　　　D. 控制环境

二、多项选择题

1. 在了解被审计单位控制环境时,注册会计师应当关注的内容有(　　)。
   A. 被审计单位治理层相对于管理层的独立性
   B. 被审计单位管理层的理念和经营风格
   C. 被审计单位员工整体的道德价值观
   D. 被审计单位对控制的监督

2. 下列属于了解内部控制步骤的有(　　)。
   A. 评估内部控制的设计
   B. 记录相关的内部控制
   C. 识别需要降低的风险以预防财务报表发生重大错报
   D. 评估控制的执行,主要是实施穿行测试,以确定识别的内部控制实际上存在

3. 注册会计师了解被审计单位的性质,包括对被审计单位经营活动的了解。为此应当了解的内容有(　　)。
   A. 劳动用工情况以及与生产产品或提供劳务相关的市场信息
   B. 主营业务的性质,生产设施、仓库的地理位置及办公地点

C. 从事电子商务的情况,技术研究与产品开发活动及其支出

D. 联合经营与业务外包,地区与行业分布,固定资产的租赁

4. 在了解被审计单位内部控制时,注册会计师通常会( )。

A. 追踪交易在财务报告信息系统中的处理过程

B. 重新执行某项控制

C. 查阅上期工作底稿

D. 现场观察某项控制的运行

5. 下列( )事项表明被审计单位存在重大错报风险。

A. 财务人员变动频繁

B. 被审计单位的供应链发生变化

C. 被审计单位从基础设施行业转做风险投资行业

D. 在高度波动的市场开展业务

三、判断题

1. 如果控制设计不合理,则不必实施控制测试。( )

2. 在财务报表审计业务中,了解被审计单位的性质不仅有助于注册会计师理解预期在财务报表中反映的各类交易、账户余额,而且有助于其理解财务报表的披露与分析。( )

3. 如果管理层未能实施控制以恰当应对特别风险,注册会计师应当就此类事项与管理层沟通。( )

4. 注册会计师没有义务实施的程序是查找公司内部控制运行中的所有重大缺陷。( )

5. 内部控制无论如何设计和执行只能对财务报告的可靠性提供合理保证。( )

四、案例题

A会计师事务所负责审计B公司2023年度财务报表,于2023年12月1日至12月14日对B公司的相关内部控制进行了解、测试与评价。注册会计师计划实施以下程序以了解该公司相关内部控制。

(1) 询问B公司有关人员,并查阅相关内部控制文件。

(2) 检查内部控制生成的文件和记录。

要求:假设你是项目组成员,如不考虑其他条件,请问还可以实施哪些审计程序以了解相关内部控制?

项目七
审计报告撰写

学习目标

素养目标

    1. 具备诚信、友善的良好作风,能全面、客观、公正地描述审计工作过程和在审计中发现的问题,不夸大问题,不隐瞒事实。

    2. 具备清晰的逻辑思维,能够抓住主要问题,严格按照国家法律法规和被审计单位实际问题,作出客观公正的审计结论,出具全面可靠的审计报告。

    3. 能够严守和坚持会计准则、审计准则,不为利所诱,不为情所动,坚决杜绝出具虚假审计报告。

知识目标

    1. 理解审计报告的基本内容。
    2. 掌握审计报告的类型。
    3. 掌握不同意见类型的审计报告的基本内容。

能力目标

    1. 能够完成审计工作阶段的主要内容。
    2. 能够理解审计报告的意义、作用、基本结构及主要内容。
    3. 能够掌握标准审计报告的种类以及各种审计报告的适用条件、术语表达。
    4. 能够根据审计报告的符合条件,确定审计报告的意见类型。
    5. 能够编写不同意见类型的审计报告。

> **引导案例**
>
> 2023年2月,深圳证券交易所(以下简称"深交所")向科林环保装备股份有限公司(以下简称"科林公司")发送关注函表示,审计机构永拓会计师事务所(特殊普通合伙)(以下简称"永拓所")对公司2021年度审计报告进行修订,改为"无法表示意见"审计报告,这意味着永拓所推翻了其于2022年4月发布的"标准无保留意见"审计报告,这样的结果使科林公司的审计报告连续4年被出具"非标意见"。
>
> 值得一提的是,天健会计师事务所(特殊普通合伙)(以下简称"天健所")曾是科林公司2017年至2020年的审计机构,但在2021年表示考虑自身人员情况和业务量及审计时间安排,不再续接科林公司2021年度财务报表审计业务。科林公司改聘永拓所为公司2021年财报审计机构,审计费用预计为180万元(含税)。
>
> 2022年4月30日,经永拓所审计的科林公司2021年年度报告发布,永拓所给出了无保留标准审计意见报告。科林公司表示,鉴于财务数据及标准无保留意见的审计报告,公司股票交易被实施"退市风险警示"的情形已经消除,公司向深交所申请撤销退市风险警示及其他风险警示。然而深交所并未同意科林公司的请求,并于2022年5月就公司年报事项向科林公司发送问询函。科林公司已18次延期回复深交所年报问询函,深交所决定继续对公司撤销退市风险警示申请事项进行审核,并依照《股票上市规则》的规定,按照应予扣除后的营业收入判断公司是否符合撤销退市风险警示的条件。科林公司目前已触及财务类和重大违法强制退市两类退市指标,仍始终尝试保住上市公司地位,但均以失败告终。
>
> 2022年2月3日,深交所向公司出具《关于不予撤销科林环保装备股份有限公司股票退市风险警示的决定》,科林公司于即日起停牌。
>
> 目前,全面注册制已正式实施,对会计师事务所、律师事务所等机构提出更高要求,压实责任更精准。在严监管下,科林公司高层在关键年份进行财务造假,说明公司高层或存在侥幸心理,为达到保壳、避免退市的目的,有挑战法律底线之嫌。无论科林公司最后能否保住上市地位,由于永拓所作为审计机构未能尽责履职,致使公司财务造假给投资者带来财产损失,理论上应该承担连带责任。
>
> 【讨论】出具合适的审计意见的报告有什么重要意义?

任务一 了解审计报告内容

一、审计报告的含义与特征

(一) 审计报告的含义

审计报告(audit report)是指注册会计师根据审计准则的规定,在执行审计工作的基础上,对财务报表发表审计意见的书面文件。

(二) 审计报告的特征

审计报告是注册会计师在完成审计工作后向委托(委派)人递交的最终产品。它具有以下特征：

1. 注册会计师应当按照审计准则的规定执行审计工作

审计准则是衡量注册会计师执行财务报表审计业务的权威性标准，涵盖从接受业务委托到出具审计报告的整个过程，注册会计师在整个执业过程中应当遵守审计准则的要求。

2. 注册会计师在实施审计工作的基础上才能出具审计报告

注册会计师在审计工作中，只有通过实施风险评估、进一步审计等程序，才能获取充分适当的审计证据，得出合理的审计结论，为形成审计意见提供基础，并出具审计报告。否则，出具的就可能是不恰当的审计报告。

3. 注册会计师应通过对财务报表发表意见履行业务约定书的约定责任

财务报表审计的目标是注册会计师通过执行审计工作，对财务报表是否在所有重大方面按照财务报告编制基础编制并实现公允反映发表审计意见。因此，在实施审计工作的基础上，注册会计师需要对财务报表形成审计意见，向委托人提交审计报告。注册会计师只有形成了审计意见，编制并向委托人提交了审计报告，才算履行了业务约定书约定的责任。

4. 注册会计师应当以书面形式出具审计报告

审计报告具有特定的要素和格式，注册会计师只有以书面形式出具审计报告，以清楚表达对财务报表发表的审计意见。

二、审计报告的作用

注册会计师签发的审计报告，主要具有鉴证、保护和证明三方面的作用。

（一）鉴证作用

注册会计师签发的审计报告，不同于政府审计和内部审计的审计报告，是以独立第三者身份，对被审计单位财务报表合法性和公允性发表意见。这种意见具有鉴证作用，得到政府、投资者和其他利益相关者的普遍认可。

（二）保护作用

注册会计师通过审计，可以对被审计单位财务报表出具不同审计意见类型的审计报告，以提高或降低财务报表信息使用者对财务报表的信赖程度，能够在一定程度上对被审计单位的债权人和股东以及其他利害关系人的利益起到保护作用。

（三）证明作用

审计报告是对注册会计师审计任务完成情况及其结果所作的总结，可以表明审计工作的质量并明确注册会计师的审计责任。因此，审计报告对审计工作质量和注册会计师的审计责任起到证明作用。

三、审计报告的种类

审计报告可以按照不同的标准进行分类。

（一）按审计报告的使用目的或公开程度分类

审计报告按其使用目的或公开程度，可以分为公布的审计报告和非公布的审计报告。

公布的审计报告是指公诸于世，供社会大众阅读，不具有保密性的审计报告。这种审计报告附有被审计单位的财务报表，以供企业股东、投资者、债权人等阅读。非公布的审计报告是指为特定目的而撰写的审计报告。这种审计报告一般用于经营管理、合并或业务转让、融通资金等特殊需要。

（二）按审计报告的性质分类

审计报告按其性质，可以分为无保留意见审计报告和非无保留意见审计报告。无保留意见审计报告是指注册会计师认为财务报表在所有重大方面按照适用的财务报告编制基础编制，并实现公允反映形成审计意见而编写的报告。非无保留意见审计报告，是指无保留意见审计报告以外的其他类型的审计报告，包括保留意见的审计报告、否定意见的审计报告和无法表示意见的审计报告。

四、审计报告的要素

无保留审计报告应当包括下列要素：①标题；②收件人；③审计意见；④形成审计意见的基础；⑤管理层对财务报表的责任；⑥注册会计师对财务报表审计的责任；⑦按照相关法律法规的要求报告的事项（如适用）；⑧注册会计师的签名和盖章；⑨会计师事务所的名称、地址及盖章；⑩报告日期。

在适用情况下，注册会计师还应当根据注册会计师审计准则的相关规定，在审计报告中对与持续经营相关的重大不确定性、关键审计事项、被审计单位年度报告中包含的除财务报表和审计报告之外的其他信息进行报告。

（一）标题

审计报告的标题应当统一规范为"审计报告"。

（二）收件人

审计报告的收件人是指注册会计师按照审计业务约定书的要求致送审计报告的对象，一般是指审计业务的委托人。审计报告应当按照审计业务约定的要求用全称载明收件人。

注册会计师应当与委托人在审计业务约定书中约定致送审计报告的对象，以防止在此问题上发生分歧或审计报告被委托人滥用。针对整套通用目的的财务报表出具的审计报告，审计报告的致送对象通常为被审计单位的股东或治理层。

（三）审计意见

审计报告的第一部分应当包含审计意见，并以"审计意见"作为标题。审计意见部分还应当包括下列方面：指出被审计单位的名称；说明财务报表已经审计；指出构成整套财务报表的每一财务报表的名称；提及财务报表附注，包括重要会计政策和会计估计；指明构成整套财务报表的每一财务报表的日期或涵盖的期间。

如果对财务报表发表无保留意见，除非法律法规另有规定，审计意见应当使用"我们认为，后附的财务报表在所有重大方面按照[适用的财务报告编制基础（如企业会计准则等）]的规定编制，公允反映了[……]"的措辞。

（四）形成审计意见的基础

审计报告应当包含标题为"形成审计意见的基础"的部分。该部分提供关于审计意见的重要背景，应当紧接在审计意见部分之后，并包括下列方面：①说明注册会计师按照审计准则的规定执行了审计工作;②提及审计报告中用于描述审计准则规定的注册会计师责任的部分;③声明注册会计师按照与审计相关的职业道德要求对被审计单位保持了独立性,并履行了职业道德方面的其他责任,声明中应当指明适用的职业道德要求,如中国注册会计师职业道德守则;④说明注册会计师是否相信获取的审计证据是充分、适当的,为发表审计意见提供了基础。

(五) 管理层对财务报表的责任

审计报告应当包含标题为"管理层对财务报表的责任"的部分。审计报告中应当使用特定国家或地区法律框架下的恰当术语,而不必限定为"管理层"。在某些国家或地区,恰当的术语可能是"治理层"。管理层对财务报表的责任部分应当说明管理层负责的下列方面:

(1) 按照适用的财务报告编制基础的规定编制财务报表,使其实现公允反映,并设计、执行和维护必要的内部控制,以使财务报表不存在由于舞弊或错误导致的重大错报;

(2) 评估被审计单位的持续经营能力和使用持续经营假设是否适当,并披露与持续经营相关的事项(如适用)。对管理层评估责任的说明应当包括描述在何种情况下使用持续经营假设是适当的。

当对财务报告过程负有监督责任的人员不同时,管理层对财务报表的责任部分还应当提及对财务报告过程负有监督责任的人员。在这种情况下,该部分的标题还应当提及"治理层"或者特定国家或地区法律框架中的恰当术语。

(六) 注册会计师对财务报表审计的责任

审计报告应当包含标题为"注册会计师对财务报表审计的责任"的部分,其中应当包括下列内容:

(1) 说明注册会计师的目标是对财务报表整体是否不存在由于舞弊或错误导致的重大错报获取合理保证,并出具包含审计意见的审计报告。

(2) 说明合理保证是高水平的保证,但按照审计准则执行的审计并不能保证在某一重大错报存在时总能发现。

(3) 说明错报可能由于舞弊或错误导致。在说明错报可能由于舞弊或错误导致时,注册会计师应当从下列两种做法中选取一种:①描述如果合理预期错报单独或汇总起来可能影响财务报表使用者依据财务报表作出的经济决策,则通常认为错报是重大的;②根据适用的财务报告编制基础、提供关于重要性的定义或描述。

"注册会计师对财务报表审计的责任"部分还应当包括的内容:

(1) 说明在按照审计准则执行审计工作的过程中,注册会计师运用职业判断,并保持职业怀疑。

(2) 通过说明注册会计师的责任,对审计工作进行描述。注册会计师的责任包括:

① 识别和评估由于舞弊或错误导致的财务报表重大错报风险,设计和实施审计程序以应对这些风险,并获取充分、适当的审计证据,作为发表审计意见的基础。由于舞弊可能涉及串通、伪造、故意遗漏、虚假陈述或凌驾于内部控制之上,未能发现由于舞弊导致的重大错报的风险高于未能发现由于错误导致的重大错报的风险。

② 了解与审计相关的内部控制,以设计恰当的审计程序,但目的并非对内部控制的有效性发表意见。当注册会计师有责任在财务报表审计的同时对内部控制的有效性发

意见时,应当略去上述"目的并非对内部控制的有效性发表意见"的相关表述。

③ 评价管理层选用会计政策的恰当性和作出会计估计及相关披露的合理性。

④ 对管理层使用持续经营假设的恰当性得出结论。同时,根据获取的审计证据,就可能导致对被审计单位持续经营能力产生重大疑虑的事项或情况是否存在重大不确定性得出结论。如果注册会计师得出结论认为存在重大不确定性,审计准则要求注册会计师在审计报告中提请报表使用者关注财务报表中的相关披露;如果披露不充分,注册会计师应当发表非无保留意见。注册会计师的结论基于截至审计报告日可获得的信息。然而,未来的事项或情况可能导致被审计单位不能持续经营。

⑤ 评价财务报表的总体列报、结构和内容(包括披露),并评价财务报表是否公允反映相关交易和事项。

(3) 说明注册会计师与治理层就计划的审计范围、时间安排和重大审计发现等事项进行沟通,包括沟通注册会计师在审计中识别出的值得关注的内部控制缺陷。

(4) 对于上市实体财务报表审计,指出注册会计师就已遵守与独立性相关的职业道德要求向治理层提供声明,并与治理层沟通可能被合理认为影响注册会计师独立性的所有关系和其他事项,以及相关的防范措施(如适用)。

(5) 对于上市实体财务报表审计,以及决定按照《中国注册会计师审计准则第1504号——在审计报告中沟通关键审计事项》的规定沟通关键审计事项的其他情况,说明注册会计师从已与治理层沟通的事项中确定哪些事项对本期财务报表审计最为重要,因而构成关键审计事项。注册会计师应当在审计报告中描述这些事项,除非法律法规禁止公开披露这些事项,或在极少数情形下,注册会计师合理预期在审计报告中沟通某事项造成的负面后果超过在公众利益方面产生的益处,因而确定不应在审计报告中沟通该事项。

(七) 按照相关法律法规的要求报告的事项(如适用)

除审计准则规定的注册会计师对财务报表出具审计报告的责任外,相关法律法规可能对注册会计师设定其他报告责任。例如,如果注册会计师在财务报表审计中注意到某些事项,可能被要求对这些事项予以报告。此外,注册会计师可能被要求实施额外的规定的程序并予以报告,或对特定事项(会计账簿和记录的适当性)发表意见。这些责任是注册会计师按照审计准则对财务报表出具审计报告的责任的补充。

(八) 注册会计师的签名和盖章

审计报告应当由项目合伙人和另一名负责该项目的注册会计师签名和盖章。在审计报告中指明项目合伙人有助于进一步增强对审计报告使用者的透明度,有利于增强项目合伙人的个人责任感。因此,对上市实体整套通用目的财务报表出具的审计报告应当注明项目合伙人。

(九) 会计师事务所的名称、地址及盖章

审计报告应当载明会计师事务所的名称和地址,并加盖会计师事务所公章。

根据《中华人民共和国注册会计师法》的规定,注册会计师承办业务,由其所在的会计师事务所统一受理并与委托人签订委托合同。因此,审计报告除了应由注册会计师签名并盖章外,还应载明会计师事务所的名称和地址,并加盖会计师事务所公章。

注册会计师在审计报告中载明会计师事务所地址时,标明会计师事务所所在的城市

即可。在实务中,审计报告通常载于会计师事务所统一印刷的、标有该所详细通信地址的信笺上,因此无须在审计报告中注明详细地址。

(十)报告日期

审计报告应当注明报告日期。审计报告日不应早于注册会计师获取充分、适当的审计证据,并在此基础上对财务报表形成审计意见的日期。

在确定审计报告日时,注册会计师应当确信已获取下列两方面的审计证据:①构成整套财务报表的所有报表(包括相关附注)已编制完成;②被审计单位的董事会、管理层或类似机构已经认可其对财务报表的责任。

财务报表的报告日期非常重要。注册会计师对不同时段的资产负债表日后事项有着不同的责任,而审计报告的日期是划分时段的关键点。在实务中,注册会计师在正式签署审计报告前,通常把审计报告草稿随同附管理层已按审计调整建议修改后的财务报表一同提交管理层。如果管理层批准并签署已审计财务报表,注册会计师即可签署审计报告。注册会计师签署审计报告的日期通常与管理层签署已审计财务报表的日期为同一天,如晚于管理层签署已审计财务报表日期时,注册会计师应当获取自管理层声明书日期(已审计财务报表日期)到审计报告日期之间的进步审计证据,以补充管理层声明书内容。

【示例】

审计报告

ABC 股份有限公司全体股东:

一、对财务报表出具的审计报告

(一)审计意见(意见段:两部分)

我们审计了 ABC 股份有限公司(以下简称"ABC 公司")财务报表,包括 20×3 年 12 月 31 日的资产负债表,20×3 年度的利润表、现金流量表、股东权益变动表以及相关财务报表附注。(第一部分)

我们认为,后附的财务报表在所有重大方面按照企业会计准则的规定编制,公允反映了 ABC 公 20×3 年 12 月 31 日的财务状况以及 20×3 年度的经营成果和现金流量。(第二部分)

(二)形成审计意见的基础(做了什么?)

①我们按照中国注册会计师审计准则的规定执行了审计工作。②审计报告的"注册会计师对财务报表审计的责任"部分进一步阐述了我们在这些准则下的责任。③按照中国注册会计师职业道德守则,我们独立于 ABC 公司,并履行了职业道德方面的其他责任。④我们相信,我们获取的审计证据是充分、适当的,为发表审计意见提供了基础。

(三)关键审计事项

关键审计事项是根据我们的职业判断,认为对本期财务报表审计最为重要的事项。这些事项是在对财务报表整体进行审计并形成意见的背景下进行处理的,我们不对这些事项提供单独的意见。[按照《中国注册会计师审计准则第 1504 号——在审计报告中沟通关键审计事项》的规定描述每一关键审计事项。]

（四）其他信息

［按照《中国注册会计师审计准则第 1521 号——注册会计师对其他信息的责任》的规定报告］

（五）管理层和治理层对财务报表的责任

管理层负责按照企业会计准则的规定编制财务报表，使其实现公允反映，并设计、执行和维护必要的内部控制，以使财务报表不存在由于舞弊或错误导致的重大错报。在编制财务报表时，管理层负责评估 ABC 公司的持续经营能力，披露与持续经营相关的事项（如适用），并运用持续经营假设，除非计划清算 ABC 公司、停止营运或别无其他现实的选择。治理层负责监督 ABC 公司的财务报告过程。

（六）注册会计师对财务报表审计的责任

（第一部分）

我们的目标是对财务报表整体是否不存在由于舞弊或错误导致的重大错报获取合理保证，并出具包含审计意见的审计报告。合理保证是高水平的保证，但并不能保证按照审计准则执行的审计在某一重大错报存在时总能被发现。错报可能由于舞弊或错误导致，如果合理预期错报单独或汇总起来可能影响财务报表使用者依据财务报表作出的经济决策，则通常认为错报是重大的。

（第二部分）

在按照审计准则执行审计的过程中，我们运用职业判断，并保持职业怀疑。同时，我们也在执行下列工作：

（1）识别和评估由于舞弊或错误导致的财务报表重大错报风险；对这些风险有针对性地设计和实施审计程序；获取充分、适当的审计证据，作为发表审计意见的基础。由于舞弊可能涉及串通、伪造、故意遗漏、虚假陈述或凌驾于内部控制之上，未能发现由于舞弊导致的重大错报的风险高于未能发现由于错误导致的重大错报的风险。

（2）了解与审计相关的内部控制，以设计恰当的审计程序，但目的并非对内部控制的有效性发表意见。

（3）评价管理层选用会计政策的恰当性和作出会计估计及相关披露的合理性。

（4）对管理层使用持续经营假设的恰当性得出结论。同时，根据获取的审计证据，就可能导致对 ABC 公司持续经营能力产生重大疑虑的事项或情况是否存在重大不确定性得出结论。如果我们得出结论认为存在重大不确定性，审计准则要求我们在审计报告中提请报表使用者注意财务报表中的相关披露；如果披露不充分，我们应当发表非无保留意见。我们的结论基于审计报告日可获得的信息。然而，未来的事项或情况可能导致 ABC 公司不能持续经营。

（5）评价财务报表的总体列报、结构和内容（包括披露），并评价财务报表是否公允反映相关交易和事项。

（第三部分）

我们与治理层就计划的审计范围、时间安排和重大审计发现等事项进行沟通，包括沟通我们在审计中识别出的值得关注的内部控制缺陷。

> 我们还就已遵守与独立性相关的职业道德要求向治理层提供声明,并与治理层沟通可能被合理认为影响我们独立性的所有关系和其他事项,以及相关的防范措施(如适用)。
>
> 从与治理层沟通的事项中,我们确定哪些事项对本期财务报表审计最为重要,因而构成关键审计事项。我们在审计报告中描述这些事项,除非法律法规禁止公开披露这些事项,或在极其罕见的情形下,如果合理预期在审计报告中沟通某事项造成的负面后果超过在公众利益方面产生的益处,我们确定不应在审计报告中沟通该事项。
>
> 二、按照相关法律法规的要求报告的事项(其他报告责任段)(略)
>
> ××会计师事务所　　　　　中国注册会计师:×××(项目合伙人)
> 　(盖章)　　　　　　　　　　　(签名并盖章)
> 　　　　　　　　　　　　　　中国注册会计师:×××
> 　　　　　　　　　　　　　　　　(签名并盖章)
>
> 中国××市　　　　　　　　二○×四年×月×日

任务二　熟悉审计意见类型

一、无保留意见与非无保留意见

如果认为财务报表在所有重大方面按照适用的财务报告编制基础的规定编制并实现公允反映,注册会计师应当发表无保留意见。

当存在下列情形之一时,注册会计师应当在审计报告中发表非无保留意见:

(1) 根据获取的审计证据,得出财务报表整体存在重大错报的结论。

(2) 无法获取充分、适当的审计证据,不能得出财务报表整体不存在重大错报的结论。

注册会计师确定恰当的非无保留审计意见类型,取决于下列事项:

(1) 导致非无保留意见的事项的性质,是财务报表存在重大错报,还是在无法获取充分、适当的审计证据的情况下,财务报表可能存在重大错报。

(2) 注册会计师就导致非无保留意见的事项对财务报表产生或可能产生影响的广泛性作出的判断。

二、保留意见

保留意见是审计人员认为被审计单位的经营活动和财务报表在整体上是公允的,但对某些问题还不能作出肯定或否定的结论,个别方面可能存在的重要错误或问题又不足以使财务报表失效而相应作出保留若干意见的评价。

(一) 发表保留意见审计报告的适用条件

如果认为财务报表整体是公允的,但还存在下列情形之一,注册会计师应当发表保留意见的审计报告:

(1) 在获取充分、适当的审计证据后,注册会计师认为错报单独或汇总起来对财务报表影响重大,但不具有广泛性。

注册会计师在获取充分、适当的审计证据后,只有当认为财务报表就整体而言是公允的,但还存在对财务报表产生重大影响的错报时,才能发表保留意见。因此,保留意见被视为注册会计师在不能发表无保留意见的情况下最不严厉的审计意见。

(2) 注册会计师无法获取充分、适当的审计证据以作为形成审计意见的基础,但认为未发现的错报(如存在)对财务报表可能产生的影响重大,但不具有广泛性。

注册会计师因审计范围受到限制而发表保留意见还是无法表示意见,取决于无法获取的审计证据对形成审计意见的重要性。注册会计师在判断重要性时,应当考虑有关事项潜在影响的性质和范围以及在财务报表中的重要程度。

(二) 保留意见审计报告的内容和格式

(1) 如果对财务报表发表保留意见,除在审计报告中包含规定的审计报告要素外,注册会计师还应当对审计意见部分使用"保留意见"的标题并发表保留意见。

当由于财务报表存在重大错报而发表保留意见时,注册会计师应当根据适用的财务报告编制基础在审计意见段中说明:注册会计师认为,除"形成保留意见的基础"部分所述事项产生的影响外,后附的财务报表在所有重大方面按照适用的财务报告编制基础的规定编制,公允反映了[……]。

当无法获取充分、适当的审计证据而导致发表保留意见时,注册会计师应当在审计意见段中使用"除……可能产生的影响外"等措辞。

(2) 对财务报表发表保留意见审计报告,注册会计师还应当将"形成审计意见的基础"这一标题修改为"形成保留意见的基础",并在该部分对导致发表保留意见的事项进行描述:注册会计师相信,注册会计师已获取的审计证据是充分、适当的,为发表保留意见提供了基础。

三、否定意见

否定意见是指审计人员认为被审计单位在经营活动中存在严重违法乱纪行为或会计处理严重违反会计准则,以致使财务报表严重歪曲财务状况和经营成果而给予的一种否定的评价。

(一) 发表否定意见审计报告的适用条件

在获取充分、适当的审计证据后,如果认为错报单独或汇总起来对财务报表影响重大,且具有广泛性,注册会计师应当发表否定意见,出具否定意见的审计报告。

(二) 否定意见审计报告的内容和格式

(1) 如果对财务报表发表否定意见,除在审计报告中包含规定的审计报告要素外,注册会计师还应当对审计意见部分使用"否定意见"的标题并发表否定意见。

当发表否定意见时,注册会计师应当根据适用的财务报告编制基础在审计意见段中说明:注册会计师认为,由于形成否定意见的基础部分所述事项的重要性,财务报表没有在所有重大方面按照适用的财务报告编制基础的规定编制,未能公允反映[……]。

(2) 对财务报表发表否定意见审计报告,注册会计师还应当将"形成审计意见的基础"这标题修改为"形成否定意见的基础",并在该部分对导致发表否定意见的事项进行描述,以说明:注册会计师相信,注册会计师已获取的审计证据是充分、适当的,为发表否定意见提供了基础。

四、无法表示意见

无法表示意见是指审计人员在审计过程中因未搜集到足够的、适当的审计证据,无法对被审计单位的财务报表发表恰当的审计意见所表示的一种不作评价的意见。

(一) 发表无法表示意见审计报告的适用条件

(1) 如果无法获取充分、适当的审计证据以作为形成审计意见的基础,但认为未发现的错报(如存在)对财务报表可能产生的影响重大且具有广泛性,注册会计师应当发表无法表示意见。

(2) 在极少数情况下,可能存在多个不确定事项。尽管注册会计师对每个单独的不确定事项获取了充分、适当的审计证据,但由于不确定事项之间可能存在相互影响以及可能对财务报表产生累积影响,注册会计师不可能对财务报表形成审计意见。在这种情况下,注册会计师应当发表无法表示意见。

(二) 无法表示意见审计报告的内容和格式

(1) 对财务报表发表无法表示意见,除在审计报告中包含规定的审计报告要素外,注册会计师应当对审计意见部分使用"无法表示意见"的标题并发表无法表示意见。当由于无法获取充分、适当的审计证据而发表无法表示意见时,注册会计师应当说明:①注册会计师接受委托审计财务报表;②说明注册会计师不对后附的财务报表发表审计意见;③由于"形成无法表示意见的基础"部分所述事项的重要性,注册会计师无法获取充分、适当的审计证据以作为对财务报表发表审计意见的基础。

(2) 对财务报表发表无法表示意见审计报告,注册会计师还应当直接在审计意见段之后增加"形成无法表示意见的基础"部分,并在该部分对导致发表无法意见的事项进行描述。该部分不应提及审计报告中用于描述注册会计师责任的部分;也不应说明注册会计师是否已获取充分、适当的审计证据以作为形成审计意见的基础。

(3) 当注册会计师对财务报表发表无法表示意见时,注册会计师应当修改无保留意见审计报告中注册会计师对财务报表审计的责任部分,使之仅包含下列内容:①注册会计师的责任是按照中国注册会计师审计准则的规定,对被审计单位财务报表执行审计工作,以出具审计报告;②但由于形成无法表示意见的基础部分所述事项,注册会计师无法获取充分、适当的审计证据以作为发表审计意见的基础;③声明注册会计师在独立性和职业道德方面的其他责任。

【例7-1】 注册会计师出具无保留意见审计报告应当符合的条件是（   ）。

A. 财务报表已经在所有重大方面按照适用的财务报告编制基础的规定编制，并实现公允反映

B. 注册会计师已经按照审计准则的规定执行了审计工作，取得了充分、适当的审计证据

C. 未更正错报单独或汇总起来不构成重大错报

D. 不存在应调整或披露而被审计单位未予调整或披露的重要事项

【解析】 答案为 ABCD。注册会计师出具无保留意见审计报告应当符合的条件是：财务报表已经在所有重大方面按照适用的财务报告编制基础的规定编制，并实现公允反映；注册会计师已经按照审计准则的规定执行了审计工作，取得了充分、适当的审计证据；未更正错报单独或汇总起来不构成重大错报；不存在应调整或披露而被审计单位未予调整或披露的重要事项。

引导案例解析

审计报告是注册会计师在完成审计工作后向委托人提交的最终产品，所以注册会计师只有在实施审计工作的基础上才能报告。审计报告是注册会计师通过对财务报表发表的意见，从而履行义务约定的责任的一种体现。因此，注册会计师应当将已审计的财务报表附于审计报告之后，以便于财务报表使用者正确理解和使用审计报告，并防止被审计单位替换、更改已审计的财务报表。

审计报告作为一种独立的第三方意见，对企业的财务状况和经营情况进行客观公正的评价。注册会计师通过详尽的审核与审计程序将企业的财务数据进行全面披露，揭示企业的真实情况，提供投资者、债权人等利益相关了解企业经营状况的重要依据。审计报告的发布可以促使企业提高财务透明度，减少信息不对称，保障利益相关者的知情权，从而形成公平公正透明的市场环境。

素养园地

中国证监会资料显示，永城煤电控股集团有限公司（以下简称永煤控股）2017年至2019年财务报告存在虚增货币资金等信息披露违法行为。在审计过程中，希格玛会计师事务所分别与永煤控股及其子公司单独签订审计业务约定书，三年审计费用分别为122万元、122万元、120.5万元，合计364.5万元（含税，税率6%）。会计师事务所在为永煤控股2017年至2019年财务报表提供审计服务过程中未保持职业怀疑，错误评估了重大错报风险；审计程序不恰当，没有获取充分审计证据；审计意见错误，项目复核工作存在缺陷；且相关审计业务约定书签署不规范，最终出具了具有虚假记载的审计报告。依据规定，证监会没收希格玛会计师事务所审计业务收入343.87万元，并处以343.87万元罚款并对相关审计项目负责人员处以罚款。

证监会对希格玛会计师事务所作出的处罚，反映出审计报告的重要性。审计报告是注册会计师在完成审计工作后向委托人提交的最终产品。注册会计师只有在依据中国注册会计师审计准则的规定执行审计工作的基础上，收集了充分、适当的审计证据，

才能出具审计报告,对财务报表的合法性、公允性发表审计意见,履行业务约定的责任。在判断出具何种意见的审计报告时,注册会计师应实事求是,以客观事实为准绳,公正发表审计意见,这样才能有效缓解或解决处于劣势地位的公众投资者与上市公司之间存在的严重的信息不对称问题,从而更好地指导投资者进行决策,更好地维护金融市场的秩序。

注册会计师应依法审计,敢于查真相、说真话、报实情,以超然独立的姿态,进行公平公正的判断和评价,践行社会主义核心价值观,塑造独立、客观、公正的执业形象,加强审计行业诚信建设,提高执业的独立性,把审计行业建成社会公众信得过的专业服务行业,为我国社会主义市场经济的有序发展提供优质服务。

项目知识结构

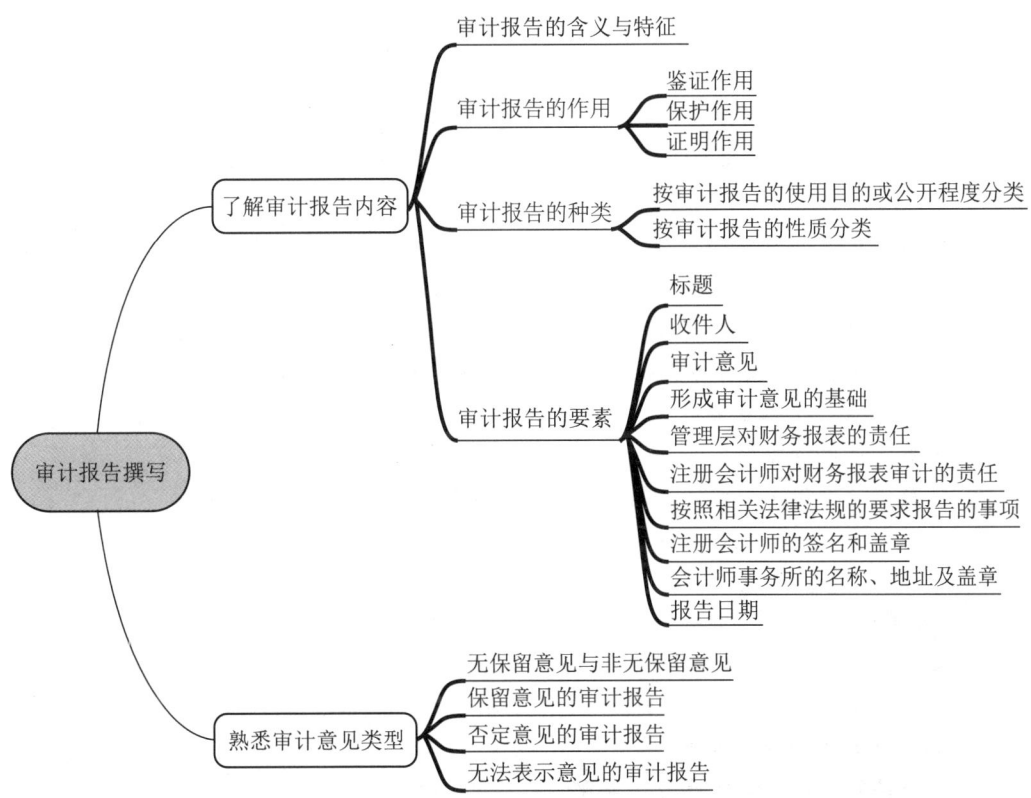

技能训练

一、单项选择题

1. 如果审计报告里出现"由于上述问题造成的重大影响"等专业术语,那么该报告最应该是(　　)。

   A. 无保留意见报告　　　　　　　　B. 保留意见
   C. 否定意见　　　　　　　　　　　D. 拒绝表示意见

2. 注册会计师在对财务报表审计后出具的审计报告的标题应当统一规范为(　　)。

   A. 注册会计师审计报告　　　　　　B. 财务报表审计报告
   C. 注册会计师审阅报告　　　　　　D. 审计报告

3. 注册会计师对ABC股份有限公司的年度财务报表进行审计后出具的审计报告的收件人应为(　　)。

   A. ABC股份有限公司　　　　　　　B. ABC股份有限公司管理层
   C. ABC股份有限公司全体股东　　　D. ABC股份有限公司董事会

4. 注册会计师在编写审计报告时,在审计意见段中使用了"由于……段所述事项的重要性,我们无法获取充分、适当的审计证据以为发表审计意见提供基础"的术语,这种审计报告是(　　)。

   A. 无保留意见审计报告　　　　　　B. 保留意见审计报告
   C. 否定意见审计报告　　　　　　　D. 无法表示意见审计报告

5. 注册会计师通过实施审计程序,获取的审计证据表明被审计单位连续三年巨额营业亏损。在下列与此相关的各种观点中,注册会计师不会认同的是(　　)。

   A. 提请被审计单位在财务报表附注中予以披露
   B. 若被审计单位拒绝披露,发表保留意见或否定意见
   C. 若被审计单位充分披露,在意见段后增加强调事项段
   D. 无论被审计单位是否披露,都不应在审计报告中反映

二、多项选择题

1. 在评价财务报表是否按照适用的会计准则和相关会计制度的规定编制时,注册会计师应当考虑的内容有(　　)。

   A. 选择和运用的会计政策
   B. 管理层作出的会计估计是否合理
   C. 管理层是否承诺财务报表不存在重大错报,包括舞弊
   D. 财务报表是否作出充分披露
   E. 财务报表所反映信息的质量

2. 关于标准审计报告的表述正确的是(　　)。

   A. 审计报告要素齐全
   B. 属于无保留意见
   C. 不附加说明段
   D. 不附加强调事项段或任何修饰性用语

E. 可以带强调事项段

3. 注册会计师在界定审计报告日期时,应考虑的因素有(　　　)。

A. 注册会计师应当实施的审计程序已经完成

B. 要求被审计单位调整或披露的事项已经提出

C. 被审计单位已经进行或拒绝进行调整或披露

D. 被审计单位管理层已经正式签署财务报表

E. 审计报告的日期可以早于管理层签署财务报表的日期

三、判断题

1. 注册会计师对被审计单位财务报表进行审计,发表的审计意见具有鉴证作用,政府及有关部门和社会公众可以据其意见作出相应决策。(　　)

2. 如果无法获取充分、适当的审计证据以作为形成意见的基础,但认为未发现的错报对财务报表可能产生的影响重大且具有广泛性,应发表否定意见。(　　)

3. 在对财务报表形成审计意见时,注册会计师应当根据已获取的审计证据,评价是否已对财务报表不存在重大错报获取绝对保证。(　　)

4. 强调事项段不仅仅用于提醒财务报表使用者关注,并且影响已发表的审计意见。(　　)

5. 审计报告日不应早于注册会计师获取充分、适当的审计证据,并在此基础上对财务报表形成审计意见的日期。(　　)

四、简答题

1. 审计报告的作用是什么?

2. 发表保留意见审计报告的适用条件有哪些?

下 篇
审计实务

项目八
销售与收款循环审计

学 习 目 标

素养目标

1. 培养勤勉尽责的职业精神,规范深入实施销售与收款循环的控制测试与实质性程序。
2. 培养良好的沟通协作能力,确保销售与收款环节"内查外调"的有效性。
3. 培养严谨认真的工作态度,能逻辑清晰地编制销售与收款循环审计工作底稿。

知识目标

1. 了解销售与收款循环的主要业务活动。
2. 掌握销售交易的内部控制及测试方法。
3. 掌握收款交易的内部控制及测试方法。
4. 熟悉营业收入的审计目标,掌握营业收入的实质性程序。
5. 熟悉应收账款的审计目标,掌握应收账款和坏账准备的实质性程序。

能力目标

1. 能够对销售与收款循环的内部控制进行测试。
2. 能够根据销售与收款循环的内部控制测试结果确定相关账户的实质性程序。
3. 能够准确确定营业收入的审计目标,选择恰当的营业收入实质性程序。
4. 能够准确确定应收账款的审计目标,选择恰当的应收账款和坏账准备实质性程序。
5. 能够编制销售与收款循环的主要审计工作底稿。

> **引导案例**
>
> 银广夏公司全称为广夏(银川)实业股份有限公司(以下简称"银广夏"),1994年6月上市曾因其骄人的业绩和诱人的前景而被称为"中国第一蓝筹股"。2001年8月,《财经》杂志发表"银广夏陷阱"一文,银广夏虚构财务报表事件被曝光,银广夏股价暴跌。
>
> 专家意见认为,天津广夏出口德国诚信贸易公司的为"不可能的产量、不可能的价格、不可能的产品"。以天津广夏萃取设备的产能,即使通宵达旦运作,也生产不出所宣称的数量;天津广夏萃取产品出口价格高到近乎荒谬;对德出口合同中的某些产品,根本不能用二氧化碳超临界萃取设备提取。
>
> 在银广夏事件中,会计师事务所在负责银广夏上市公司审计业务的同时也为其提供相关的财务咨询服务,这在一定程度上使会计师事务所与上市公司发生了利益联系,影响了审计的独立性,进而影响审计质量,这正是导致审计失败的原因之一。
>
> 【讨论】根据上述案例,请代会计师事务所的审计人员指出银广夏审计中的缺陷。

任务一　评估销售与收款循环重大错报风险

在审计销售与收款环节时,注册会计师应考虑影响销售收入交易的重大错报风险,并对被审计单位经营活动中可能发生的销售收入交易的重大错报风险(risk of material misstatement)保持警觉。

一、销售与收款循环的重大错报风险

(一) 收入确认存在的舞弊风险

收入是利润的来源,直接关系到企业的财务状况和经营成果。有些企业往往为了达到粉饰财务报表的目的而采用虚增或隐瞒收入等方式实施舞弊。在财务报表舞弊案例中,涉及收入确认的舞弊占很大比例,收入确认已成为注册会计师审计的高风险领域。中国注册会计师审计准则要求注册会计师基于收入确认存在舞弊风险的假定,评价哪些类型的收入、交易或认定导致舞弊风险。

(二) 收入的复杂性可能导致的错误

被审计单位可能针对一些特定的产品或者服务提供一些特殊的交易安排(如特殊的退货约定、特殊的服务期限安排等),但管理层可能对这些不同安排下所涉及的交易风险的判断缺少经验,收入确认就容易发生错误。

(三) 发生的收入交易未能得到准确记录

(四) 期末收入交易和收款交易可能未计入正确的期间

期末收入交易和收款交易可能未计入正确的期间,包括销售退回交易的截止错误、期末收入交易错误和收款交易截止错误

（五）收款未及时入账或记入不正确的账户

（六）应收账款坏账准备的计提不正确

二、根据重大错报风险评估结果设计进一步审计程序

审计人员根据对销售与收款循环存在的重大错报风险的评估结果，制订实施进一步审计程序的总体方案，包括确定是采用综合性方案还是实质性方案，并考虑审计程序的性质、时间安排和范围，继而实施控制测试和实质性程序，以应对识别出的认定层次的重大错报风险。关于重大错报风险评估的审计程序详见表8-1。

表8-1　　　　　　　　　　重大错报风险评估审计程序

重大错报风险描述	相关财务报表项目及认定	风险程度	是否信赖控制	进一步审计程序的总体方案	拟从控制测试中获取的保证程度	拟从实质性程序中获取的保证程度
销售收入可能未真实发生	(1)营业收入:发生 (2)应收账款/合同资产:存在	特别	是	综合性方案	高	中
销售收入记录可能不完整	营业收入/应收账款/合同资产:完整性	一般	否	实质性方案	无	低
期末收入交易可能未计入正确的期间	(1)营业收入:截止 (2)应收账款/合同资产:存在、完整性	特别	否	实质性方案	无	高
发生的收入交易未能得到准确记录	(1)营业收入:准确性 (2)应收账款/合同资产:准确性、计价和分摊	一般	是	综合性方案	部分	低
应收账款坏账准备的计提不准确	应收账款/合同资产:准确性、计价和分摊	一般	否	实质性方案	无	中

【例8-1】　金鑫会计师事务所承接委托，审计甲公司2023年年度财务报表。注册会计师刘珊对甲公司进行了了解，将高估营业收入的重大错报风险评估为高水平。

（1）将下年发生的销售业务收入提前确认为本年的营业收入。

（2）将营业外收入确认为主营业务收入。

（3）虚构发货业务以增加营业收入。

（4）确认营业收入所依据的销售量高于公司实际销售量。

要求：指出甲公司以上四种高估方式最可能影响销售业务的哪种认定。

【解析】

（1）第一种情况影响销售业务的截止认定。

（2）第二种情况影响销售业务的分类认定。

（3）第三种情况影响销售业务的发生认定。

（4）第四种情况影响销售业务的准确性认定。

任务二　进行销售与收款循环控制测试

销售是企业的主要经营活动之一,而销售又与收取货款过程密切相关。一个企业的销售与收款循环是由同顾客交换商品或劳务以及收到货款等有关业务活动组成的。销售与收款循环的审计,通常可以相对独立于其他业务循环而单独进行,但这不等于销售与收款循环的审计是孤立的,审计重要性概念要求审计人员审计时必须综合考虑会计报表各项目性质及其相互关系。因此,即使单独执行销售与收款循环的审计时,审计人员仍应经常地将该循环与其他业务循环的审计情况结合起来加以考虑。根据会计报表项目与业务循环的相关程度,销售与收款循环中的会计报表项目一般包括应收票据、应收账款、合同资产、预收账款、应交税费、其他应付款、合同负债、营业收入、营业成本、销售费用、税金及附加等。

一、销售与收款循环的主要业务活动

(一) 接受客户订货单

客户提出订货要求是整个销售与收款循环的起点。

客户订单只有在符合管理层的授权标准时,才能被接受。管理层一般都列出了已准予销售的客户名单。订单管理部门的职员在决定是否同意接受客户订单之前,应追查该客户是否已被列在该名单中。如果客户未被列入,则通常需要由订单管理部门的主管来决定是否同意销售。

企业批准了客户订单后,通常编制一式多联并连续编号的销售单。销售单是证明管理层对有关销售交易的"发生"认定的重要凭据之一,也是销售的交易起点。

(二) 批准赊销信用

销售分为现销和赊销,对于赊销业务,由信用管理部门根据管理层批准的赊销政策进行信用批准。信用管理部门在收到销售单后,应将销售单与该顾客已被授权的赊销信用额度以及至今尚欠的账款余额加以比较,从而决定能否批准赊销。执行人工赊销信用检查时,应合理划分工作责任,以切实避免销售人员为增加销售而使企业承担不适当的信用风险。

设计信用批准控制的目的在于降低坏账风险,这些控制与应收票据、应收账款、合同资产账面余额的"准确性""计价和分摊"认定有关。

(三) 根据销售单编制出库单并发货

商品存储部门只有在收到经过信用管理部门批准的销售单时才能发货。设计这项控制程序的目的是防止仓库在未经授权的情况下擅自发货。因此,经批准的销售单的一联通常应送达仓库,作为仓库按销售单编制出库单并供货和发货给装运部门的授权依据。

(四) 按出库单装运货物

将按经批准的销售单编制出库单发货与按出库单装运货物职责相分离,有助于避免负责装运货物的职员在未经授权的情况下装运产品。装运部门职员在装运之前,必须独

立验证从仓库提取的商品是否都附有经批准的销售单,且所收到商品的内容是否与销售单一致。若符合要求,应填制装运凭证。装运凭证是一种连续编号的出货单,通常由装运部门保管,是证实销售交易"发生"认定的另一种形式的凭据。

(五) 向客户开具账单

向客户开具账单包括编制和向客户寄送事先连续编号的销售发票。这项活动中要注意是否对所装运的货物都开具了账单、有无重复开具账单或虚构交易、是否按授权的批准的商品价目表计价开具账单。

为了降低开具账单过程中出现遗漏、重复、错误计价或其他错报的风险,应设置以下控制程序:

(1) 开具账单部门职员在编制每张销售发票之前,应独立检查是否存在装运凭证和相应的经批准的销售单。

(2) 应依据已授权批准的商品价目表开具销售发票。

(3) 独立检查销售发票计价和计算的正确性。

(4) 将装运凭证上的商品总数与相对应的销售发票上的商品总数进行比较。

上述的这些控制程序与销售交易的"发生""完整性""准确性"的认定有关。

(六) 记录销售

在账务处理程序中,会计人员根据开具的销售发票编制记账凭证,登记营业收入明细账、应收票据或应收账款明细账、合同资产明细账或库存现金日记账、银行存款日记账及相应的总账。

记录销售的控制程序包括:

(1) 依据附有的有效出库单和销售单的销售发票记录销售。

(2) 使用事先连续编号的销售发票并对发票的使用情况进行监控。

(3) 独立检查已处理销售发票上的销售金额与会计记录金额的一致性。

(4) 记录销售的职责应与处理销售交易的其他功能相分离。

(5) 对记录过程中所涉及的有关记录的接触予以限制,以减少未经授权批准的记录的发生。

(6) 定期独立检查应收票据、应收账款、合同资产的明细账与总账的一致性。

(7) 定期向客户寄送对账单,对不符事项进行调查,编制对账情况汇总报告并报送管理层审核。

(七) 办理和记录现金、银行存款收入

办理和记录现金、银行存款收入涉及有关货款收回,现金、银行存款的增加以及应收账款、合同资产等项目减少等活动。在办理和记录现金、银行存款收入时,企业最关心的是货币资金的安全。处理收到的货款时,最重要的是要保证全部货币资金都必须准确、及时地记入库存现金日记账、银行存款日记账应收票据明细账、应收账款以及明细账、合同资产明细账和总账,并准确、及时地将现金存入银行。

(八) 办理和记录销售退回、销售折扣与折让

客户若对商品不满意,销售企业一般都会同意接受退货,或给予一定的销售折让后收款;客户若提前支付货款,销售企业则可能会给予一定的现金折扣。

发生此类事项时，必须经授权批准，并应确保与办理此事有关的部门和职员各司其职，分别控制实物流和会计处理。

（九）坏账处理

对于确实无法收回的应收账款，应该获取货款无法收回的确凿证据，经适当审批后方可作为坏账，并及时作相应的账务处理。

（十）提取坏账准备

企业一般定期对应收账款的可收回性进行评估，并基于一定的指标计提坏账准备，坏账准备提取的数额必须能够抵补企业以后无法收回的销货款。

销售与收款循环活动关系表如表 8-2 所示。

表 8-2　　　　　　　　销售与收款循环活动关系表

业务类型	业务活动	相关账户	相关凭证与记录	管理层认定
销售	接受客户订货单	主营业务收入/应收票据/应收账款/合同资产	客户订货单	发生
	批准赊销信用		销售单	准确性、计价和分摊
	根据销售单编制出库单并发货 按出库单装运货物		销售单、发运单	发生、完整性
	向客户开具账单		价目表、销售发票	发生、完整性、准确性、计价和分摊
	记录销售		转账凭证、收款凭证、应收账款及收入明细账、日记账	发生、完整性、准确性、计价和分摊
收款	办理和记录现金、银行存款收入	银行存款 应收票据/应收账款/合同资产	对账单、汇款通知书、收款凭证、日记账	发生、完整性、准确性、计价和分摊
销售退回、折扣与折让	办理和记录销售退回、折扣与折让	销售费用 应收账款	贷项通知单、折扣、折让明细账	发生、完整性、准确性、计价和分摊
坏账处理	坏账处理、提取坏账准备	坏账准备 资产减值损失 信用减值损失 应收票据/应收账款/合同资产	坏账审批表、管理层决议	准确性、计价和分摊

二、销售业务控制测试

（一）适当的职责分离

为了保证销售与收款业务处理的有效性和可靠性，防范各种有意或无意的错误，企业应按各相关业务环节进行明确分工，实现适当的职责分离。如接受顾客订货单、填制销售单、批准赊销、发运货物、结算开票、收取货款、会计记录及账目核对等，必须由不同的职能部门或人员负责办理；主营业务收入应由记录应收账款之外的职员独立登记，并由不负责账簿记录的人员定期核对总账和明细账。

（1）为确保办理销售与收款业务的不相容岗位相互分离、制约和监督，一个企业有关销售与收款业务相关职责适当分离的基本要求通常将办理销售、发货、收款三项业务的部门（或岗位）分别设立。

（2）企业在销售合同订立前，应当指定专门人员就销售价格、信用政策、发货及收款方式等具体事项与客户进行谈判。谈判人员至少两人，并与订立合同的人员相分离。

（3）编制销售发票通知单的人员与开具销售发票的人员应当相互分离。

（4）销售人员应当避免接触销售现款。

（5）企业应收票据的取得和贴现必须经由保管票据以外的主管人员的书面批准。

（二）恰当的授权审批

企业应当对销售与收款业务建立严格的审批制度，明确审批人员对销售与收款业务的批准方式、权限、程序、责任和相关控制措施，规定经办人的职责范围和工作要求。

审计人员主要关心以下四个关键点的审批程序：

（1）在销售发生之前，客户的赊销已被授权批准；非经正当审批，不得发出货物。

（2）销售价格、付款条件、运费和销售退回、折扣与折让等的确定必须经过适当的授权批准。

（3）对确实无法收回的应收账款，按规定程序批准后才方可作为坏账处理。

（4）审批人员应当根据销售与收款授权批准制度的规定，在授权范围内进行审批，不得超越审批权限。

（三）充分的凭证和记录

对内部控制来说，只有具备充分的记账手续、充分的凭证和记录，才有可能实现其各项控制目标。例如，企业在收到客户的订单后，应立即编制一份预先编号的一式多联的销售单，分别用于批准赊销、审批发货、记录发货数量以及向客户开具销售发票等。在这种制度下，只要定期清点销售单和销售发票，漏开账单的情况几乎不会发生。

（四）凭证预先编号

对凭证预先进行编号，目的在于防止销售后漏记向客户开具发票或登记入账，也可以防止重复开票或重复记账。但是对凭证的编号不进行清点，预先编号就会失去控制意义。由收款人员对每笔销售开具账单后，将发运凭证按顺序归档；另一位工作人员应定期检查全部凭证的编号，如发现凭证缺号，需调查缺号原因。

（五）按月寄发对账单

由不负责出纳和销售及应收账款记账的人员按月向客户寄送对账单，能促使客户在发现其应付账款余额不正确后及时进行信息反馈，因而这是一项有效控制。为了使这项控制更加有效，最好将账户余额中出现的所有核对不符的账项，指定不管理货币资金也不记录营业收入和应收账款项目的独立人员处理，然后由独立人员按月编制对账情况汇总表并递交管理层审阅。

（六）内部稽核

由内部审计人员或其他独立人员核查销售过程的各项业务的处理和记录，是实现内部控制目标不可缺少的一项控制措施。内部核查人员的主要工作有复核赊销的核准情况,查阅发票的连续性及所附凭证的完整性,检查发运单编号的连续性,并与销货日记账进行核对等。

销售与收款循环内部稽核的主要内容包括:

(1) 销售与收款交易相关岗位及人员的设置情况,重点检查是否存在销售与收款交易不相容职务混岗的现象。

(2) 销售与收款交易授权批准制度的执行情况,重点检查授权批准手续是否齐全,是否存在越权审批行为。

(3) 销售的管理情况,重点检查信用政策、销售政策的执行是否符合规定。

(4) 收款的管理情况,重点检查销售收入是否及时入账,应收账款的催收是否有效,坏账核销和应收票据的管理是否符合规定。

(5) 销售退回的管理情况,重点检查销售退回手续是否齐全,退回货物是否及时入库。

【例8-2】 金鑫会计师事务所接受委托,审计甲公司的年度财务报表。甲公司以生产销售升降货梯为主营业务,产品送达客户公司后,由技术人员进行安装测试,安装测试完成后,请客户在产品验收单上签字,技术人员带回留档。销售合同中规定,客户在验收单上签字即销售完成,客户需要在20日内将货款付清。注册会计师刘珊了解到以下销售情况:

(1) 所有销售业务必须与客户签订销售合同。
(2) 在销售完成后,财务人员负责催收货款,保证20日内收回。
(3) 销售部在选择客户时,要进行各项考察,以防止销售后收不回货款。
(4) 财务人员确认销售收入的依据为客户订单、销售单、出库单。

要求:针对上述情况,判断甲公司内部控制设计是否恰当,若不恰当则提出改进建议。

【解析】

(1) 恰当。

(2) 不恰当。销售完成后不应由财务人员负责催收货款,而应由销售部门负责催收,财务部门进行督促。

(3) 恰当。

(4) 不恰当。而应根据客户订单、销售单、出库单及客户签字的产品验收单来确认销售收入。

三、收款业务控制测试

销售与收款循环包括销售和收款两方面,每个企业的性质、行业、规模及内部控制健全程度等不相同,使得其与收款业务相关的控制内容有所不同,但以下内容是通常应当共同遵循的。

(1) 企业应当按照《现金管理暂行条例》《支付结算办法》等规定,及时办理销售收款业务。

(2) 企业应将销售收入及时入账,不得账外设账,不得擅自坐支现金。销售人员应当避免接触销售现款。

(3) 企业应当建立应收账款账龄分析制度和逾期应收账款催收制度,销售部门应当负责应收账款的催收,财务部门应当督促销售部门加紧催收,对催收无效的逾期应收账款可通过法律程序解决。

(4) 企业应当按客户设置应收账款台账,及时登记每一客户应收账款余额增减变动情况和信用额度使用情况,对长期往来客户应当建立完善的客户资料,并对客户资料实行动态管理,及时更新。

(5) 企业对于可能成为坏账的应收账款应当报告有关决策机构,由其进行审查,确定是否确认为坏账,企业发生的各项坏账,应查明原因,明确责任,并在履行规定的审批程序后作出会计处理。

(6) 企业注销的坏账应当进行备查登记,做到账销案存,已注销的坏账又收回时应当及时入账,防止形成账外账。

(7) 企业应收票据的取得和贴现必须经由保管票据以外的主管人员的书面批准。应有专人保管应收票据,及时就即将到期的应收票据向付款人提示付款;在备查簿中登记已贴现票据,并应制定逾期票据的冲销管理程序和逾期票据追踪监控制度。

(8) 企业应当定期与往来客户通过函证等方式核对应收账款、应收票据、预收款项等往来款项;如有不符,应及时查明原因,进行处理。

任务三 实施销售与收款循环实质性程序

一、营业收入审计

营业收入(operating income)项目核算企业在销售商品、提供劳务等主营业务活动中所产生的收入,以及企业确认的除主营业务活动以外的其他经营活动实现的收入,包括出租固定资产、出租无形资产、出租包装物和商品、销售材料等实现的收入。

营业收入审计目标一般包括:

(1) 确定利润表中记录的营业收入是否已发生,且与被审计单位有关(发生认定)。

(2) 确定所有应当记录的营业收入是否均已记录(完整性认定)。

(3) 确定与营业收入有关的金额及其他数据是否已恰当记录(准确性认定)。

(4) 确定营业收入是否已记录于正确的会计期间(截止认定)。

(5) 确定营业收入记录于恰当的账户(分类认定)。

(6) 确定营业收入是否已按照企业会计准则的规定在财务报表中作出恰当的列报(列报认定)。

(一) 主营业务收入的实质性程序

1. 获取或编制主营业务收入明细表(表8-3)

(1) 复核加计是否正确,并与总账数和明细账合计数核对是否相符。

(2) 检查以非记账本位币结算的主营业务收入的折算汇率及折算是否正确。

表 8-3　　　　　　　　　　　　　主营业务收入明细表

被审计单位：_____　　　　　　　索引号：_____
项目：__主营业务收入明细表__　　　　　　　　所审计会计期间：_____
编制：_____日期：_____　　　　　　复核：_____日期：_____

月份	主营业务收入明细项目				
	合计	新闻纸	书写纸		
1—11月					
12月					
合计					

审计说明：

2. 检查主营业务收入的确认

检查主营业务收入的确认主要检查以下方面：检查主营业务收入的确认条件、方法是否符合企业会计准则，前后期是否一致；关注周期性、偶然性的收入是否符合既定的收入确认原则、方法；关注被审计单位是否采取不同销售方式，确认销售的时点是否恰当；关注附有销售退回条件的商品销售、委托代销、售后回购、以旧换新、商品需要安装和检验的销售、分期收款销售等特殊销售行为，确认销售的时点与条件是否恰当。

（1）采用交款提货的销售业务，通常应于货款已收到且已将发票账单和提货单交给购货单位时确认收入的实现。因此，应着重审查被审计单位是否确实在收到货款、发票账单和提货单交给买方时确认销售收入实现，应注意有无扣押结算凭证，将当期收入转入下期入账的现象，或开具虚假发票、虚列购货单位，将未实现的收入提前入账，虚增本年利润等现象。

（2）采用预售方式的，应于商品已发出时确认收入的实现。因此，审查重点为被审计单位是否收到了货款，商品是否已经发出。要注意的是有无将已收货款不入账而转为下年收入（或个人舞弊），或开具虚假出库凭证，虚增本年收入的现象。

（3）采用托收承付结算方式的销售业务，应于商品已发出、劳务已提供，并已将发票账单提交银行、办妥收款手续时确认收入的实现。因此，应重点检查被审计单位是否已发货，托收手续是否办妥，并查核发货运单及托收承付结算回单的真实性，防止漏列、虚列收入。

（4）采用分期收款结算方式的销售业务，应于本期收到价款或以合同约定的日期作为本期销售收入的实现。因此，审计人员应重点审查本期是否收到货款，查明合同约定的本期应收款日期是否真实，是否存在合同日到期后，收入仍不入账的现象。

（5）采用委托代销方式的销售业务，应在代销商品已销售并收到代销清单时确认收入实现。审计人员应审查是否在收到代销清单时确认销售收入的实现，查明有无编制虚假代销清单，虚增本期收入的情况。

3. 实施实质性分析程序

审计人员应检查主营业务收入是否有异常变动和重大波动，从而在总体上对主营业务收入的真实性作出初步判断。

（1）针对已识别需要运用分析程序的有关项目，并基于对被审计单位及其环境的了解，通过进行以下比较，同时考虑有关数据间关系的影响，以建立有关数据的期望值，包括：

① 将本期的主营业务收入与上期的主营业务收入、销售预算或预测数等进行比较，分析主营业务收入及其构成的变动是否异常，并分析异常的原因；

② 计算本期重要产品的毛利率，与上期数据比较，检查是否存在异常，各期之间是否存在重大波动，查明原因；

③ 比较本期各月各主营业务收入的波动情况，分析其变动趋势是否正常，是否符合被审计企业季节性、周期性的经营规律，查明异常现象和重大波动的原因；

④ 将本期重要产品的毛利率与同行业企业进行对比分析，检查是否存在异常，具体如表8-4所示。

（2）确定可以接受的差异额。

（3）将实际情况与期望值进行比较，识别需要进一步调查的差异。

（4）如果其差额超过可接受的差额，调查并获取充分的解释和恰当的审计证据。

（5）评估实质性分析程序的结果。

表8-4　　　　　　　　　　　毛利率与同行业对比分析

被审计单位：_____　　　　　　索引号：_____
项目：主营业务收入明细表　　　　　所审计会计期间：_____
编制：_____ 日期：_____　复核：_____ 日期：_____

产品名称	被审计单位本期数			同行业A企业毛利率	同行业B企业毛利率	同行业C企业毛利率	行业本期平均毛利率	与平均毛利率差异
	营业收入	营业成本	毛利率					

审计说明：

4. 核对主营业务收入相关交易的原始凭证与会计记录

注册会计师以主营业务收入明细账中的会计分录为起点，检查相关原始凭证如订购单、销售单、发运凭证和销售发票等，以评价已入账的营业收入是否真实发生。检查订购单和销售单，可用以确认存在真实的客户购买要求、销售交易已经过适当的授权批准。

审计人员应获取产品价格目录，从销售发票中抽取样本，将其单价与经过批准的商品价目表进行核对比较，分析其差异的合理性；同时注意销售给关联方或关系密切的重要客户的产品价格是否合理。

抽取发运凭证样本，可审查商品的规格、数量和客户代码等是否与发票、合同一致。

抽取记账凭证样本，可审查入账日期、商品、数量、单价、金额等是否与原始单据一致。

5. 函证销售额

一般应结合对应收账款实施的函证程序，选择主要客户函证本期销售额。

6. 实施销售截止测试

截止测试是实质性测试中常用的一种具体审计技术，被广泛应用于货币资金、应收账款、存货、营业收入等许多会计报表项目的审计中。对主营业务收入的截止测试,其目的主要在于确定被审计单位主营业务收入的会计记录归属期是否正确,应记入本期或下期的主营业务收入是否被推延至下期或提前至本期。截止测试的步骤主要有:

(1) 选取资产负债表日前后若干天的发运凭证,与应收账款明细账和收入明细账进行核对。同时,从应收账款明细账和收入明细账选取在资产负债表日前后若干天的凭证,与发运凭证核对,以确定销售是否存在跨期现象。

(2) 复核资产负债表日前后销售和发货水平,确定业务活动水平是否异常,并考虑是否有必要追加实施截止测试程序。

(3) 取得资产负债表日后所有的销售退回记录,检查是否存在提前确认收入的情况。

(4) 结合对资产负债表日应收账款或合同资产的函证程序,检查有无未取得客户认可的销售。

实施销售截止测试的前提是审计人员充分了解被审计企业关于收入确认的会计实务,并能识别出证明某笔销售符合收入确认条件的关键证据。审计人员可以考虑以下两条途径实施主营业务收入的截止测试:

(1) 以账簿记录为起点。从资产负债表日前后若干天的账簿记录开始追查至记账凭证、发运凭证,其目的为证实已入账收入是否在同一期间已开票发货,是否多计收入。以账簿记录为起点的主营业务收入截止测试如表 8-5 所示。

(2) 以出库单为起点。从资产负债表日前后若干天的出库单开始查至账簿记录,确定主营业务收入是否已记入恰当的会计期间。以发运凭证为起点的主营业务收入截止测试如表 8-6 所示。

表 8-5   主营业务收入截止测试

被审计单位:_____   索引号:_____
项目:__主营业务收入截止测试__   财务报表截止日/期间:_____
编制:_____ 日期:_____   复核:_____ 日期:_____

从明细账到发货单

编号	明细账				发票内容				发货单		是否跨期√(×)
	日期	凭证号	主营业务收入	应交税费	日期	客户名称	货物名称	销售额	税额	日期	号码	

截止日前
截止日期: 年   月   日
截止日后

审计说明:

表 8-6　　　　　　　　　　　　　**主营业务收入截止测试**

被审计单位：_____　　　　　　　索引号：_____
项目：__主营业务收入截止测试__　　　　　　　财务报表截止日/期间：_____
编制：_____日期：_____　　　　　　复核：_____日期：_____

从发货单到明细账

编号	发货单		发票内容				明细账				是否跨期√（×）
	日期	号码	日期	客户名称	货物名称	销售额	税额	日期	凭证号	主营业务收入	应交税费	

截止日期：　　截止日前
　　　　　　　年　　月　　日
　　　　　　　截止日后

审计说明：

7．检查销售退回

若被审计企业存在销售退回的情况，审计人员应检查相关手续是否符合规定，结合原始销售凭证检查其会计处理是否正确，结合存货项目审计检查其是否真实。

8．检查销售折扣与折让

（1）获取或编制销售折扣与折让明细表，检查是否符合加计政策，并与明细账合计数核对是否相符。

（2）取得被审计企业有关折扣与折让的具体规定和其他文件资料，并抽查较大的折扣与折让发生额的授权批准情况，与实际执行情况进行核对，检查其是否经过授权批准，是否合法真实。

（3）检查销售折扣与折让是否及时足额提交对方，有无虚设中介、转移收入、私设"小金库"的情况。

（4）检查折扣与折让的会计处理是否正确。

9．审查主营业务收入的列报

审计人员应审查利润表中的营业收入项目的列报金额是否为已审定的主营业务收入与其他业务收入的合计，收入确认所采用的会计政策是否在会计报表附注中披露。

【例 8-3】　金鑫会计师事务所接受委托，审计甲公司年度财务报表。注册会计师刘珊拟采用统计抽样的方法测试甲公司赊销审批是否得到有效执行。

（1）以当年所有的发运凭证作为抽样的总体。

（2）由于甲公司当年赊销业务数量很大，因此刘珊认为总体规模对样本规模的影响可以忽略。

（3）在检查样本时，刘珊发现其中一张单据由未经授权的仓库主管代为审批，刘珊复核后认为该赊销金额在该客户的允许范围内,没有将其视为一项控制偏差。

要求:请考虑上述情况,逐项指出注册会计师刘珊的做法是否恰当,如不恰当,简要说明理由。

【解析】

(1) 不恰当。注册会计师应当以全部的销售单作为测试的总体,检查销售单上是否有专门负责赊销审批人员的签字。

(2) 恰当。

(3) 不恰当。赊销审批应当由授权人员执行,由未经授权的人员代为审批应视为一项控制偏差。

(二) 其他业务收入的实质性程序

其他业务收入的实质性程序主要有:

(1) 获取或编制其他业务收入明细表,复核加计是否正确,并与总账数和明细账合计数核对是否相符。

(2) 计算本期其他业务收入与其他业务成本的比例,并与上期进行比较,检查是否有重大波动,并查明原因。

(3) 检查其他业务收入的内容是否真实、合法,收入确认原则及会计处理是否符合规定,按重要性水平抽查原始单据进行核实。

(4) 追查异常项目的入账依据及有关法律文件是否充分。

(5) 抽查资产负债表日前后一定数量的记账凭证,实施截止测试,追踪销售发票、收据等,确定入账时间是否正确,对于重大跨期事项作出必要的调整建议。

(6) 确定其他业务收入的列报是否恰当。

二、应收账款审计

应收账款是指企业因销售商品、提供劳务而形成的债权,其余额包括应收账款账面余额和坏账准备两部分。坏账是指企业无法收回或者收回可能性极小的应收款项;由于发生坏账而产生的损失称为坏账损失;企业通常会采用备抵法按期估计坏账损失,称为坏账准备。

应收账款的审计目标一般包括:

(1) 确定资产负债表中记录的应收账款是否存在("存在"认定)。

(2) 确定所有应当记录的应收账款是否均已记录("完整性"认定)。

(3) 确定应收账款是否由被审计单位拥有或控制("权利和义务"认定)。

(4) 确定应收账款是否可收回,坏账准备的计提方法和计提比例和余额是否恰当("准确性、计价和分摊"认定)。

(5) 确定应收账款及其坏账准备是否已记录于恰当的账户("分类"认定)。

(6) 确定应收账款是否已按照企业会计准则的规定在财务报表中恰当列报("列报"认定)。

(一) 应收账款的实质性程序

1. 获取或编制应收账款明细表(表 8-7)

(1) 审计人员在向被审计单位获取或自行编制应收账款明细表后,应复核加计数额是否正确,并核对是否与报表数、总账数和明细账合计数相符。

(2) 审计人员应检查被审计单位非记账本位币应收账款的折算汇率及折算是否正确。

(3) 审计人员应分析被审计单位有贷方余额的应收账款项目,并查明原因,如有需要,应建议重新分类调整。

(4) 结合其他应收款、预收账款等往来项目的明细余额,调查有无同一客户多处挂账、异常余额或与销售无关的其他款项,若有,应进行记录,提出调整建议。

表 8-7   应收账款明细表

被审计单位:_____   索引号:_____
项目:应收账款明细表   所审计会计期间:_____
编制:_____ 日期:_____   复核:_____ 日期:_____

项目名称	期末未审数			账项调整		重分类调整		期末审定数		
	合计	1年及1年以内	1年以上	借方	贷方	借方	贷方	合计	1年及1年以内	1年以上
合计										

审计说明:

2. 检查与应收账款相关的财务指标

(1) 复核应收账款借方累计发生额与主营业务收入是否配比,并将当期应收账款借方发生额占销售收入净额的百分比与管理层考核指标和被审计单位相关赊销政策比较,如存在差异,应查明原因。

(2) 计算应收账款周转率、应收账款周转天数等营运指标,并与被审计单位上年指标、同行业同期相关指标对比分析,检查是否存在重大异常。

3. 检查应收账款账龄分析是否正确

(1) 获取或编制应收账款账龄分析表(表 8-8)。审计人员可以通过获取或编制应收账款账龄分析表来分析应收账款的账龄,以便了解应收账款的可收回性。

应收账款账龄,是指资产负债表中的应收账款从销售实现、产生应收账款之日起,至资产负债表日止所经历的时间。编制应收账款账龄分析表时,可以选择重要的客户及其余额列示,不重要的或余额较小的,可以汇总列示。

(2) 如果应收账款账龄分析表由被审计单位编制,审计人员应测试其计算的准确性。

(3) 将应收账款账龄分析表中的合计数与应收账款总分类余额相比较,并调查重大调节项目。

(4) 检查原始凭证,如销售发票、运输记录等,测试账龄核算的准确性。

表 8-8 应收账款账龄分析表

客户名称	期末余额	账龄			
		1年以内	1~2年	2~3年	3年以上
合　　计					

4. 向债务人函证应收账款

函证是指审计人员通过直接来自第三方对有关信息和现存状况的书面答复，获取和评价审计证据的过程。函证应收账款的目的在于证实应收账款账户余额的真实性和正确性，防止或发现被审计单位及其有关人员在销售交易中发生的错报或舞弊行为。通过函证应收账款，可以比较有效地证明被询证者的存在和被审计单位记录的可靠性。

审计人员应考虑被审计企业的经营环境、内部控制的有效性、应收账款账户的性质、被询证者处理询证函的习惯性做法及回函的可能性等，来确定应收账款函证的范围、对象、方式和时间。

（1）函证的范围和对象。审计人员不需要对被审计单位所有的应收账款进行函证，函证数量的大小、范围是由诸多因素决定的，主要有：

① 应收账款在全部资产中的重要性。若应收账款在全部资产中所占比重较大，则函证的范围应大一些。

② 被审计单位内部控制的强弱。若被审计单位内部控制制度较为健全，则可以减少函证量；反之，则应扩大函证范围。

③ 以前期间的函证结果。若以前期间函证中发现过重大差异，或欠款纠纷较多，则函证范围需要相应扩大一些。

一般情况下，审计人员应选择以下项目作为函证对象：金额较大的项目、账龄较长的项目、与债务人发生纠纷的项目、重大关联方项目、主要客户项目、新增客户项目、交易频繁但期末余额较小甚至余额为零的项目、可能产生重大错报或舞弊的非正常项目。

（2）函证的方式。审计人员可以采用积极的或消极的函证方式实施函证，也可以将两种方式结合使用。

① 积极的函证方式，采用积极的函证方式时，审计人员应当要求被询证者在所有情况下必须回函，确认询证函所列信息是否正确，或填列询证函要求的信息。

通常认为，积极的函证方式能够提供可靠的审计证据，但存在被询证者对所列示信息根本不验证就予以回函确认的风险。

② 消极的函证方式，采用消极的函证方式，审计人员要求被询证者仅在不同意询证函列示信息的情况下才予以回函。

未收到回函可能是因为被询证者已收到询证函且核对无误，也可能是因为被询证者根本就没有收到询证函。

由于应收账款通常存在高估风险，且与之相关的收入确认存在舞弊风险假定，因此，实务中通常对应收账款采用积极的函证方式。

（3）函证的时间。审计人员通常以资产负债表日为截止日，在资产负债表日后适当时间内实施函证。如果重大错报风险评估为低水平，审计人员可选择资产负债表日前适当日期为截止日实施函证,并对所函证项目自该截止日起至资产负债表日发生的变动实施实质性程序。

(4)对函证的控制。审计人员通常利用被审计单位提供的应收账款明细账户名称及客户地址等资料据以编制询证函,但审计人员应当对选择被询证者、设计询证函以及发出和收回询证函保持控制。审计人员可以通过函证结果汇总表的方式对询证函的收回情况加以控制。应收账款询证函(示例)如图8-1所示。

应收账款询证函(示例)

编号:001

_____公司:

本公司聘请的_____会计师事务所正在对本公司_____年度财务报表进行审计,按照中国注册会计师审计准则的要求,应当询证本公司与贵公司的往来账项等事项。下列信息出自本公司账簿记录,如与贵公司记录相符,请在本函下端"信息证明无误"处签章证明;如有不符,请在"信息不符"处列明不符项目。如存在与本公司有关的未列入本函的其他项目,也请在"信息不符"处列出这些项目的金额及详细资料。回函请直接寄至_____会计师事务所。

回函地址:　　　　　　　　　　　　　邮编:
电话:　　　　传真:　　　　联系人:

1. 本公司与贵公司的往来账项列示如下:

单位:元

截止日期	贵公司欠	欠贵公司	备　注

2. 其他事项。

本函仅为复核账目之用,并非催款结算。若款项在上述日期之后已经付清,仍请及时函复为盼。

(公司盖章)
年　月　日

结论:

1.信息证明无误。	2.信息不符,请列明不符项目及具体内容。
(公司盖章) 年　月　日 经办人:	(公司盖章) 年　月　日 经办人:

图 8-1　应收账款询证函(示例)

(5) 对于不符事项的处理(表 8-9)。不符事项是指被询证者提供的信息与询证函要求确认的信息不一致,或与被审计企业记录的信息不一致。就应收账款而言,不符事项的主要原因有:

① 双方登记入账时间不同,询证函发出时,债务人已经付款,而被审计单位尚未收到货款;询证函发出时,被审计单位的货物已经发出并已进行销售记录,但货物尚在途中,债务人并未收到货物;债务人由于某种原因已将货物退回,而被审计单位尚未收到;债务人对收到的货物数量、质量或价格等方面有异议而部分或全部拒付货款。

② 一方或双方登记错误。

③ 被审计企业存在舞弊行为,对回函中出现的不符事项,审计人员需要调查核实原因,确定其是否构成错报,并将结果形成审计工作底稿;审计人员不能仅通过询问被审计单位相关人员对不符事项的性质和原因得出结论,而是要在询问原因的基础上,检查相关的原始凭证和文件资料予以证实。

应收账款函证结果调节表如表 8-9 所示。

表 8-9　　　　　　　　　应收账款函证结果调节表

被审计单位:_____　　　　　索引号:_____
项目:　应收账款函证结果调节表　　　　　财务报表截止日/期间:_____
编制:_____　日期:_____　　　复核:_____　日期:_____
被询证单位:_____
回函日期:_____

1. 被询证单位回函余额　　　　　　　　　　　　　　　　　_____
2. 减:被询证单位已记录项目

序号	日期	摘要(运输途中、存在争议的项目等)	凭证号	金额
1				
2				
3				
合计				

3. 加:被审计单位已记录项目

序号	日期	摘要(运输途中、存在争议的项目等)	凭证号	金额
1				
2				
3				
合计				

4. 调节后金额　　　　　　　　　　　　　　　　　　　　　_____
5. 被审计单位账面金额　　　　　　　　　　　　　　　　　_____
6. 调节后是否存在差异,差异金额　　　　　　　　　　　　_____
审计说明:

(6) 对函证结果总结和评价。审计人员应将函证的过程和情况记录在工作底稿中,并据以总结和评价应收账款情况。(表 8-10)

审计人员需重新考虑对内部控制的原有评价是否适当,控制测试的结果是否适当,相关的风险评价是否适当。

如果函证结果表明没有审计差异,则审计人员可以合理地推论,全部应收账款总体是正确的;如果函证结果表明存在审计差异,则审计人员应当估算应收账款总额中可能出现的累计差错,估算未被选中进行函证的应收账款的累计差错。为取得对应收账款累计差错更加准确的估计,也可以进一步扩大函证范围。

应收账款函证结果汇总表如表 8-10 所示。

表 8-10　　　　　　　　　应收账款函证结果汇总表

被审计单位:＿＿＿＿＿＿＿＿＿＿＿＿＿　　　　索引号:＿＿＿＿＿＿＿＿＿
项目:应收账款函证结果汇总表　　　　　　　财务报表截止日/期间:＿＿＿＿＿
编制:＿＿＿＿＿日期:＿＿＿＿＿　　　　　复核:＿＿＿＿＿日期:＿＿＿＿＿

单位名称	询函编号	函证方式	函证日期		回函日期	账面金额	回函金额	经调节后是否存在差异	调节表索引号
			第一次	第二次					

审计说明:

5. 审查已收回应收账款

审计人员请被审计单位协助,在应收账款明细表上标出至审计时已收回的应收账款金额,并对已收回金额较大的款项进行常规检查,如核对收款凭证、银行对账单、销售发票等,注意凭证发生日期的合理性。

6. 审查未函证应收账款

对于未函证应收账款,审计人员应抽查相关原始凭证,如销售合同、销售订单、销售发票、出库单等,以验证这些应收账款的真实性。

7. 审查坏账的确认和处理

审计人员对被审计单位在被审计期间内已作为坏账转销的应收账款,尤其是金额较大的,应予以审查。按照我国有关规定,确认坏账损失应符合的条件是,因债务人破产或者死亡,以其破产财产或遗产清偿后,仍无法收回的,或者债务人长期未履行清偿义务的应收账款。因此,审计人员首先应检查有无符合上述条件的应收账款。其次,应检查被审计单位坏账的处理是否经授权批准,有关会计处理是否正确。

8. 审查应收账款的列报

审计人员审查时应注意应收账款报表项目的数额是否根据"应收账款"和"预收账款"账户所属明细账户的期末借方余额的合计数并结合"坏账准备"科目金额填列。如果被审计单位为上市公司,则其会计报表附注通常应披露期初、期末余额的账龄分析,期末欠款金额较大的单位账款,持有 5% 以上股份的股东单位欠款等情况。

【例 8-4】 金鑫会计师事务所接受委托,审计甲公司 2023 年年度财务报表。注册会计师刘珊了解测试了应收账款相关的内部控制,并将控制风险评估为高水平。注册会计师刘珊取得了 2023 年 12 月 31 日的应收账款明细表,并于 2024 年 1 月 16 日采用积极的函证方式对所有重要客户寄发了询证函。2 月 15 日,检查回函情况,汇总如表 8-11 所示。

表 8-11　　　　　　　甲公司函证结果相关的重要情况汇总表

函证编号	客户名称	函证金额	回函日期	回函内容
12	A 公司	45 万元	2024 年 1 月 18 日	购买甲公司 45 万元货物属实,但款项已于 2022 年 12 月 25 日用支票支付
33	B 公司	60 万元	2024 年 1 月 20 日	因产品质量不符合要求,根据购货合同,于 2022 年 12 月 28 日将货物退回
54	C 公司	53 万元	2024 年 1 月 19 日	2022 年 12 月 10 日收到甲公司委托本公司代销的货物 53 万元,尚未销售
67	D 公司	70 万元	2024 年 1 月 19 日	采用分期付款方式购货 70 万元,根据购货合同,已于 2022 年 12 月 25 日首期 30 万元
88	E 公司	50 万元	未收到回函	截至 2023 年 2 月 15 日未回函,也未收到邮局退回信件

【解析】

(1) A 公司:注册会计师刘珊应查阅 12 月 25 日后资产负债表日前银行存款日记账和银行对账单,确认该笔款项是否收到。

(2) B 公司:注册会计师刘珊应检查被审计单位的退货入库记录,查验被审计单位是否收到货物。

(3) C 公司:注册会计师刘珊应查阅相关合同或单据,证实该笔销售的性质。

(4) D 公司:注册会计师刘珊应检查相关购货合同,判断合同的性质;同时查阅银行对账单,查验首付款是否已经收到。

(5) E 公司:注册会计师刘珊可与 E 公司联系,请其回函或再次发出询证函,若无法收到,则实施替代程序,查阅销售合同、发票及出库单,证明该笔销售的真实性。

【例 8-5】 甲公司 2023 年年末部分应收账款余额明细表如表 8-12 所示。

表 8-12　　　　　甲公司 2023 年年末部分应收账款余额明细表

金额单位:元

债务人	摘要	期初数	期末数	账龄			
				1 年以内	1~2 年	2~3 年	3 年以上
A 公司	销货款	650 000	50 000	✓			
B 公司	销货款	4 000 000	3 500 000		✓		
C 公司	销货款	90 000	90 000			✓	
D 公司	销货款	150 000	1 050 000	✓			
E 公司	销货款	589 430	589 430				✓
F 公司	销货款	0	30 000	✓			

要求:请问审计人员在运用函证方法证实永强公司应收账款余额真实性时判断如何针对不同客户选择不同的函证方式。

【解析】

(1) A 公司是值得信赖的客户,F 公司欠款金额较小,且欠款时间短,决定对 A 公司和 F 公司采取消极式函证方式。

(2) B 公司欠款金额最大,C 公司可能存在争议项目,D 公司可能存在异常交易,E 公司欠款时间较长,决定对 B 公司、C 公司、D 公司、E 公司采取积极式函证方式。

(二) 坏账准备的实质性程序

企业会计准则规定,企业应当在期末对应收款项进行检查,并合理预计可能产生的坏账损失。应收款项包括应收票据、应收账款、预付账款、其他应收款和长期应收款等。

坏账准备(bad debt reserves)的审计目标一般包括:确定计提坏账准备的方法和比例是否恰当,坏账准备的计提是否充分;确定坏账准备增减变动的记录是否完整;确定坏账准备期末余额是否正确;确定坏账准备在会计报表上的披露是否恰当。

1. 获取或编制坏账准备明细表

复核加计坏账准备明细表是否正确,并与坏账准备总账数、明细账合计数核对是否相符。

2. 检查坏账准备的计提

企业应根据应收款项的可收回情况,合理计提坏账准备。计提坏账准备的方法、提取比例等由企业自行确定,但确定坏账准备的计提比例时,应当根据企业以往的经验、债务单位的实际财务状况和现金流量以及其他相关信息合理地估计。计提方法一经确定,不得随意变更。如确需变更,应在财务报表附注中说明变更的内容和理由、变更的影响数等。审计人员主要应查明坏账准备的计提方法和比例是否符合制度规定,计提的数额是否恰当,会计处理是否正确,前后期是否一致。

对于单项金额重大的应收款项,企业应当单独进行减值测试,如有客观证据证明其已经发生减值,应当计提坏账准备。对于单项金额不重大的应收款项,可以单独进行减值测试,或包括在具有类似信用风险特征的应收账款组合中(账龄分析)进行减值测试。单独测试未发生减值的应收账款,应当包括在具有类似信用风险特征的应收账款组合中(账龄分析),再次进行减值测试。

采用账龄分析法时,收到债务人当期偿还的部分债务后,剩余的应收账款不应改变其账龄,仍应按原账龄加上本期应增加的账龄确定;在存在多笔应收账款且各笔应收账款账龄不同的情况下,收到债务人当期偿还的部分债务,应当逐笔确认收到的是哪一笔应收账款;若确实无法确认,按照先发生、先收回的原则确定,剩余应收账款的账龄按上述同一原则确定。

3. 检查实际发生的坏账损失

实际发生的坏账损失,审计人员应检查其原因是否清楚,是否符合有关规定,有无授权批准,有无已进行坏账处理又重新收回的应收账款,相应的会计处理是否正确。

4. 执行分析性程序

审计人员通过计算坏账准备余额占应收账款余额的比例,并和以前期间的相关比例核对,检查分析其重大差异,以发现有重要问题的审计领域。

5. 确定坏账准备的披露是否恰当

企业应在财务报表附注中说明坏账准备的确认标准、坏账准备计提方法和计提比例。

引导案例解析

中天勤事务所注册会计师未能有效执行应收账款函证程序,在对天津广夏的审计过程中,将所有询证函交由公司发出,而并未要求公司债务人将回函直接寄达注册会计师处。2000年发出14封询证函,没有收到一封回函。对于无法执行函证程序的应收账款,审计人员在运用替代程序时,未取得海关报关单、运单、提单等外部证据,仅根据公司内部证据便确认公司应收账款,违反了当时的《独立审计具体准则第5号——审计证据》的相关要求。

素养园地

2017年,瑞幸咖啡成立,其后它在仅仅两年多后就完成了上市。然而在2020年1月31日,知名做空机构浑水声称,收到了一份长达89页的匿名做空报告,指控瑞幸咖啡数据造假。2020年4月2日晚间,瑞幸咖啡审计机构安永表示,在对公司2019年年度财务报告进行审计工作的过程中,安永发现公司部分管理人员在2019年第二季度至第四季度通过虚假交易虚增了公司相关期间的收入、成本及费用。2020年7月31日,财政部公布其检查结果,自2019年4月起至2019年末,瑞幸咖啡公司通过虚构商品券业务增加交易额22.46亿元人民币,营造出销售业绩持续增长的假象,掩盖了公司营业模式的缺陷。

上述案例提醒了审计人员,要坚决贯彻习近平总书记重要指示批示精神,充分发挥审计在反腐治乱中的重要作用,严肃查处重大财务舞弊、财经数据造假、胡支乱花、乱存乱放等扰乱财经秩序问题,严肃查处违规举借债务、兴建楼堂馆所和形象工程等有令不行、有禁不止问题,严肃查处挤占挪用及骗取套取民生资金、罔顾群众生命财产安全等冲击道德底线问题,严肃查处企业、金融、生态环境、能源资源等领域重大损失损毁问题。

项目知识结构

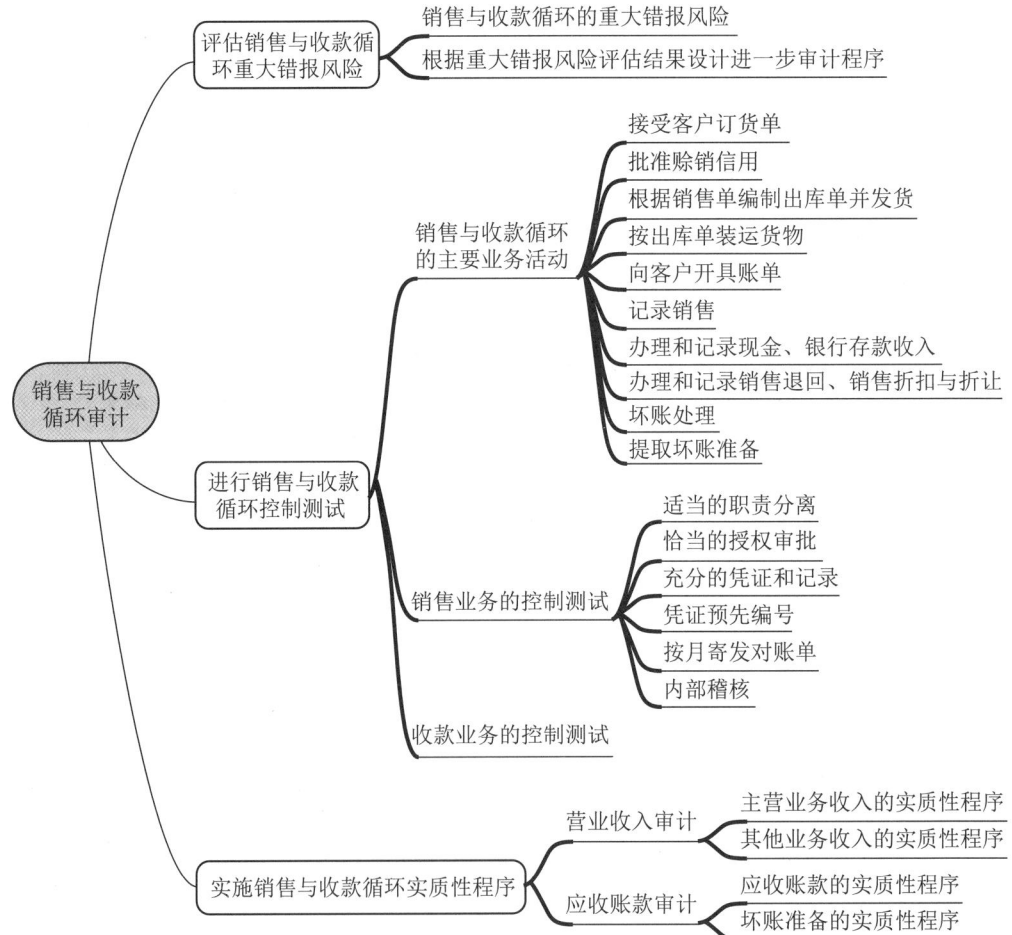

技能训练

一、单项选择题

1. 下列程序中,与营业收入完整性认定最相关的是( )。
   A. 检查出库单是否连续编号
   B. 检查顾客的赊购是否经授权批准
   C. 检查销售发票是否附有出库单及销售单
   D. 询问是否寄发对账单,并检查客户回函档案

2. 整个销售与收款循环的起点是( )。
   A. 按销货单供货   B. 向客户开具账单
   C. 接受客户订货单   D. 编制销售单

3. 依据已授权批准的商品价目表开具销售发票,与营业收入主要相关的认定是( )。
   A. 准确性   B. 计价与分摊
   C. 发生   D. 完整性

二、多项选择题

1. 销售交易的不相容岗位通常包括( )。
   A. 企业在销售合同订立前,应当指定专门人员就销售价格、信用政策、发货及收款方式等具体事项与客户进行谈判。谈判人员至少应有两人,并与订立合同的人员相分离
   B. 销售人员应当避免接触销售现款
   C. 企业应收票据的取得和贴现必须经由保管票据以外的主管人员的书面批准
   D. 批准赊销职能与销售职能分离

2. 下列工作中,出纳人员不得兼任的有( )。
   A. 登记应收账款明细账   B. 登记主营业务收入明细账
   C. 登记库存现金日记账   D. 登记管理费用明细账

3. 针对被审计单位的营业收入审计,审计人员选择实施的实质性程序有( )。
   A. 获取或编制折扣与折让明细表,复核加计,并与明细账合计数核对
   B. 检查大额折扣与折让发生额的授权批准
   C. 检查有无利用销售折扣与折让转移收入
   D. 检查折扣与折让的会计处理是否正确

三、判断题

1. 将销售发票连续编号有助于防止被审计单位对销售收入的漏记或重复入账。 (   )

2. 仓库收到经过批准的销售单时才能发货的目的是防止仓库在未经授权的情况下擅自发货。 (   )

3. 赊销批准是由信用管理部门根据管理层的赊销政策和对每个顾客已授权的信用额度来进行的。 (   )

4. 按经批准的销售单供货与按销售单装运货物可以由同一人负责。 (   )

5.企业应定期向客户寄送对账单,对不符事项进行调查,编制对账情况汇总报告并报送管理层审核。（   ）

四、简答题

销售与收款循环的主要业务活动有哪些?

五、案例题

2024年1月,甲注册会计师负责审计多家上市公司2023年度财务报表。审计工作底稿中与函证相关部分内容摘录如下：

(1) 2024年1月现场审计工作开始前,A公司已收回2023年所有应收账款。甲注册会计师检查了相关的收款单据和银行对账单,结果满意,决定不对A公司应收账款实施函证程序,并在审计工作底稿中记录了不发函的理由。

(2) B公司的客户C公司回函确认金额比B公司账面余额少150万元。B公司管理层解释为,B公司于2023年12月月末销售给C公司的一批产品,在2023年年末尚未开具销售发票,C公司因此未入账。甲注册会计师认为该解释合理,未实施其他审计程序。

(3) 甲注册会计师收到D公司转交的银行询证函回函后,及时与银行相关工作人员进行了电话确认,结果满意。

要求：针对上述(1)至(3)项,逐项指出甲注册会计师的做法是否恰当。如不恰当,简要说明理由。

项目九
采购与付款循环审计

学习目标

素养目标
1. 培养政治过硬、作风优良、本领高强的审计人才。
2. 培养遵纪守法、廉洁自律的审计作风,厚植审计人员的政治情怀。
3. 培养认真、严谨的工作态度,以专业能力确保审计质量。

知识目标
1. 熟悉采购与付款循环中涉及的重大错报风险种类。
2. 掌握根据重大错报风险的评估结果设计进一步审计程序。
3. 掌握采购与付款循环中以风险为起点的控制测试。
4. 理解对选择拟测试的控制和测试方法的考虑。
5. 掌握采购与付款循环的实质性程序。

能力目标
1. 能够对采购与付款循环的重大错报风险进行正确评估。
2. 能够对采购与付款循环的内部控制进行测试。
3. 能够根据采购与付款循环的内部控制测试结果选择恰当的实质性程序。

引导案例

M 会计师事务所的审计人员于 2023 年 12 月对甲公司购货与付款循环的内部控制进行了解和测试,并在相关审计工作底稿中记录了了解和测试的事项,摘录情况如下:

(1) 甲公司的材料采购需要经授权批准后方可进行。采购部根据经批准的请购单发出订购单。货物运达后,验收部根据订购单的要求验收货物,并编制一式多联的未连续编号的验收单。仓库根据验收单验收货物,在验收单上签字后,将货物移入仓库加以保管验收单上有数量、品名、单价等要素。验收单一联交采购部登记采购明细账和编制付款凭单,付款凭单经批准后,月末交会计部,一联交会计部登记材料明细账;一联由仓库保留并登记材料明细账。会计部根据只附验收单的付款凭单登记有关账簿。

(2) 会计部审核付款凭单后,支付采购款项。甲公司授权会计部的经理签署支票,经理将其授权给会计人员丁负责,但保留了支票印章。丁根据已适当批准的凭单,在确定支票收款人名称与凭单内容一致后签署支票,并在凭单上加盖"已支付"的印章。对付款控制程序的穿行测试表明,审计人员未发现与公司规定有不一致之处。

【讨论】根据以上摘录,请代 M 会计师事务所的审计人员指出购货与付款循环内部控制方面的缺陷,并提出改进建议。

任务一 评估采购与付款循环重大错报风险

一、采购与付款循环的重大错报风险

(一) 相关交易类别和账户余额存在的重大错报风险

采购与付款循环(procurement and payment cycle)的相关交易类别和账户余额存在的重大错报风险(risk of material misstatement),因被审计单位的性质和交易的具体情况而异。

以一般制造业为例,影响采购与付款交易和余额的重大错报风险可能包括:

(1) 没有完整记录负债的风险。重大错报风险常常集中体现在遗漏交易,即低估负债(underestimating liabilities),例如,未记录已收取货物但尚未收到发票的与采购相关的负债,或未记录尚未付款的已经购买的服务支出,这将对"完整性"等认定产生影响。

(2) 管理层错报负债、费用支出的偏好和动机。例如,被审计单位管理层利用特别目的实体把负债从资产负债表中剥离,或利用关联方间的费用定价优势制造虚假的收益增长趋势。此外,被审计单位管理层可能会把私人费用计入企业费用,把企业资金当作私人资金运作。

(3) 费用支出记录不准确的风险。例如,被审计单位以复杂的交易安排购买一定期间的多种服务,管理层对于涉及的服务收益与付款安排所涉及的复杂性缺乏足够的了解。这可能导致费用支出分配或计提的错误。

(4) 不正确地记录外币交易。当被审计单位进口用于出售的商品时,可能由于采用不恰当的外币汇率而导致该项采购的记录出现差错,还存在未能将诸如运费、保险费和关税等与存货相关的进口费用进行正确分摊的风险。

(5) 舞弊和盗窃的固有风险。

(6) 存在未记录的权利和义务。这可能导致资产负债表分类错误以及财务报附注不正确或披露不充分。

(二)评估固有风险和控制风险

1. 评估固有风险

针对识别出的相关交易类别和账户余额存在的重大错报风险,审计人员应当通过评估错报发生的可能性和重要程度评估固有风险(inherent risk)。在评估时,审计人员应运用职业判断确定错报发生的可能性和重要程度综合起来的影响程度。例如,被审计单位从事农产品加工业务,部分原材料系向农户个人采购。在评估固有风险时,审计人员认为与该类交易相关的固有风险因素主要是复杂性,如采购交易涉及多个农户,并且交易价格的季节性波动较大,将导致核算较为复杂。此外由于与农户的交易多为现金交易,以往年度存在白条交易的情况,存在较高的舞弊风险。

基于上述因素,审计人员认为错报发生的可能性较高,并由于采购金额重大,如发生错报,其重要程度较高,因此,将该类交易相关的风险的固有风险等级评为最高,即存在特别风险。

2. 评估控制风险

如果审计人员计划测试采购与付款循环中相关控制的运行有效性,应当评估相关控制的控制风险(control risk)。例如,被审计单位每月由不负责应付账款核算的财务人员向供应商寄发对账单,就对账差异进行调查并编写说明,报经财务经理复核。审计人员计划测试该项控制的运行有效性,考虑到该项控制属于常规性控制,不涉及重大判断,执行控制的人员具备相应的知识和技能并且保持了适当的职责分离,因此,将该项控制的控制风险等级评估为低水平。

需要说明的是,如果审计人员拟不测试控制运行的有效性,则应当将固有风险的评估结果作为重大错报风险的评估结果。

二、根据重大错报风险的评估结果设计进一步审计程序

审计人员根据对相关交易类别和账户余额存在重大错报风险的评估结果,制订实施进一步审计程序的总体方案,包括确定是采用综合性方案还是实质性方案,并考虑审计程序的性质、时间安排和范围,继而实施控制测试和实质性程序,以应对识别出的认定层次的重大错报风险。采购与付款循环的重大错报风险及进一步审计程序总体审计方案如表9-1所示。

表 9-1　采购与付款循环的重大错报风险及进一步审计程序总体审计方案

重大错报风险描述	相关财务报表项目及认定	固有风险等级	控制风险等级	进一步的审计程序总体方案	拟从控制测试中获取的保证程度	拟从实质性程序中获取的保证程度
确认的负债及费用并未实际发生	(1) 应付账款/其他应付款:存在 (2) 销售费用/管理费用:发生	中	低	综合性方案	高	低
不确认与采购相关的负债,或与尚未付款但已经购买的服务支出相关的负债	(1) 应付账款/其他应付款:完整性 (2) 销售费用/管理费用:完整性	最高	低	综合性方案	高	中
采用不正确的费用支出截止期,例如,将本期的支出延迟到下期确认	(1) 应付账款/其他应付款:存在/完整性 (2) 销售费用/管理费用:截止	高	最高	实质性方案	无	高
发生的采购未能以正确的金额记录	(1) 应付账款/其他应付款:准确性、计价和分摊 (2) 销售费用/管理费用:准确性	低	低	综合性方案	中	低

以上示例是基于审计人员对重大错报风险的初步评估设计的,如果在审计过程中审计人员了解的情况或获取的证据导致其更新相关风险的评估,那么进一步审计程序也需要相应更新。

【例 9-1】　某企业当年经济效益较好,为了给今后留有余地调节当年利润,年终以车间修理为名,虚列提供劳务的单位,虚列劳务费用 20 万元,作为应付款项处理,会计处理如下:

借:制造费用——修理费　　　　　　　　　　　　　　　　　200 000
　　贷:应付账款——A 工程公司　　　　　　　　　　　　　　200 000

该处理使当年 12 月的产品成本增加了 20 万元。若 12 月生产的产品全部完工入库,并已销售了 60% 则结转的已销产品成本中,自然也就包括了制造费用中虚列的 60% 费用。结果虚减了利润 12 万元,相应也偷漏了企业所得税 3 万元。

要求:请根据上述资料,指出该企业存在的问题,提出账务调整意见。

【解析】
该企业确认的费用并未实际发生,是虚列应付账款,导致了利润虚减。因此,在查出后应做调整分录(提取盈余公积等调整分录略):

借:应付账款　　　　　　　　　　　　　　　　　　　　　　200 000
　　贷:库存商品　　　　　　　　　　　　　　　　　　　　　 80 000
　　　　以前年度损益调整　　　　　　　　　　　　　　　　　120 000

借:以前年度损益调整		30 000
贷:应交税费——应交所得税		30 000
借:以前年度损益调整		90 000
贷:利润分配——未分配利润		90 000

任务二　进行采购与付款循环控制测试

以表 9-1 的重大错报风险评估和计划的进一步审计程序的总体方案为基础,本任务进一步列举了采购与付款循环中常见内部控制的具体测试方法,如表 9-2 所示。

一、以风险为起点的控制测试

表 9-2　采购与付款循环的风险、存在的控制及相关控制测试程序

可能发生错报的环节	相关的财务报表项目及认定	存在的内部控制（自动）	存在的内部控制（人工）	相关的控制测试程序
采购计划未经适当审批	(1) 存货:存在 (2) 销售费用/管理费用:发生 (3) 应付账款:存在	—	生产、仓储部门以生产需求为基础制订采购计划,经部门负责人审批后交采购部门执行	(1) 询问部门负责人审批采购计划的过程 (2) 检查采购计划是否经部门负责人恰当审批
新增供应商或供应商信息变更未经恰当的认证	(1) 存货:存在 (2) 销售费用/管理费用:发生 (3) 应付账款:存在	订购单上的供应商代码必须与系统供应商清单中的代码相匹配,订购单才能生效并发送供应商	复核人员要对供应商数据的变更请求进行审核批准,包括供应商地址或银行账户的变更以及新增供应商等。在审核时,评价拟变更的供应商信息是否有适当文件的支持,如由供应商提供的新地址或银行账户,或经批准新供应商的授权表格。当审核完成且复核人员提出的问题及要求的修改已经得到满意的解决后,复核人员在系统中确认复核完成	(1) 询问复核人员审批供应商数据变更请求的过程 (2) 检查变更需求是否有相应的文件支持以及复核人的确认 (3) 检查系统中采购订单的生成逻辑,确认是否存在供应商代码匹配的要求
录入系统的供应商信息可能未经恰当复核	(1) 存货:存在 (2) 销售费用/管理费用:发生 (3) 应付账款/其他应付款:存在	系统定期生成所有供应商信息新增变更的报告（包括新增供应商、更改银行账户等）	复核人员定期复核系统生成报告中的项目是否均经恰当授权,当复核工作完成或要求的修改得到满意解决后签字确认复核工作完成	(1) 检查系统报告的生成逻辑及完整性 (2) 询问复核人员对报告的检查过程,确认其是否签署

续　表

可能发生错报的环节	相关的财务报表项目及认定	存在的内部控制（自动）	存在的内部控制（人工）	相关的控制测试程序
订购单与有效的请购单不符	(1) 存货:存在/准确性、计价和分摊 (2) 销售费用/管理费用:发生/准确性 (3) 应付账款/其他应付款:存在、准确性、计价和分摊	—	复核人员复核每张订购单,包括复核订购单是否有经适当权限人员签署的请购单支持采购价格是否与供应商协商一致且该供应商已通过审批。当复核完成且复核人员提出的问题或要求的修改已经得到满意的解决后,签署确认复核完成	(1) 询问复核人员复核订购单的过程,包括复核人员提出的问题及其跟进记录 (2) 检查订购单是否有对应的请购单及复核人员签署确认
未在系统中录入或重复录入订购单	(1) 存货:存在、完整性 (2) 销售费用/管理费用:发生、完整性 (3) 应付账款/其他应付款:存在、完整性	系统每月月末生成列明编号跳码或重码的订购单的例外事项报告	复核人员定期复核例外事项报告,确定是否遗漏、重复的记录,所有订购单是否均已录入系统,且仅录入一次	(1) 检查系统生成例外事项报告的生成逻辑 (2) 询问复核人员对例外事项报告的检查过程,确认发现的问题是否及时得到了跟进处理
接收缺乏有效订购单支持的商品	(1) 应付账款:存在 (2) 存货:存在 (3) 销售费用/管理费用:发生	确认商品入库后,系统生成连续编号的入库单,并与订购单匹配	仓储人员只有在完成下列程序后,才能在系统中确认商品入库: ① 检查是否存在有效的订购单; ② 检查是否存在有效的验收单; ③ 检查收到的商品的数量是否与发货单数量一致	(1) 检查系统生成入库单的生成逻辑 (2) 询问生成仓储人员的收货过程,抽样检查入库单是否有对应一致的采购订单及验收单
临近会计期末的采购未被记录在正确的会计期间	(1) 应付账款:完整性 (2) 存货:完整性 (3) 销售费用/管理费用:完整性	系统每月月末生成正在执行中的订购单	复核人员复核系统生成的正在执行中的订购单清单,检查是否有遗漏的入库。当复核完成且复核人员提出的问题及要求的修改已经得到满意的解决后,签署确认复核已经完成	(1) 检查系统生成正在执行中的订购单清单的生成逻辑 (2) 询问复核人员对正在执行中的订购单清单的检查过程,确认对发现的问题是否及时跟进处理
	(1) 应付账款:存在、完整性 (2) 存货:存在、完整性 (3) 销售费用/管理费用:发生、完整性、截止	系统每月月末生成包含所有已收货但相关发票信息未录入系统的例外事项报告	复核人员复核例外事项报告中的项目,确定采购是否被记录在正确的期间以及是否应确认负债。当复核完成且复核人员提出的问题及要求的修改已得到满意的解决后,签署确认复核已经完成	(1) 检查系统生成例外事项报告的生成逻辑 (2) 询问复核人员对报告的复核过程,检查报告中的项目是否确认了相应负债,检查复核人员的签署确认

续 表

可能发生错报的环节	相关的财务报表项目及认定	存在的内部控制（自动）	存在的内部控制（人工）	相关的控制测试程序
对采购交易错误分类,导致成本和费用错误	(1) 存货:分类 (2) 销售费用/管理费用:分类	系统自动将相关发票归集入对应的账户	会计主管对会计人员编制的记账凭证进行审核	(1) 检查系统设置的规则 (2) 抽样检查记账凭证是否经会计主管审核
确认的负债存在价格、数量错误或服务尚未提供的情形	(1) 应付账款:完整性、准确性、计价和分摊 (2) 存货/营业成本:完整性、准确性、计价和分摊	当发票信息录入系统后,系统将其详细信息与订购单和入库单进行核对。如信息不符,系统生成例外事项报告	(1) 负责应付账款且无职责冲突的人员跟进例外事项报告中的所有项目。 (2) 复核人员复核例外事项报告中的项目以及跟进情况,当复核完成且复核人员提出的问题及要求的修改已经得到满意的解决后,签署确认复核	(1) 检查系统报告的生成逻辑,确认例外事项报告的完整性及准确性 (2) 与复核人员讨论其复核过程,抽样选取例外或删改情况报告。检查每一份报告并确定: ① 是否存在管理层复核的证据; ② 复核是否在合理的时间范围内完成; ③ 复核人员提出问题的跟进是否适当、是否能使交易恰当记录于会计系统。抽样选取采购发票,检查是否与入库单和采购订单所记载的价格、供应商、日期、描述及数量一致
付款未记录、未记录在正确的供应商账户(串户)或记录金额不正确	(1) 应付账款:准确性、计价和分摊及存在 (2) 存货:准确性、计价和分摊 (3) 销售费用/管理费用:准确性	—	(1) 独立于负责现金交易处理的会计人员每月月末编制银行存款余额调节表。所有重大差异由调节表编制人跟进,并根据具体情形进行跟进处理。 (2) 经授权的管理人员复核所编制的银行存款余额调节表,当复核工作完成或复核人员提出的问题及要求的修改已得到满意的解决后,签署确认复核工作已完成	(1) 询问复核人员对银行存款余额调节表的复核过程 (2) 抽样检查银行存款余额调节表,检查其是否及时得到复核、复核的问题是否得到了恰当处理、复核人员是否签署确认

可能发生错报的环节	相关的财务报表项目及认定	存在的内部控制（自动）	存在的内部控制（人工）	相关的控制测试程序
付款未记录、未记录在正确的供应商账户（串户）或记录金额不正确	(1) 应付账款：存在、完整性、分类、准确性、计价和分摊；(2) 存货：存在、完整性、分类、准确性、计价和分摊；(3) 销售费用/管理费用：发生、完整性、准确性、分类	—	(1) 应付账款会计人员将供应商提供的对账单与应付账款明细表进行核对，并对差异跟进处理。复核人员定期复核供应商对账结果，该对账通过从应付账款明细账中抽取的一定数量的应付供应商余额与供应商提供的对账单进行核对。(2) 当复核工作完成或复核人员提出的问题及要求的修改已得到满意的解决后，签署确认复核工作已完成	(1) 询问复核人员对供应商对账结果的复核过程，抽样选取供应商对账单，检查其是否与应付账款明细账进行了核对，差异是否得到了恰当的跟进处理 (2) 检查复核人员的相关签署确认
员工具有不适当的访问权限，使其能够实施违规交易或隐瞒错误	(1) 应付账款：存在、完整性、准确性、计价和分摊；(2) 存货：存在、完整性、准确性、计价和分摊；(3) 销售费用/管理费用：发生、完整性、准确性	采购系统根据管理层的授权进行权限设置，以支持采购职能所要求的上述职责分离	管理层应分离以下活动：① 供应商主文档信息维护；② 请购授权；③ 输入采购订单；④ 开具供应商发票；⑤ 按照订单收取货物；⑥ 存货盘点与调整等	(1) 检查系统中相关人员的访问权限 (2) 复核管理层的授权职责分配表，对不相容职位（申请与审批等）是否设置了恰当的职责分离
总账与明细账中的记录不一致	(1) 应付账款：完整性、准确性、计价和分摊；(2) 销售费用/管理费用：完整性、准确性	应付账款以及费用明细账的总余额与总账账户间的调节表会在每个期末及时执行	任何差异都会被调查，如恰当，将进行调整。复核人员会复核调节表及相关支持文档，任何差异或调整都会被处理	核对总账与明细账的一致性，检查复核人员的复核及差异跟进记录

二、对选择拟测试的控制和测试方法的考虑

在实际工作中，注册会计师并不需要对流程中的所有控制进行测试，而是应该针对识别的可能发生错报环节，选择足以应对评估的重大错报风险的控制进行测试。控制测试的具体方法则需要根据具体控制的性质确定。

任务三　实施采购与付款循环实质性程序

一、应付账款的实质性程序

应付账款是企业在正常经营过程中，因购买材料、商品和接受劳务供应等经营活动而

应付给供应商的款项。应付账款审计时需要结合赊购交易进行。

（一）应付账款的审计目标

应付账款的审计目标一般包括：

（1）确定资产负债表记录的应付账款是否存在。

（2）确定所有应当记录的应付账款是否均已记录。

（3）确定资产负债表中记录的应付账款是否为被审计单位应当履行的偿还义务。

（4）确定应付账款是否以恰当的金额包括在财务报表中。

（5）确定应付账款已记录于恰当的账户。

（6）确定应付账款是否已被恰当地汇总或分解且表述清楚，按照企业会计准则的规定在财务报表中作出的相关披露是相关的、可理解的。

审计目标与认定对应关系表如表 9-3 所示。

表 9-3　　　　　　　　　审计目标与认定对应关系表

审计目标	相关认定					
	存在	完整性	权利和义务	准确性、计价和分摊	分类	列报
资产负债表中记录的应付账款是存在的	√					
所有应当记录的应付账款均已记录，相关披露均已包括		√				
资产负债表中记录的应付账款为被审计单位应当履行的偿还义务			√			
应付账款以恰当的金额包括在财务报表中				√		
应付账款已记录于恰当的账户					√	
应付账款已被恰当地汇总或分解且表述清楚，相关披露在适用的财务报告编制基础上是相关的、可理解的						√

应付账款应关注"完整性"，因为漏记可能导致资产的数额虚增。

（二）应付账款的实质性程序

1. 获取应付账款明细表

获取应付账款明细表，并执行以下程序：

（1）复核加计是否正确，并与报表数、总账数和明细账合计数核对是否相符。

（2）检查非记账本位币应付账款的折算汇率及折算是否正确。

（3）分析出现借方余额的项目，查明原因，必要时，建议进行重分类调整。

（4）结合预付账款、其他应付款等往来项目的明细余额，检查有无针对同一交易在应付账款和预付款项同时记账的情况、异常余额或与购货无关的其他款项（如关联方账户或雇员账户),如果有,应作出记录,必要时提出调整建议。

2. 对应付账款实施函证程序

由于采购与付款循环中较为常见的重大错报风险是低估应付账款("完整性"认定),因此,审计人员在实施函证程序时可能需要从非财务部门(如采购部门)获取适当的供应商清单,如本期采购清单、所有现存供应商名录等,从中选取样本进行测试并执行如下程序:

(1)向债权人发送询证函。注册会计师应根据相关审计准则的规定对询证函保持控制,包括确定要确认或填列的信息、选择适当的被询证者、设计询证函,包括正确填列被询证者的姓名和地址以及被询证者直接向注册会计师回函的地址等信息,必要时再次向被询证者寄发询证函等。

(2)将询证函回函确认的余额与已记录金额相比较,如存在差异,检查支持性文件。评价已记录金额是否适当。

(3)对未回函的项目实施替代程序,例如,检查付款单据(如支票存根)、相关的采购单据(如订购单、验收单、发票和合同)或其他适当文件。

(4)如果认为回函不可靠,注册会计师应评价对评估的重大错报风险以及其他审计程序的性质、时间安排和范围的影响。

3. 检查应付账款是否计入正确的会计期间

检查应付账款是否计入正确的会计期间,是否存在未入账的应付账款。

(1)对本期发生的应付账款增减变动,检查至相关支持性文件,确认会计处理是否正确。

(2)检查资产负债表日后应付账款明细账贷方发生额的相应凭证,关注其验收单、供应商发票的日期,确认其入账时间是否合理。

(3)获取并检查被审计单位与其供应商之间的对账单以及被审计单位编制的差异调节表,确定应付账款金额的准确性。

(4)针对资产负债表日后付款项目,检查银行对账单以及有关付款凭证(如银行汇款通知、供应商收据等),询问被审计单位内部的知情人员,查找有无未及时入账的应付账款。

(5)结合存货监盘程序,检查被审计单位在资产负债表日前后的存货入库资料(验收报告或入库单),检查相关负债是否计入了正确的会计期间。

如果审计人员通过这些审计程序发现了某些未入账的应付账款,应将有关情况详细记入审计工作底稿,并根据其重要性确定是否需建议被审计单位进行相应的调整。

4. 寻找未入账负债的测试

获取期后收取、记录或支付的发票明细,包括获取支票登记簿、电汇报告、银行对账单(根据被审计单位情况不同)以及入账的发票和未入账的发票。从中选取项目(尽量接近审计报告日)进行测试并实施以下程序:

(1)检查支持性文件,如相关的发票、采购合同(申请)、收货文件以及接受服务明细,以确定收到商品或接受服务的日期及应在期末之前入账的日期。

(2)追踪已选取项目至应付账款明细、货到票未到的暂估入账或预提费用明细表,并关注费用所计入的会计期间。调查并跟进所有已识别的差异。

(3) 评价费用是否被记录于正确的会计期间,并相应确定是否存在期末未入账负债。

5. 检查应付账款长期挂账的原因

检查应付账款长期挂账的原因并作出记录,对确实无须支付的应付账款的会计处理是否正确。

6. 检查应付账款列报和披露

检查应付账款是否已按照企业会计准则的规定在财务报表中作出恰当列报和披露。

二、除折旧(摊销)和人工费用以外的一般费用的实质性程序

折旧(摊销)和人工费用在其他循环中涵盖,此处提及的是除这些费用以外的一般费用,如差旅费、广告费等。

(一) 一般费用的审计目标

一般费用的审计目标一般包括:

(1) 确定利润表中记录的一般费用是否确实发生("发生"认定)。

(2) 确定所有应当记录的费用是否均已记录("完整性"认定)。

(3) 确定一般费用是否以恰当的金额包括在财务报表中("准确性"认定)。

(4) 确定费用是否已计入恰当的会计期间("截止"认定)。

(二) 一般费用的实质性程序

1. 获取一般费用明细表

获取一般费用明细表,复核其加计数是否正确,并与总账和明细合计数核对是否正确。

2. 实施实质性分析程序

(1) 考虑可获取信息的来源、可比性、性质和相关性以及与信息编制相关的控制,评价在对记录的金额或比率作出预期时使用数据的可靠性。

(2) 将一般费用细化到适当层次,根据关键因素和相互关系(如本期预算、费用类别与销售数量、职工人数的变化之间的关系等)设定预期值,评价预期值是否足够精确以识别重大错报。

(3) 确定已记录金额与预期值之间无需作进一步调查的可接受的差异额。

(4) 将已记录金额与期望值进行比较,识别需要进一步调查的差异。

(5) 调查差异,询问管理层,针对管理层的答复获取适当的审计证据,根据具体情况在必要时实施其他审计程序。

3. 从资产负债表日后的银行对账单或付款凭证中选取项目进行测试

从资产负债表日后的银行对账单或付款凭证中选取项目进行测试,检查支持性文件(如合同或发票),关注发票日期和支付日期,追踪已选取项目至相关费用明细表,检查费用所计入的会计期间,评价费用是否被记录于正确的会计期间。

4. 对本期发生的费用选取样本

对本期发生的费用选取样本,检查其支持性文件,确定原始凭证是否齐全,记账凭证与原始凭证是否相符以及账务处理否正确。

5. 实施截止测试

抽取资产负债表日前后的凭证,实施截止测试,评价费用是否被记录于正确的会计期间。

6. 检查一般费用的列报和披露

检查一般费用是否已按照企业会计准则及其他相关规定在财务报表中作出恰当的列报和披露。

【例 9-2】 某会计师事务所的审计人员负责审计甲公司 2023 年度财务报表,确定财务报表整体的重要性为 100 万元,明显微小错报的临界值为 5 万元,审计工作底稿中与负债审计相关的部分内容摘录如下:

(1) 甲公司有一笔账龄 3 年以上,金额重大的其他应付款,因 2023 年未发生变动,审计人员未实施进一步审计程序。

(2) 审计人员在审计应付职工薪酬时发现,甲公司于 2023 年年初计提并发放 2022 年度奖金 110 万元,于 2024 年年初计提并发放 2023 年度奖金 112 万元,因该事项对 2023 年度利润影响较小,审计人员认可了甲公司管理层的处理。

(3) 为查找未入账的应付账款,审计人员检查了资产负债表日后应付账款明细账贷方发生额的相关凭证,并结合存货监盘程序,检查了甲公司资产负债表日前后的存货入库资料,结果满意。

(4) 甲公司应付账款年末余额为 550 万元,审计人员认为应付账款存在低估风险,选取了年末余额合计为 480 万元的两家主要供应商实施函证,未发现差异。

(5) 因甲公司其他应付款年末余额较 2022 年年末大幅减少,审计人员对其他应付款实施了函证,对未回函的项目,逐笔检查了本年借方和贷方发生额及相关原始凭证,结果满意。

(6) 甲公司各部门使用的请购单未连续编号,请购单由部门经理批准。超过一定金额还需总经理批准,审计人员认为该项控制设计有效,实施了控制测试,结果满意。

要求:针对上述第(1)至第(6)项,逐项指出审计人员的做法是否恰当。如不恰当,简要说明理由。

【解析】

第(1)项,不恰当。审计人员应当对重大账户余额实施实质性程序。

第(2)项,不恰当。该事项影响 2023 年期末应付职工薪酬余额的金额为 112 万元,形成了未入账负债,超过了财务报表整体的重要性,属于重大错报,不能与其他错报抵销,应要求管理层进行调整。

第(3)项,不恰当。还应检查资产负债表日后货币资金的付款项目、获取甲公司与供应商之间的对账单并与财务记录进行核对调节、检查采购业务形成的相关原始凭证。

第(4)项,不恰当。仅选取应付账款金额较大的主要供应商实施函证不能应对低估应付账款的风险,还应选取小额或零余额账户实施函证。

第(5)项,不恰当。其他应付款年末余额较2022年年末大幅减少,可能存在低估其他应付款的重大错报风险。函证程序难以有效应对其他应付款的低估错报。

第(6)项,恰当。

引导案例解析

(1) 验收单未连续编号,不能保证所有的采购交易都已记录或不被重复记录。应建议甲公司对验收单进行连续编号。

(2) 付款凭单未附订购单及供应商的发票等,会计部无法核对采购事项是否真实,登记有关账簿时金额或数量可能就会出现差错。应建议甲公司将订购单和发票等与付款凭单一起交会计部。

(3) 会计部月末审核付款凭单后才付款,未能及时将材料采购和债务登账并按约定时间付款。应建议甲公司采购部及时将付款凭单交会计部,按约定时间付款。

素养园地

从卖花女到筹备上市的绿大地生物科技股份有限公司(以下简称"绿大地")的董事长,再到锒铛入狱的阶下囚,云南女首富何学葵的经历源于一度举国震惊的绿大地财务造假案。

绿大地2004年购买的960亩马龙县旧县村委会的土地,成本仅为50余万元;经过绿大地造假团队的会计魔术,入账后这些土地竟价值955万元,虚增金额高达18倍。通过同样的手法,2004—2009年绿大地总计虚增资产约3.37亿元。

2010年3月,证监会稽查大队经过一系列调查,将案件突破口选在了绿大地招股说明书中列出的千万重金买下的土地上,才发现绿大地这一惊天秘密:它通过明目张胆地操控采购成本,实现了虚增固定资产的目的。

财务舞弊等扰乱财经秩序的问题社会危害较大。习近平总书记在党的二十大报告中,深刻阐释了新时代坚持和发展中国特色社会主义的一系列重大理论和实践问题,也为审计工作指明了前进方向。因此,相关审计部门要充分发挥审计在反腐治乱中的重要作用,撸起袖子加油干,一步一个脚印地把党的二十大作出的重大决策部署付诸行动、见之于成效,必须严肃查处重大财务舞弊、财经数据造假、胡支乱花、乱存乱放等扰乱财经秩序问题,奋力开创新时代新征程审计工作高质量发展新局面。

不管是企业还是机关事业单位,在采购与付款循环中供应商开发、签订采购合同、下达采购订单、验收货物、确定应付账款、支付货款等各个环节都存在着潜在的舞弊风险。采购中的收受贿赂、验收不严、以次充好、以少充多、违规结算等现象严重损害了企业的经济利益,破坏企业文化,影响社会经济秩序。因此,财经人员应该坚守底线思维,确保采购与付款循环各环节合法合规。

项目知识结构

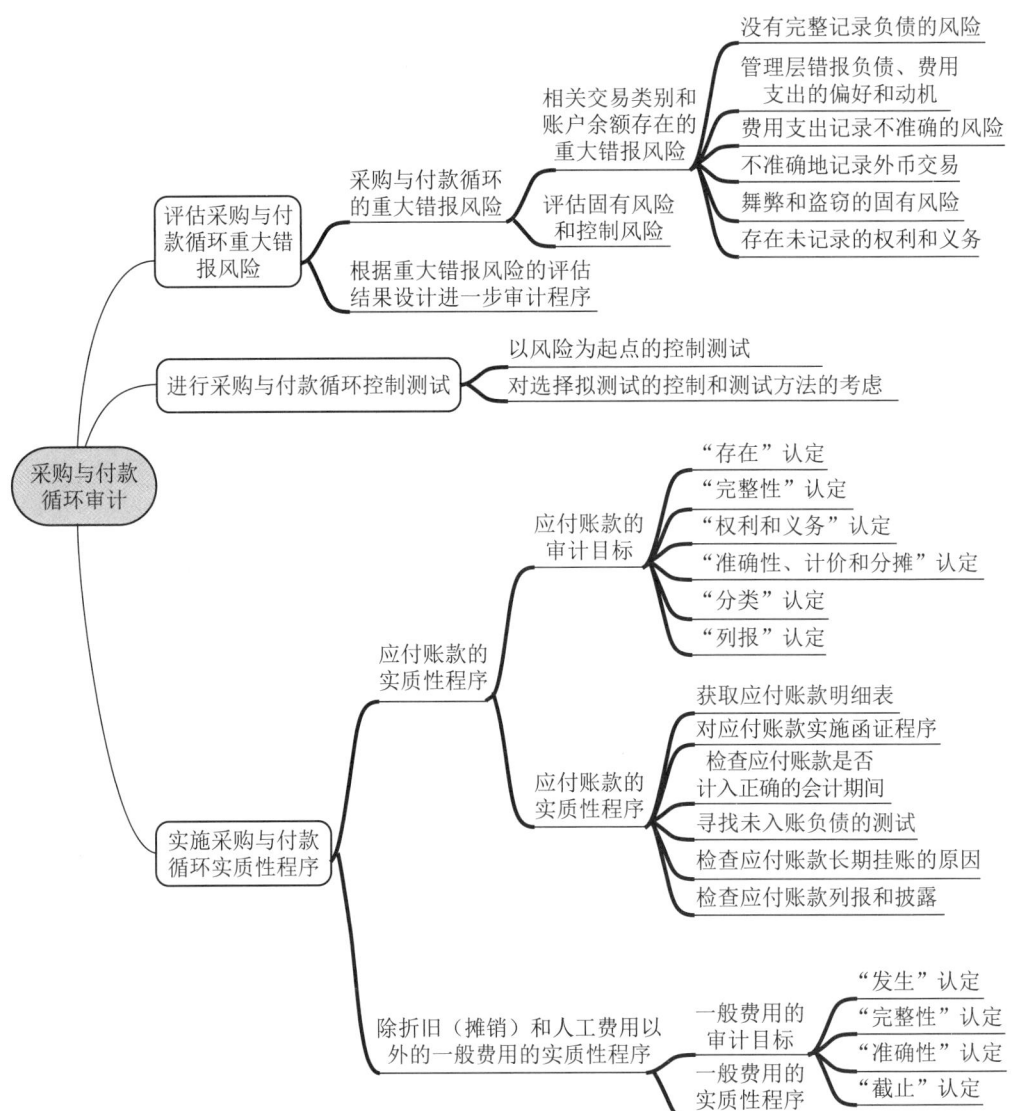

技能训练

一、单项选择题

1. 函证被审计单位的应付账款时,注册会计师的以下做法中不恰当的是( )。

A. 为应对应付账款的低估风险,注册会计师可以从采购部门获取的供应商清单中选取样本实施函证

B. 对于被询证者未作回复的重大项目,应当考虑必要时再次发函,对于不重大的项目,无须实施进一步审计程序

C. 注册会计师应当对应付账款函证的全过程进行控制

D. 将询证函回函金额与已记录金额相比较,若存在差异应检查支持性文件

2. 在( )情况下,如果被审计单位应付账款年末余额比上年末显著下降,注册会计师很可能得出应付账款完整性认定存在重大错报风险的结论。

A. 原材料供不应求

B. 供应商与被审计单位的结算由赊销变为现销

C. 供应商缩短被审计单位享受的现金折扣天数

D. 原材料供大于求

3. 下列选项中,最能发现未入账的应付账款的是( )。

A. 检查验收单　　　　　　　　B. 检查营业成本的计算

C. 函证应收账款　　　　　　　D. 检查营业收入的确认

二、多项选择题

1. 下列审计程序中,与应付账款完整性相关的有( )。

A. 从应付账款总账追查至明细账

B. 从付款凭证追查至购货发票

C. 从供应商发票追查至应付账款明细账

D. 从验收单追查至应付账款明细账

2. 针对除折旧、摊销、人工费用以外的一般费用,注册会计师拟实施的下列实质性程序中恰当的有( )。

A. 实施实质性分析程序

B. 获取一般费用明细表,复核其加计数是否正确、并与总账和明细账合计数核对是否正确

C. 对本期发生的费用选取样本,检查其支持性文件,确定原始凭证是否齐全,记账凭证与原始凭证是否相符以及账务处理是否正确

D. 抽取资产负债表日前后的凭证,实施截止测试,评价费用是否被记录于正确的会计期间

三、判断题

1. 在承受反映较高盈利水平和营运资本的压力下,被审计单位管理层可能试图高估应付账款等负债。　　　　　　　　　　　　　　　　　　　　　　　　( )

2. 在进行采购业务相关控制活动过程中,将已验收商品的保管与采购的其他职责相分离,可减少未经授权的采购和盗用商品的风险。（   ）

四、简答题

ABC 会计师事务所的注册会计师 A 负责审计甲公司年度财务报表,审计工作底稿中与应付账款审计相关的部分内容摘录如下:

(1) 甲公司各部门使用的请购单未连续编号,请购单由部门经理批准,超过一定金额还需总经理批准,注册会计师 A 认为该项控制设计有效,实施了控制测试,结果满意。

(2) 为查找未入账的应付账款,注册会计师 A 检查了资产负债表日后应付账款明细账贷方发生额的相关凭证,关注其验收单、供应商发票的日期,确认其入账时间是否合理,并结合存货监盘程序,检查了甲公司资产负债表日前后的存货入库资料,结果满意。

(3) 甲公司有一笔账龄三年以上,金额重大的其他应付款,因该年度未发生变动,注册会计师 A 未实施进一步审计程序。

(4) 甲公司年末与固定资产弃置义务相关的预计负债金额为 200 万元,注册会计师 A 作出了 300 万元到 360 万元的区间估计,与管理层沟通后同意其按 100 万元的错报进行调整。

要求:针对上述(1)至(4)项,逐项指出注册会计师 A 的做法是否恰当,如不恰当,简要说明理由。

项目十
生产与存货循环审计

学习目标

素养目标

1. 培养学生的综合分析能力和职业判断能力,以摘取并处理有用的财务与非财务数据,提升解决现实存货监盘问题的能力。

2. 培养学生具有及时更新知识和运用新技术的能力,以学习能力应对不断发展的审计新课题,使用发展的眼光看待生产与存货循环的控制测试、监盘测试等。

知识目标

1. 了解生产与存货循环的主要业务活动。
2. 了解生产与存货循环的内部控制和控制测试。
3. 熟悉存货监盘计划的内容和程序。
4. 掌握存货计价测试的内容。

能力目标

1. 能够对生产与存货循环进行控制测试。
2. 能够进行存货监盘测试和计价测试。

引导案例

资产造假在各色各样利润操纵手法中占据主要地位,而属于资产的存货更是由于其流动性强、计价方法多样等特点成为资产造假的"重灾区"。美国法尔莫公司(以下简称"法尔莫")的案件就是一个典型的例子。法尔莫是美国俄亥俄州一家主要经营药品的有300家连锁店的公司,莫纳斯是公司的董事长。起初,莫纳斯设法获得了位于俄亥俄州的一家药店,他梦想着把他的小店发展成一个庞大的药品"帝国"。他所实施的策略就是通过提供高折扣来销售商品,首先就是以实际上并不盈利且未经审计的药店报表为基础,虚增并不存在的存货和利润,然后凭借自己空谈的本事和一套夸大虚假的报表,在随后的十年中骗得足够的投资,成功收购了另外299家药店,从而组建了全国连锁的法尔莫公司。为了实现药品帝国梦,公司保持了两套账簿,一套用以应付注册会计师的审计,一套反映糟糕的现实。当时该公司的财务总监认为因公司以低于成本出售商品而招致了严重的亏损,但是莫纳斯则不以为意,他认为公司通过"强力购买",完全可以发展得足够大以使得能顺利地坚持它的销售方式。最终这位财务总监卷入这起舞弊案。整个舞弊过程历时10年,至少造成5亿美元的损失,最终导致了莫纳斯及其公司的破产。

【讨论】法尔莫公司在这十年中为何敢肆意虚增存货和利润?

任务一 评估生产与存货循环重大错报风险

一、生产与存货循环的特点

原材料入库后至加工为产成品发出这段时间所发生的业务活动,是生产与存货循环所涉及的。因而,生产与存货循环涉及的内容主要是存货的管理、费用的归集和分配以及生产成本的计算等部分。由此可知,该循环主要涉及的资产负债表项目是存货、应付职工薪酬等,主要涉及的利润表项目是营业成本等。不同行业的存货性质如表10-1所示。

表 10-1　　　　　　　　　　不同行业的存货性质

行业类型	存货性质
一般制造业	采购的原材料、低值易耗品、配件等,生产的半成品、产成品
贸易业	从厂商、批发商或者其他零售商处采购的商品
餐饮业	用于加工食品的食材等
建筑业	建筑材料、在建项目成本(一般包括建造活动发生的直接材料、直接人工和间接费用,以及支付给分包商的建造成本等)

二、生产与存货循环的主要业务活动

(一)了解生产与存货循环的业务活动和相关内部控制

了解被审计单位生产和存货循环的业务活动和相关内部控制,通常实施下列程序:

(1) 询问参与生产和存货循环各业务活动的被审计单位人员,一般包括生产部门、仓储部门、人事部门和财务部门的员工和管理人员。

(2) 获取并阅读企业的相关业务流程图或内部控制手册等资料。

(3) 观察生产和存货循环中特定控制的运用,例如观察生产部门将完工产品移送入库的流程及相关控制活动。

(4) 检查文件资料,例如检查原材料领料单、成本计算表、产成品出入库单等。

(5) 实施穿行测试,即追踪一笔交易在财务报告信息系统中的处理过程,选取被审计单位某个产成品,对该产品的"制订生产计划—领料生产—成本核算—完工入库"的整个完整生产过程实行追踪。

(二) 生产与存货循环涉及的主要业务活动、主要单据和会计记录

1. 计划和安排生产

(1) 生产计划部门根据顾客订购单或者销售部门对销售预测和产品需求的分析等资料决定是否授权生产。如果决定生产授权,即由生产计划经理审批后上报总经理报批,生产计划经理需签发生产通知单(该生产通知单应预先连续编号并进行记录)。

(2) 通常情况下,生产计划部还需要编制一份材料需求报告,列示生产所需材料、零件及其库存。

(3) 生产通知单通常是一式多联、连续编号。

知识拓展

生产通知单常见联次:

(1) 仓储联(组织材料发放)。

(2) 生产联(组织产品生产)。

(3) 财务联(组织成本计算)。

(4) 生产计划部门联(留存归档)。

---

2. 发出原材料

(1) 生产部门接到生产通知单,经生产主管(如车间主任、生产经理等)审批后编制领料单。仓库部门根据从生产部门收到的领料单发出原材料。领料单上必须列示所需的材料数量和种类,以及领料部门的名称。领料单可以一料一单,也可以多料一单,通常需一式三联。

知识拓展

领料单联次:

(1) 仓库联(登记材料明细账)。

(2) 存根联(生产部门存根联)。

(3) 财务联(会计部门进行材料收发核算和成本核算)。

(2) 仓库管理员根据经审批的领料单核发放材料,填制预先连续编号的原材料出库单。出库单一般一式四联。

知识拓展

出库单联次:
(1) 仓库发料联。
(2) 仓库留存联。
(3) 车间记录联。
(4) 财务联(递交会计部门作为记账的凭据)。

(3) 仓库管理员应把领料单编号、领用数量、规格等信息输入计算机系统,经仓储经理复核确认后,系统自动更新材料明细账。

3. 生产产品

生产部门在收到生产通知单并领取原材料后,将生产任务分解到每一个生产人员,并将所领取的原材料交给生产人员来执行生产任务。完成生产任务后,生产人员将完成的产品交生产部门查点,然后转交检验员验收并办理入库手续,或是将所完成的半成品移交下一个部门作进一步加工。生产部门应将生产情况进行记录,形成产量和工时记录。产量和工时记录是登记生产人员和生产班组在出勤期间内完成产品数量、质量和生产这些产品所耗费工时数量的原始记录。常见的产量和工时记录形式主要有工作通知单、工序进程单、工作班产量报告、产量通知单、产量明细表、废品通知单等等。

4. 核算产品成本

(1) 生产成本记账员应根据原材料领料单财务联,编制原材料领用日报表,与计算机系统自动生成的生产记录日报表核对材料耗用和实物流转信息,由会计主管审核无误后,生成记账凭证并过账至生产成本及原材料明细账和总分类账。

(2) 生产部门记录生产各环节所耗用工时数,包括人工工时数和机器工时数,并将工时信息输入生产记录日报表。

(3) 每月月末,由生产车间与仓库核对原材料、半成品、产成品的转出和转入记录,如有差异,仓库管理员应编制差异分析报告,经仓储经理和生产经理签字确认后交会计部门进行调整。

(4) 每月月末,由计算机系统对生产成本中各项组成部分进行归集,按照预设的分摊公式和方法,自动将当月发生的生产成本在完工产品和在产品中按比例分配。同时,将完工产品成本在各不同产品类别中分配,由此生成产品成本计算表和生产成本分配表。由生产成本记账员编制成生产成本结转凭证,经会计主管审核批准后进行账务处理。

5. 产成品入库及储存

(1) 产成品入库时,质量检验员应检查并签发预先按顺序编号的产成品验收单,由生产小组将产成品送交仓库,仓库管理员应检查产成品验收单,并清点产成品数量,填写预先顺序编号的产成品入库单。产成品入库单一般一式四联。

知识拓展

入库单联次：
（1）仓库收货联。
（2）仓库留存联。
（3）生产部门核对联。
（4）记账联（递交财务部门）。

（2）产成品入库单经质检经理、生产经理和仓储经理签字确认后，仓库管理员将产成品入库单信息输入计算机系统，系统自动更新产成品明细台账。

（3）仓库部门进行检查并验收产成品后，经质检经理、生产经理和仓储经理签字确认后将实际入库数量通知财务部门。

（4）存货存放在安全的环境（如安装使用有监控设备的仓库）中，只有经过授权的工作人员可以接触和处理货。

6．发出产成品

（1）产成品出库时，由仓库管理员填写预先顺序编号的出库单，并将产成品出库单信息输入计算机系统，经仓储经理复核并以电子签名方式确认后，系统自动更新产成品明细台账并与发运通知单编号核对。出库单一般一式四联。

知识拓展

出库单联次：
（1）仓储部门联。
（2）发运部门联。
（3）顾客联。
（4）开票联（给顾客开发票的依据）。

（2）产成品的发运须由独立的发运部门进行，并填写事先连续编号的发运通知单。

（3）产成品装运发出前，由运输经理独立检查出库单、销售订购单和发运通知单，确定从仓库提取的商品附有经批准的销售订购单，而且所提取商品的内容与销售订购单一致。

（4）每月月末，生产成本记账员根据计算机系统内状态为"已处理"的订购单数量，编制销售成本结转凭证，结转相应的销售成本，经会计主管审核批准后进行账务处理。

7．盘点存货

（1）管理人员编制盘点指令，安排适当人员对存货实物进行定期盘点，将盘点结果与存货账面数量进行核对，调查差异并进行适当调整。

(2) 生产部门和仓储部门在盘点日前对所有存货进行清理和归整,便于盘点顺利进行。

(3) 每一组盘点人员中应包括仓储部门以外的其他部门人员,不能由负责保管存货的人员单独负责盘点存货;同时,要安排不同的工作人员分别负责初盘和复盘。

(4) 盘点表和盘点标签应事先连续编号,发放给盘点人员时登记领用人姓名。盘点结束后回收并清点所有已使用和未使用的盘点表和盘点标签。

(5) 为防止存货被遗漏或重复盘点,所有盘点过的存货贴盘点标签,注明存货品名、数量和盘点人员,完成盘点前检查现场确认所有存货均已贴上盘点标签。

(6) 将不属于本单位的代其他方保管的存货单独堆放并作标识;盘点期间需要领用的原材料或出库的产成品分开堆放并作标识。

(7) 汇总盘点结果,与存货账面数量进行比较,调查分析差异原因,并对认定的盘盈和盘亏提出账务调整建议,经仓储经理、生产经理、财务经理和总经理复核批准后入账。

8. 计提存货跌价准备

(1) 定期编制存货货龄分析表,管理人员复核该分析表,确定是否有必要对滞销存货计提存货跌价准备,并计算存货可变现净值,据此计提存货跌价准备。

(2) 生产部门和仓储部门每月上报不良存货明细,采购部门和销售部门每月上报原材料和产成品最新价格信息,财务部门据此分析存货跌价风险并计提跌价准备,由财务经理和总经理复核批准并入账。

(三) 生产与存货循环的重大错报风险

1. 生产与存货循环存在的重大错报风险

(1) 影响生产与存货循环交易和余额的风险因素(以一般制造型企业为例)可能包括:①交易的数量和复杂性;②成本核算的复杂性(尤其是间接费用的分配部分);③产品的多元化(验证产品的质量、状况或价值。可能需要聘请专家);④某些存货项目的可变现净值难以确定(如受全球经济供求关系影响价格的存货);⑤将存货存放在很多地点;⑥寄存的存货。

(2) 存货相关的重大错报风险(以一般制造型企业为例)通常包括:

① 存货实物可能不存在("存在"认定)。

② 属于被审计单位的存货可能未在账面反映("完整性"认定)。

③ 存货的所有权可能不属于被审计单位("权利和义务"认定)。

④ 存货的单位成本可能存在计算错误("准确性、计价和分摊"认定)。

⑤ 存货的账面价值可能无法实现,即存货跌价准备的计提可能不充分("准确性、计价和分摊"认定)。

【提示】
上述单据和记录的命名,可能会因被审计单位的不同而有所差异。

2. 根据重大错报风险评估结果设计进一步审计程序

生产与存货循环的重大错报风险和进一步审计程序的总体方案示例如表10-2所示。

表 10-2　生产与存货循环的重大错报风险和进一步审计程序的总体方案示例

重大错报风险描述	相关财务报表项目及认定	风险程度	是否信赖内部控制	进一步审计程序的拟采用的总体方案类型	拟从控制测试中获取的保证程度	拟从实质性程序中获取的保证程度
存货实物可能不存在	存货:存在	特别	是	综合性方案	中	高
存货的单位成本可能存在计算错误	(1) 存货:准确性、计价和分摊 (2) 营业成本:准确性	一般	是	综合性方案	中	低
已销售产品的成本可能没有准确结转至营业成本	(1) 存货:准确性、计价和分摊 (2) 营业成本:准确性	一般	是	综合性方案	中	低
存货的账面价值可能无法实现	存货:准确性、计价和分摊	特别	否	实质性方案	无	高

任务二　进行生产与存货循环控制测试

以表 10-2 的生产与存货循环的重大错报风险和进一步审计程序总体方案为基础,进一步列举了生产与存货循环中常见内部控制的具体测试方法,如表 10-3 所示。

表 10-3　生产与存货循环的风险、存在的控制及控制测试程序

可能发生错报的环节	相关财务报表项目及认定	存在的内部控制（自动）	存在的内部控制（人工）	内部控制测试程序
发出原材料				
发出的原材料可能未正确计入相应产品的生产成本中	(1) 存货:准确性、计价和分摊 (2) 营业成本:准确性	领料单信息输入系统时须输入对应的生产任务单编号和所生产的产品代码,每月月末系统自动归集生成材料成本明细表	生产主管每月月末将其生产任务单及相关领料单存根联与材料成本明细表进行核对,调查差异并处理	检查生产主管核对材料成本明细表的记录,并询问其核对过程及结果
记录人工成本				
生产人员的人工成本可能未得到准确反映	(1) 存货:准确性、计价和分摊 (2) 营业成本:准确性	所有员工有专属员工代码和部门代码,员工的考勤记录记入相应员工代码	人事部门每月编制工薪费用分配表,按员工所属部门将工薪费用分配至生产成本、制造费用、管理费用和销售费用,经财务经理复核后入账	(1) 检查系统中员工代码设置是否与其实际职责相符 (2) 询问并检查财务经理复核工资费用分配表的过程和记录

续 表

可能发生错报的环节	相关财务报表项目及认定	存在的内部控制（自动）	存在的内部控制（人工）	内部控制测试程序
记录制造费用				
发生的制造费用可能没有得到完整归集	(1) 存货：完整性、准确性、计价和分摊 (2) 营业成本：准确性、完整性	系统根据输入的成本和费用代码自动识别制造费用并进行归集	成本会计每月复核系统生成的制造费用明细表并调查异常波动。必要时由财务经理批准进行调整	(1) 检查系统的自动归集设置是否符合有关成本和费用的性质，是否合理 (2) 询问并检查成本会计复核制造费用明细表的过程和记录，检查财务经理对调整制造费用的分录的批准记录
计算产品成本				
生产成本和制造费用在不同产品之间、在产品和产成品之间的分配可能不正确	(1) 存货：准确性、计价和分摊 (2) 营业成本：准确性	—	成本会计执行产品成本日常核算，财务经理每月末审核产品成本计算表及相关资料（原材料成本核算表、工资费用分配表、制造费用分配表等），并调查异常项目	(1) 询问财务经理如何执行复核及调查 (2) 选取产品成本计算表及相关资料，检查财务经理的复核记录
产成品入库				
已完工产品的生产成本可能没有转移到产成品中	存货：准确性、计价和分摊	系统根据当月输入的产成品入库单和出库单信息自动生成产成品收发存报表	成本会计将产成品收发存报表中的产品入库数量与当月成本计算表中结转的产成品成本对应的数量进行核对	询问和检查成本会计将产成品收发存报表与成本计算表进行核对的过程和记录
发出产成品				
发出销售的产成品的成本可能没有准确转入营业成本	(1) 存货：准确性、计价和分摊 (2) 营业成本：准确性	系统根据确认的营业收入所对应的售出产品自动结转营业成本	财务经理和总经理每月对毛利率进行比较分析，对异常波动进行调查和处理	(1) 检查系统设置的自动结转功能是否正常运行，成本结转方式是否符合公司成本核算政策 (2) 询问和检查财务经理和总经理进行毛利率分析的过程和记录，并对异常波动的调查和处理结果进行核实

续表

可能发生错报的环节	相关财务报表项目及认定	存在的内部控制（自动）	存在的内部控制（人工）	内部控制测试程序
盘点存货				
存货可能被盗或因材料领用、产品销售未入账而出现账实不符	存货：存在	—	(1) 仓库保管员每月月末盘点存货并与仓库台账核对并调节一致；成本会计监督其盘点与核对，并抽查部分存货进行复盘 (2) 每年年末盘点所有存货，并根据盘点结果分析盘盈盘亏并进行账面调整	—
计提存货跌价准备				
可能存在不良存货，影响存货的价值（如残次冷背的存货）	(1) 存货：准确性、计价和分摊 (2) 资产减值损失：完整性	系统根据存货入库日期自动统计货龄，每月月末生成存货货龄分析表	财务部根据系统生成的存货货龄分析表，结合生产和仓储部门上报的存货毁损情况及存货盘点中对存货状况的检查结果，计提存货跌价准备，报总经理审批后入账	询问财务经理识别减值风险并计提减值准备的过程，检查总经理的复核批准记录

【例 10-1】 注册会计师对 A 公司生产与存货循环进行审计时发现下列事项：材料由采购部负责采购，材料进厂后由隶属于采购部的验收部门负责验收。验收部门将验收合格的材料在采购单上盖"货已验讫"印章，然后即交财务部门付款，如不合格直接退给供应商，验收部门不负责开验收报告单。验收后的材料直接堆放在机器旁准备加工。生产完工的产成品交给制造部门的储藏室保管。

要求：根据上述资料，请代注册会计师指出 A 公司在生产与存货循环内部控制方面的缺陷。

【解析】

(1) 企业没有设立完善的请购单系统，应设立采购的申请审批制度。

(2) 采购部与验收部门职能未分开。

(3) 验收部门未编制验收报告单。

(4) 验收部门不应在采购单加盖"货已验讫"印章，应另在单独的验收报告单中预留空格，以注明完全合格或有拒收数量及拒收。

(5) 应编制付款凭单通知财务部门开票付款。

(6) 不合格货品退给供应商的过程不严谨，应在验收报告单中注明退回数量，并请供应商签字确认后方可退货。

(7) 验收后的材料不得堆放至机器旁，应置于原材料仓库，再凭完善的领用单控制系统，办理领料手续。

(8) 产成品应由完善的产成品仓库控制，不能交给制造部门的储藏室保管。

任务三 实施生产与存货循环实质性程序

一、生产与存货循环的审计目标

存货的重大错报对于财务状况和经营成果有直接影响。存货审计,尤其是对年末存货余额的测试,通常是审计工作中最复杂和费时的部分。对存货存在和存货价值的评估要求注册会计师应具备较高的专业素质和相关业务知识,要为此分配较多的时间,运用多种有针对性的审计程序。本循环的审计目标与财务报表认定如表10-4所示。

表 10-4　　　　　　　生产与存货循环审计目标与财务报表认定

审计目标	财务报表认定					
	存在	完整性	权利和义务	准确性、计价和分摊	分类	列报
账面存货余额对应的实物是否真实存在	√					
属于被审计单位的存货是否均已入账		√				
存货是否属于被审计单位			√			
存货单位成本的计量是否准确、存货的账面价值是否可以实现				√		
存货已记录于恰当的账户					√	
存货已按照企业会计准则的规定在财务报表中作出恰当的列报						√

二、存货的一般审计程序

存货的一般审计程序包括获取年末存货余额明细表,并执行以下工作:
(1) 复核单项存货金额的计算和明细表的加总计算是否准确。
(2) 将本年年末存货余额与上年末存货余额进行比较,总体分析变动原因。

三、存货监盘

(一) 存货监盘概述

1. 存货监盘的必要性及监盘程序

若存货对财务报表是重要的,注册会计师应实施的审计程序如表10-5所示。

表 10-5　　　　　　　存货监盘的必要性及监盘程序

必要性	如果存货对财务报表是重要的,注册会计师应当实施下列审计程序,对存货的存在和状况获取充分、适当的审计证据: (1) 在存货盘点现场实施监盘 (2) 对期末存货记录实施审计程序,以确定其是否准确反映实际的存货盘点结果

续表

监盘程序	在存货盘点现场实施监盘时,注册会计师应当实施下列审计程序:①评价管理层用以记录和控制存货盘点结果的指令和程序;②观察管理层制订的盘点程序的执行情况;③检查存货;④执行抽盘
相关说明	存货监盘的相关程序可以用作控制测试或者实质性程序,注册会计师可以根据风险评估结果、审计方案和实施的特定程序作出判断。例如,如果只有少数项目构成了存货的主要部分,注册会计师可能选择将存货监盘用作实质性程序

2. 存货监盘责任划分

存货监盘程序中的责任划分如表10-6所示,双方的责任不能相互替代。

表10-6 存货监盘责任划分

责任双方	责任
注册会计师	实施存货监盘,取得有关存货数量和状况的充分、适当的审计证据
管理层	定期盘点存货,合理确定存货的数量和状况

3. 存货监盘的审计目标

存货监盘的主要审计目标、次要审计目标及相关认定如表10-7所示。

表10-7 存货监盘的审计目标

目标	相关认定	相关说明
主要目标	(1) 存货监盘针对的主要是存货的存在认定 (2) 对存货的完整性认定(正查)和准确性、计价和分摊认定也能提供部分审计证据	实施存货监盘可以实现这一目标
次要目标	注册会计师还可能在存货监盘中获取有关存货所有权的部分审计证据	存货监盘本身并不足以供注册会计师确定存货的所有权,注册会计师可能需要执行其他实质性审计程序以应对与权利和义务认定的相关风险

(二) 存货监盘计划

制订存货监盘计划和实施监盘程序的相关内容如表10-8所示。

表10-8 存货监盘计划

步骤		相关内容
制订监盘计划	基本要求	(1) 了解被审计单位存货相关情况(存货特点、盘存制度、存货内部控制的有效性等)。 (2) 在评价被审计单位存货盘点程序的基础上,编制存货监盘计划,对存货监盘作出合理安排。
	主要内容	(1) 存货监盘的目标、范围和时间安排 (2) 存货监盘的要点及关注事项 (3) 参加存货监盘人员的分工 (4) 抽盘存货的范围
实施监盘程序		(1) 评价管理层用以记录和控制存货盘点结果的指令和程序 (2) 观察管理层制订的盘点程序的执行情况 (3) 检查存货 (4) 执行抽盘

1. 制订存货监盘计划的基本要求

注册会计师应当根据被审计单位的存货的特点、盘存制度和存货内部控制的有效性等情况,在评价被审计单位管理层制订的存货盘点程序的基础上,编制存货监盘计划,对存货监盘作出合理安排。

2. 制订存货监盘计划应考虑的相关事项

(1) 与存货相关的重大错报风险如表 10-9 所示。

表 10-9　　　　　　　　　　与存货相关的重大错报风险

特殊类型的存货	审计的复杂性与风险
具有漫长制造过程的存货（如飞机制造和酒类产品制造企业）	审计重点包括递延成本、预期发生成本以及未来市场波动可能对当期损益的影响等事项
具有固定价格合约的存货	预期发生成本的不确定性
与时装相关的服装行业	由于服装产品的消费者对服装风格或颜色的偏好容易发生变化,因此,存货是否过时是关键的审计事项
鲜活、易腐的存货	因为物质特性和保质期短暂,此类存货变质的风险很高
具有高科技含量的存货	由于技术进步,此类存货容易过时
单位价值高昂、容易被盗窃的存货	例如,珠宝存货的错报风险通常高于铁制纽扣之类存货的错报风险

(2) 与存货相关的内部控制的性质,如表 10-10 所示。

表 10-10　　　　　　　　　　与存货相关的内部控制的性质

环节	内部控制的总体目标	措施
采购	所有交易都已获得适当的授权与批准	(1) 使用购货订购单 (2) 购货订购单预先连续编号 (3) 事先确定采购价并获得批准 (4) 定期清点购货订购单
验收	所有收到的商品都已得到记录	使用验收报告单
仓储	确保与存货实物的接触必须得到管理层的指示和批准	使用适当的存储设施进行实物控制
领用	所有存货的领用均应得到批准和记录	使用存货领用单
生产	对所有的生产过程作出适当的记录	使用生产报告
装运出库	所有的装运都得到了记录	使用出库单

(3) 对存货盘点是否制定了适当的程序,并下达了正确的指令。注册会计师一般需要复核或与管理层讨论其存货盘点程序。在复核或与管理层讨论其存货盘点程序时,注册会计师应当考虑下列主要因素,以评价其能否合理地确定存货的数量和状况:①盘点的时间安排应尽可能安排在期末,并且特别注意同一存货在不同地点存放时,一定要同时安排盘点;②所有权属于企业都应盘点,尤其是未存放在企业的存货,可能安排外地盘点;③盘点人员的分工及胜任能力;④盘点前的会议及任务布置;⑤存货的整理和排列,对毁损、陈旧、过时、残次及所有权不属于被审计单位的存货的区分;⑥存货的计量工具和计量方法;⑦在

产品完工程度的确定方法;⑧存放在外单位的存货的盘点安排;⑨存货收发截止的控制;⑩盘点表单的设计、使用与控制;⑪盘点结果的汇总以及盘盈或盘亏的分析、调查与处理。

(4) 存货盘点的时间安排。如果存货盘点在资产负债表日以外的其他日期进行,注册会计师除实施存货监盘相关审计程序外,还应当实施其他审计程序以获取充分、适当的审计证据,确定存货盘点日与财务报表日之间的存货变动是否已得到恰当的记录。

(5) 被审计单位是否一贯采用永续盘存制。如果被审计单位通过实地盘存制确定存货数量,则注册会计师要参加此种盘点;如果被审计单位采用永续盘存制,审计人员应在年度中一次或多次参加盘点。

(6) 根据存货的存放地点,确定适当的监盘地点。如果被审计单位的存货存放在多个地点,注册会计师可以要求被审计单位提供一份完整的存货存放地点清单(包括期末库存量为零的仓库、租赁的仓库、第三方代被审计单位保管存货的仓库等),既可以防止被审计单位或自己发生任何遗漏,也有助于恰当地分配审计资源。注册会计师通常应当重点考虑被审计单位的重要存货存放地点,特别是金额较大或可能存在重大错报风险的存货地点,将这些存货列入监盘地点。对于无法实施存货现场监盘的存货,注册会计师应当实施替代审计程序,以获取有关存货的存在和状况的充分、适当的审计证据。

(7) 是否需要专家协助。存在下列情况,注册会计师可以考虑利用专家的工作:①确定资产数量或资产实物状况;②收集特殊类别存货的审计证据,如审查艺术品、珠宝玉石;③评估在产品完工程度。

3. 存货监盘计划的主要内容

(1) 存货监盘的目标、范围及时间安排如表 10-11 所示。

表 10-11　　存货监盘的目标、范围及时间安排

存货监盘的主要目标	获取被审计单位资产负债表日有关存货数量和状况以及有关管理层存货盘点程序可靠性的审计证据,检查存货的数量是否真实完整,是否归属被审计单位,存货有无毁损、陈旧、过时、残次和短缺等状况
存货监盘范围大小的取决因素	(1) 存货的内容、性质 (2) 与存货相关的内部控制的完善程度 (3) 重大错报风险的评估结果
存货监盘的时间	实地察看盘点现场的时间、观察存货盘点的时间、对已盘点存货实施检查的时间等

(2) 存货监盘的要点及关注事项。

存货监盘中的工作要点及需关注的事项如表 10-12。

表 10-12　　存货监盘的要点及关注事项

存货监盘的要点	(1) 实施存货监盘程序的方法、步骤 (2) 各个环节应注意的问题及所要解决的问题
需要重点关注的事项	总要求:同一种存货不同地点要同时盘点 (1) 盘点期间的存货移动 (2) 存货的状况 (3) 存货的截止确认 (4) 存货的各个存放地点及金额等

(3) 参加存货监盘人员的分工。注册会计师应当根据对被审计单位存货盘点人员分工、分组情况、存货监盘工作量的大小和人员素质情况,确定参加存货监盘的人员组成,各组成人员的职责和具体的分工情况,越难盘点的存货,要求人员胜任能力越强。

(4) 抽盘存货的范围。在实施观察程序后,如果认为被审计单位内部控制设计良好且得到有效实施,存货盘点组织良好,可以相应缩小抽盘的范围。

(三) 存货监盘程序

在存货盘点现场实施监盘时,注册会计师应当实施下列审计程序:

1. 评价管理层用以记录和控制存货盘点结果的指令和程序

(1) 注册会计师需要考虑指令和程序是否包括下列方面:①适当控制活动的运用,如收集已使用的存货盘点记录,清点未使用的存货盘点表单,实施盘点和复核程序;②准确认定在产品的完工程度,流动缓慢、过时或毁损的存货项目,以及第三方拥有的存货;③在适用的情况下用于估计存货数量的方法;④对存货在不同存放地点之间的移动以及截止日前后出入库的控制。

(2) 考虑无法停止移动的存货。若被审计单位因实际原因无法停止生产或收发货物,注册会计师可采取的措施如表 10-13 所示。

表 10-13　　　　　　　　考虑无法停止移动的存货

前提条件	被审计单位在盘点过程中停止生产并关闭存货存放地点以确保停止存货的移动,有利于保证盘点的准确性,但在现实中,被审计单位可能无法停止生产或收发货物,注册会计师可以根据被审计单位的具体情况考虑其无法停止存货移动的原因及其合理性
处理方法	(1) 注册会计师可以通过询问管理层以及阅读被审计单位的盘点计划等方式,了解被审计单位对存货移动所采取的控制程序和对存货收发影响的考虑 (2) 如果被审计单位在盘点过程中无法停止生产,可以考虑在仓库内划分出独立的过渡区域,将预计在盘点期间备用的存货移至过渡区域、对盘点期间办理入库手续的存货暂时存放在过渡区域,以此确保相关存货只被盘点一次(防止重盘) (3) 在实施存货监盘程序时,注册会计师需要观察被审计单位有关存货移动的控制程序是否得到执行 (4) 注册会计师可以向管理层获取盘点期间存货移动相关的书面记录以及出库、入库材料作为执行截止测试的资料,以为监盘结束的后续工作提供证据

2. 观察管理层制定的盘点程序的执行情况

观察对盘点时及其前后的存货移动的控制程序的执行情况,这有助于注册会计师获取有关管理层指令和程序是否得到适当设计和执行的审计证据。

(1) 存货移动情况。如果在盘点过程中被审计单位的生产经营仍将持续进行,注册会计师应通过实施必要的检查程序,确定被审计单位是否已经对此设置了相应的控制程序,确保在适当的期间内对存货作出准确记录。

(2) 存货截止测试。注册会计师在对期末存货进行截止测试时,通常应当关注在盘点日以前入库的存货,而盘点日后入库、已销售但尚未装运出库的商品则不在盘点范围内。注册会计师通常可观察存货的验收入库地点和装运出库地点以执行截止测试如表 10-14 所示。

表 10-14　　　　　　　　　　　存货截止测试

情　形		应关注的内容
存货入库和装运过程中	采用连续编号的凭证	盘点日前的最后编号
	没有使用连续编号的凭证	应列出盘点日前的最后几笔装运和入库记录
被审计单位使用运货车厢或者拖车进行储存、运输或者验收入库		应当详细列示出存货场地上满载和空载的车厢或拖车,并记录各自的存货状况

3. 检查存货

在存货监盘过程中检查存货有助于确定存货的存在及识别过时、毁损或陈旧的存货。

4. 执行抽盘

实务中注册会计师常执行抽盘程序,其检查方法、注意事项和差异处理见表10-15。

表 10-15　　　　　　　　　　　执行抽盘

检查方法	双向抽盘:实物与记录,以获取有关盘点记录准确性和完整性的审计证据 (1) 从存货盘点记录中选取项目追查至存货实物(逆查:存货的存在) (2) 从存货实物中选取项目追查至盘点记录(顺查:存货的完整性)
注意事项	(1) 注册会计师应尽可能避免让被审计单位事先了解将抽盘的存货项目 (2) 除记录注册会计师对存货盘点结果进行的测试情况外,获取管理层完成的存货盘点记录的复印件也有助于注册会计师日后实施审计程序,以确定被审计单位的期末存货记录是否准确地反映了存货的实际盘点结果
差异处理	由于检查的内容通常仅仅是已盘点存货中的一部分,所以在检查中发现的错误很可能意味着被审计单位的存货盘点还存在着其他错误,注册会计师应当: (1) 查明原因并及时提请被审计单位更正 (2) 考虑错误的潜在范围和重大程度,在可能的情况下,扩大检查范围以减少错误的发生 注册会计师还可以要求被审计单位重新盘点,重新盘点的范围可限于某一特殊领域的存货或特定盘点小组

5. 需要特别关注的情况

(1) 存货盘点范围——按所有权确定。注册会计师应当根据取得的所有权不属于被审计单位的存货的有关资料,观察这些存货的实际存放情况,确保其未被纳入盘点范围。即使在被审计单位声明不存在受托代存存货的情形下,注册会计师在存货监盘时也应当关注是否存在某些存货不属于被审计单位的迹象,以避免盘点范围不当。

(2) 对特殊类型存货的监盘,可采取的监盘方法和审计程序具体如表10-16所示。

表 10-16　　　　　　　　　对特殊类型存货的监盘

存货类型	盘点方法与潜在问题	可供实施的审计程序
木材、钢筋盘条、管子	(1) 通常无标签,但在盘点时会做上标记或用粉笔标识 (2) 难以确定存货的数量或等级	(1) 检查标记或标识 (2) 利用专家或被审计单位内部有经验人员的工作
堆积型存货(如糖、煤、钢废料)	(1) 通常既无标签也不做标记 (2) 在估计存货数量时存在困难	运用工程估测、几何计算、高空勘测,并依赖详细的存货记录

续表

存货类型	盘点方法与潜在问题	可供实施的审计程序
使用磅秤测量的存货	在估计存货数量时存在困难	(1) 在监盘前和监盘过程中均应检验磅秤的精准度,并留意磅秤的位置移动与重新调校程序 (2) 将检查和重新称量程序相结合 (3) 检查称量尺度的换算问题
散装物品(如贮窖存货,使用桶、箱、罐、槽等容器储存的液体、气体、谷类粮食、流体存货等)	(1) 在盘点时通常难以识别和确定 (2) 在估计存货数量时存在困难 (3) 在确定存货质量时存在困难	(1) 使用容器进行监盘或通过预先编号的清单列表加以确定 (2) 使用浸蘸、测量棒、工程报告以及依赖永续存货记录 (3) 选择样品进行化验与分析,或利用专家的工作
贵金属、石器、艺术品与收藏品	在存货辨认与质量确定方面存在困难	选择样品进行化验与分析,或利用专家的工作
生产纸浆用木材、牲畜	(1) 在存货辨认与数量确定方面存在困难 (2) 可能无法对此类存货的移动实施控制	通过高空摄影以确定其存在,对不同时点的数量进行比较,并依赖永续存货记录

6. 存货监盘结束时的工作

(1) 在被审计单位存货盘点结束前,注册会计师应当再次观察盘点现场,以确定所有应纳入盘点范围的存货是否均已盘点,并要取得并检查已填用、作废及未使用盘点表单的号码记录,确定其是否连续编号,查明已发放的表单是否均已收回,并与存货盘点的汇总记录进行核对。

(2) 存货盘点日不是资产负债表日的处理原则。如果存货盘点日不是资产负债表日,注册会计师应当实施适当的审计程序,确定盘点日与资产负债表日之间存货的变动是否已得到恰当的记录。在实务中,注册会计师可以结合盘点日至财务报表日之间间隔期的长短、相关内部控制的有效性等因素进行风险评估,设计和执行适当的审计程序。

(四) 存货监盘特殊情况的处理

1. 在存货盘点现场实施存货监盘不可行

如果在存货盘点现场实施存货监盘不可行,如有存货有毒、存放地点在境外、涉及国家机密等情况,注册会计师应当实施相应的替代审计程序,如检查盘点日后出售、盘点日之前取得或购买的特定存货的文件记录,以获取有关存货的存在和状况的充分、适当的审计证据。但在其他一些情况下,如果不能实施替代审计程序或者实施替代审计程序可能无法获取有关存货的存在和状况的充分、适当的审计证据,注册会计师需要按照审计准则的规定发表非无保留意见。

2. 因不可预见的情况导致无法在存货盘点现场实施监盘

如果因不可预见的因素导致无法在预定日期实施存货监盘,注册会计师应当另择日期实施监盘,并对间隔期内发生的交易实施审计程序。两种比较典型的情况包括:一是注册会计师无法亲临现场;二是气候因素,即由于恶劣的天气导致注册会计师无法实施存货监盘程序,或无法观察存货。

3. 由第三方保管或控制的存货

由第三方保管或控制的存货如果是重要的,对此类存货的基本做法等如表 10-17 所示。

表 10-17　　　　　　　　由第三方保管或控制的存货

基本做法	如果由第三方保管或控制的存货对财务报表是重要的,注册会计师应当实施下列一项或两项审计程序: (1) 向持有被审计单位存货的第三方函证存货的数量和状况 (2) 实施检查或其他适合具体情况的审计程序
注意事项	其他审计程序可以作为函证的替代程序,也可以作为追加的审计程序
相关举例	其他审计程序的示例包括: (1) 实施或安排其他注册会计师实施对第三方的存货监盘 (2) 获取其他注册会计师或服务机构注册会计师针对用以保证存货得到恰当盘点和保管的内部控制的适当性而出具的报告 (3) 检查与第三方持有的存货相关的文件记录,如仓储单 (4) 当存货被作为抵押品时,要求其他机构或人员进行确认
特殊说明	(1) 考虑到第三方仅在特定时点执行存货盘点工作,在实务中,注册会计师可以事先考虑实施函证的可行性。如果预期不能通过函证获取相关审计证据,可以事先计划和安排存货监盘等工作 (2) 注册会计师可以考虑由第三方保管存货的商业理由的合理性,以进行存货相关风险(包括舞弊风险)的评估,并计划和实施适当的审计程序,例如: ① 检查被审计单位和第三方所签署的存货保管协议的相关条款; ② 复核被审计单位调查; ③ 评价第三方工作的程序

四、存货计价测试

(一) 存货计价测试的一般要求

存货监盘程序主要是对存货的结存数量予以确认。为验证财务报表上存货余额的真实性,还必须对存货的计价进行测试,即确定存货实物数量和永续盘存记录中的数量是否经过正确的计价和汇总。存货计价测试主要是针对被审计单位所使用的存货单位成本是否正确所做的测试。

1. 样本的选择

存货计价审计的样本,应从存货数量已经盘点、单价和总金额已经记入存货汇总表的结存存货中选择。选择样本时应着重选择结存余额较大且价格变化比较频繁的项目,同时考虑所选样本的代表性。抽样方法一般采用分层抽样法,抽样规模应足以推断总体的情况。

2. 计价方法的确认

存货的计价方法多种多样,企业可结合国家法规要求选择符合自身特点的方法,注册会计师除应了解掌握企业的存货计价方法外,还应对这种计价方法的合理性与一贯性予以关注,没有足够理由,计价方法在同一会计年度内不得变动。

3. 计价测试

进行计价测试时，注册会计师首先应对存货价格的组成内容予以审核，然后按照所了解的计价方法对所选择的存货样本进行计价测试。测试时，应排除企业已有计算程序和结果的影响，进行独立测试。待测试结果出来后，应与企业账面记录对比，编制对比分析表，分析形成差异的原因。如果差异过大，应扩大存货计价测试范围，并根据审计结果考虑是否应提出审计调整建议。

在存货计价测试中，由于企业对期末存货采用成本与可变现净值孰低的方法计价，所以注册会计师应充分关注企业对存货可变现净值的确定及存货跌价准备的计提是否正确。

(二) 存货成本的计价测试

1. 直接材料成本审计

直接材料成本审计一般应从审阅材料和生产成本明细账入手，抽查有关的费用凭证，验证企业产品直接耗用材料的数量、计价和材料费用分配是否真实、合理。其主要内容包括：

(1) 抽查产品成本计算单，检查直接材料成本的计算是否正确，材料费用的分配标准与计算方法是否合理和适当，是否与材料费用分配汇总表中该产品分摊的直接材料费用相符。

(2) 检查直接材料耗用数量的真实性，有无将非生产用材料计入直接材料费用。

(3) 分析比较同一产品前后各年度的直接材料成本，如有重大波动，应查明原因。

(4) 抽查材料发出及领用的原始凭证，检查领料单的签发是否经过授权，检查材料发出汇总表是否经过适当的人员复核，材料单位成本计的方法是否适当，是否正确及时入账。

(5) 对采用定额成本或标准成本的企业，应检查直接材料成本差异的计算、分配与会计处理是否正确，并查明直接材料的定额成本、标准成本在本年度内有无重大变更。

2. 直接人工成本审计

(1) 抽查产品成本计算单，检查直接人工成本的计算是否正确，人工费用的分配标准与计算方法是否合理和适当，是否与人工费用分配汇总表中该产品分摊的直接人工费用相符。

(2) 将本年度直接人工成本与前期进行比较，查明其异常波动的原因。

(3) 分析比较本年度各个月份的人工费用发生额，如有异常波动，应查明原因。

(4) 结合应付职工薪酬的检查，抽查人工费用会计记录及会计处理是否正确。

(5) 对采用标准成本法的企业，应抽查直接人工成本差异的计算、分配与会计处理是否正确，并查明直接人工的标准成本在本年度内有无重大变更。

3. 制造费用审计

(1) 获取或编制制造费用汇总表，并与明细账、总账核对相符，抽查制造费用中的重大数额项目及例外项目是否合理。

(2) 审阅制造费用明细账，检查其核算内容及范围是否正确，并应注意是否存在异常会计事项，如有，则应追查至记账凭证及原始凭证，重点查明企业有无将不应列入成本费用的支出(如投资支出、被没收的财物、支付的罚款、违约金、技术改造支出等)计入制造费用。

(3) 必要时，对制造费用实施截止测试，即检查资产负债表日前后若干天的制造费用明细账及其凭证，确定有无跨期入账的情况。

（4）检查制造费用的分配是否合理。重点检查制造费用的分配方法是否符合企业自身的生产技术条件；是否体现受益原则；分配方法一经确定，是否在各时期内保持稳定，有无随意变更的情况；分配率和分配额的计算是否正确，有无以人为估计数代替分配数的情况。对按预定分配率分配费用的企业，还应查明计划与实际差异是否及时调整。

（5）对于采用标准成本法的企业，应抽查标准制造费用的确定是否合理，计入成本计算单的数额是否正确，会计处理是否正确，并查明标准制造费用在本年度内有无重大变动。

【例 10-2】 注册会计师审查某企业在产品成本，收集到有关资料如下：该企业采用约当产量法计算甲种在产品成本，甲产品本月完工 180 件，月末在产品 90 件，甲在产品的投料率为 80%，完工率为 50%，生产成本明细账如表 10-18 所示。

表 10-18　　　　　　　　生产成本明细账

金额单位：元

2024 年		摘　要	直接材料	直接人工	制造费用	合计
月	日					
3	01	月初在产品成本	18 000	4 500	6 750	29 250
	31	本月生产费用	82 800	11 250	29 250	123 300
	31	生产费用合计	100 800	15 750	36 000	152 550
	31	结转完工产品成本	57 000	10 500	25 800	93 300
	31	月末在产品成本	43 800	5 250	10 200	59 250

要求：根据上述资料，指出企业存在的问题并提出改进建议。

【解析】

注册会计师抽查有关会计凭证，并与产品成本明细账核对。结果表明，账证数额相符，盘点的在产品实物数量符合实际，验证投料率和完工率也符合实际情况。根据成本计算单，注册会计师验证在产品成本的过程如下：

直接材料 = 100 800 ÷ (180 + 90 × 80%) × 90 × 80% = 28 800（元）

直接人工 = 15 750 ÷ (180 + 90 × 50%) × 90 × 50% = 3 150（元）

制造费用 = 36 000 ÷ (180 + 90 × 50%) × 90 × 50% = 7 200（元）

在产品成本合计 = 28 800 + 3 150 + 7 200 = 39 150（元）

在产品多留材料费 = 43 800 − 28 800 = 15 000（元）

在产品多留人工费 = 5 250 − 3 150 = 2 100（元）

在产品多留制造费用 = 10 200 − 7 200 = 3 000（元）

多留在产品成本合计 = 15 000 + 2 100 + 3 000 = 20 100（元）

验算结果表明，该企业多留在产品成本和少转完工产品成本 20 100 元。注册会计师向有关会计人员询问，证实是因计算失误而发生的差错，建议企业补转少转的完工产品成本，并调整有关账簿记录。

引导案例解析

法尔莫公司之所以敢肆意虚增存货,是因为自获得第一家药店开始,注册会计师只对300家药店中的4家进行存货监盘,并且会提前数月通知检查哪几家药店。公司随之将那4家药店堆满实物存货,把那部分虚增分配到其余的296家药店。这项审计失败使为其审计的会计师事务所在民事诉讼中损失了3亿美元,公司财务总监被判33个月的监禁,莫纳斯本人被判入狱5年。存货审计重要且复杂,不能仅凭存货监盘就查出存货舞弊。因此,审计人员需对管理当局舞弊的动机进行分析,科学地执行分析程序,多维度地分析财务数据,尽最大可能发现舞弊行为。

素养园地

*ST昆机的前身是筹建于1936年的中央机器厂,在1993年正式注册成立昆明机床股份有限公司,是云南省和国内装备行业唯一在境内外上市的"A＋H"股上市公司。在2016年年度报告的审计过程中,审计人员发现*ST昆机存在存货不实、收入跨期等问题。随即,公司展开自查,发现以往年度存货、收入及费用等事项均存在违规。在存货方面,*ST昆机通过设置账外库房的障眼法,使存货出库、运输都留下了真实记录,实现存货造假,大大增加了发现造假难度。

随后,*ST昆机的股价上演了连续跌停,持有股票的投资者损失惨重。而当财务违规事件上升至财务造假层面,公司所受到的处罚将更加严重,这也让投资者如坐针毡。上述案例体现了审计工作对企业发展和国计民生的重要意义。审计人员要以高度的政治责任感、历史使命感和职业荣誉感,把思想和行动统一到习近平总书记关于审计工作的重要讲话精神上来,依法全面履行审计监督职责。

项目知识结构

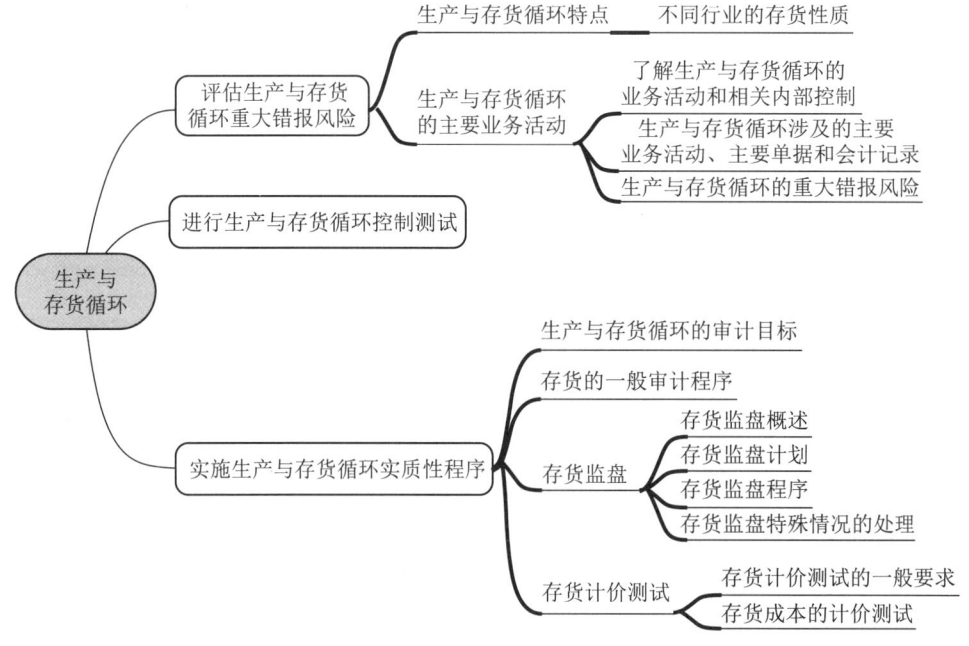

技能训练

一、单项选择题

1. 存货由第三方保管或控制导致无法在存货盘点现场实施监盘时,不恰当的替代程序是(　　)。
   A. 向持有甲公司存货的第三方函证存货的数量和状况
   B. 实施或安排其他注册会计师实施对第三方的存货监盘
   C. 委托甲公司的内部审计人员直接盘点存货
   D. 检查与第三方持有的存货相关的文件记录

2. 以下控制活动中与存货"完整性"认定最相关的是(　　)。
   A. 生产通知单、领发料凭证等均事先编号并已经登记入账
   B. 存货保管人员与账面记录人员职责分离
   C. 生产指令与领料单等得到授权批准
   D. 定期对存货监盘

3. 某总公司有许多连锁分公司,注册会计师采取的错误的监盘方法是(　　)。
   A. 选择一定数目的连锁分公司进行监盘
   B. 对所有的分公司实施监盘
   C. 没有被选中的其他分公司使用分析程序对存货余额的准确性做出评价
   D. 利用内部审计人员的工作对没有被选中的其他分公司存货余额的准确性做出评价

4. 注册会计师拟定的下列对存货实施的审计程序中,恰当的是(　　)。
   A. 对存货实施监盘程序主要是获取审计证据证实存货的"计价"认定
   B. 对难以盘点的存货,应根据甲公司存货收发制度确认存货数量
   C. 存货计价审计的样本应着重选择余额较小且价格变动不大的存货项目
   D. 对存货截止测试时,拟定检查存货盘点日前后的存货收发及移动的凭证,以证实库存记录与会计记录是否及时

二、多项选择题

1. 计划和安排生产环节的控制活动及相关认定中,恰当的有(　　)。
   A. 生产通知单审批后才能执行——与发生认定相关
   B. 生产通知单连续编号能降低生产成本——完整性认定错报风险
   C. 生产通知单经授权后执行——与所有权认定相关
   D. 月度生产计划须经审批后才能生效——与截止认定相关

2. 永续盘存制下期末存货记录与存货盘点结果之间出现重大差异时应当(　　)。
   A. 实施追加审计程序查明原因
   B. 将永续盘存记录调整为盘点数
   C. 若盘点方式及其结果无效则提请重新盘点
   D. 将盘点结果调整为永续盘存记录

3. 如果年底某类存货销售激增导致库存数量下降为零,注册会计师对该类存货采取的以下措施中,可以发现存在虚假销售的是(　　　　)。

A. 将该类存货列入监盘范围　　　　B. 进行销货截止测试
C. 计算分析该类存货的毛利率　　　D. 选择年底大额销售客户寄发询证函

三、判断题

1. 为验证存货的存在,注册会计师可直接对年末存货进行计价测试。（　）
2. 对于企业存放于公共仓库或由外部人员保管的存货,可以直接向公共仓库或外部有关单位进行函证。（　）
3. 注册会计师实施对存货的监盘,并不能取代被审计单位管理层定期盘点存货、合理确定存货数量和状况的责任。（　）
4. 为了提高工作效率,企业存货的验收、保管、清查处置最好由一人执行。（　）
5. 对存货实施监盘的目的只是为了获取有关存货数量的审计证据。（　）

四、案例题

注册会计师审计丁公司财务报表,确定的重要性水平为60万元。审计中存在如下事项:

（1）为方便安排盘点人员,丁公司将A产品和B产品的年度盘点时间确定为某年12月31日,将C产品的年度盘点时间确定为当年12月20日;自当年12月25日起,由新入职的存货管理员负责管理C产品并在ERP信息系统中记录其数量变动。

（2）丁公司租用丙公司独立仓库储存部分产成品,当年12月31日,该部分产成品的账面价值为300万元,丁公司与丙公司在年末对账时发现80万元的差异;丙公司解释,该差异是由于丁公司客户于当年12月30日已提货,而相关单据尚未传至丁公司所致。

要求:指出上述事项是否可能表明存在重大错报风险;并说明该风险与营业收入、营业成本、存货、应收账款报表项目的哪些认定相关。

项目十一
货币资金审计

学习目标

素养目标
1. 培养求真、求实的科学态度,以进行货币资金的审计。
2. 培养认真、严谨的工作态度,以进行货币资金的审计。
3. 培养以德执业、依法执业,在工作中满怀正能量服务社会。

知识目标
1. 理解货币资金认定层次的重大错报风险。
2. 掌握货币资金的重大错报风险评估中需要保持警觉的情形。
3. 理解货币资金内部控制的含义、作用和内容。
4. 掌握货币资金的内部控制和控制测试的要求。
5. 掌握货币资金审计的实质性程序。

能力目标
1. 能够识别和评估货币资金认定层次的重大错报风险。
2. 能够对货币资金的重大错报风险情形保持警觉。
3. 能够对货币资金进行内部控制测试。
4. 能够对货币资金实施实质性程序。

引导案例

普华永道中天会计师事务所(以下简称"普华永道")因2003—2004年审计沪市老牌上市公司上海外高桥保税区开发股份有限公司(以下简称"外高桥")的历史旧账,创下被国内上市公司追究会计师事务所审计责任的先例,索赔金额之大,堪称国内"天价"。

外高桥在2003年改聘普华永道对其财务报表进行审计。2005年6月,外高桥发现存放在国海证券上海营业部证券保证金账户中的资金实际余额,与经审计的公司2003年和2004年报表明细账上的金额严重不符:经审计的2003年财务报表认定,2003年12月31日证券保证金账户余额为9 000万元,而实际仅为3 384元;经审计的2004年财务报表认定,2004年12月31日证券保证金账户余额为2.04亿元,而实际仅为20 770.55元。经查明乃本公司财务部经理伙同国海证券营业部经理挪用。2006年5月,针对巨额保证金被挪用,负责审计的普华永道却连年出具无保留意见审计报告。外高桥以普华永道未按法定程序进行函证等不尽责行为为由向中国国际经济贸易仲裁委员会上海分会提起仲裁,要求退还全部审计服务费共计人民币170万元,赔偿全部经济损失共计人民币2亿元,并承担全部仲裁费用和公司的律师费。双方最终达成和解,但普华永道为此向外高桥支付了约2 000万元的赔偿金。2009年11月12日,一小股东起诉外高桥,要求赔偿损失,普华永道则成为了共同被告。2010年7月,终以和解全面告终。此事件持续时间长,可见其影响深远。

在这起天价诉索赔案中,针对外高桥的控诉,普华永道声称事务所已经履行了全部审计义务,且事务所在与外高桥签订的《审计业务约定书》中已经约定了相关责任的解除,所以会计师事务所不承担任何责任。

【讨论】双方究竟应该承担何种责任?普华永道是否能以《审计业务约定书》寻求豁免呢?

任务一　评估货币资金重大错报风险

一、认定层次重大错报风险

与货币资金的交易、账户余额和披露相关的认定层次重大错报风险可能包括:

(1) 被审计单位存在虚假的货币资金余额或交易,因而导致银行存款余额的"存在"认定或交易的"发生"认定存在重大错报风险。

(2) 被审计单位存在大额的外币交易和余额,可能存在外币交易或余额未被准确记录的风险("准确性、计价和分摊"认定)。

(3) 银行存款的期末收支存在大额的截止性错误("截止"认定)。

(4) 被审计单位可能存在未能按照企业会计准则的规定对货币资金作出恰当披露的风险("列报"认定)。

二、注册会计师需要保持警觉的事项或情形

在实施货币资金审计的过程中,如果被审计单位存在以下事项或情形,注册会计师需要保持警觉:

(1) 被审计单位的现金交易比例较高,并且与其所在行业的常用结算模式不同,如房地产企业使用高利贷。

(2) 库存现金规模明显超过业务周转所需资金,如广告公司收受回扣。

(3) 银行账户开立数量与企业实际业务规模不匹配,或存在多个零余额账户且长期不注销。

(4) 在没有经营业务的地区开立银行账户,或将高额资金存放于其经营和注册地之外的异地。

(5) 公款私存,被审计单位资金存放于管理层或员工个人账户,或通过个人账户进行被审计单位交易的资金结算。

(6) 货币资金收支金额与现金流量表中的经营活动、筹资活动、投资活动的现金流量不匹配,或经营活动现金流量净额与净利润不匹配。

(7) 不能提供银行对账单或银行存款余额调节表,或提供的银行对账单没有银行印章、交易对方名称或摘要。

(8) 存在长期或大量银行未达账项。

(9) 银行存款明细账存在非正常转账。例如,短期内相同金额的一收一付或相同金额的分次转入转出等大额异常交易。

(10) 存在期末余额为负数的银行账户。

(11) 受限货币资金占比较高。

(12) 存款收入金额与存款的规模明显不匹配。

(13) 针对同一交易对方,在报告期内存在现金和其他结算方式并存的情形。

(14) 违反货币资金存放和使用规定,如上市公司将募集资金违规用于质押、未经批准开立账户转移募集资金、未经许可将募集资金转作其他用途等。

(15) 存在大额外币收付记录,而被审计单位并不涉及进出口业务。

(16) 被审计单位以各种理由不配合注册会计师实施银行函证、不配合注册会计师至人民银行或基本户开户行打印《已开立银行结算账户清单》。

(17) 与实际控制人(或控股股东)、银行(或财务公司)签订集团现金管理账户协议或类似协议。

三、其他需要保持警觉的事项或情形

注册会计师在审计其他财务报表项目时,还可能关注到其他亦需要保持警觉的事项或情形。例如:

(1) 存在没有真实业务支持或与交易不相匹配的大额资金或汇票往来。

(2) 存在长期挂账的大额预付款项等。

(3) 存在大量货币资金的情况下仍高额或高息举债。

(4) 付款方全称与销售客户名称不一致、收款方全称与供应商名称不一致。

(5) 开具的银行承兑汇票没有银行承兑协议支持。

(6) 银行承兑票据保证金余额与应付票据相应余额比例不合理。

(7) 存在频繁的票据贴现。

(8) 实际控制人(或控股股东)频繁地进行股权质押(冻结)且累计被质押(冻结)的股权占其持有被审计单位总股本的比例较高。

(9) 存在大量货币资金的情况下,频繁发生债务违约,或者无法按期支付股利或偿付债务本息。

(10) 首次公开发行股票(IPO)公司申报期内持续现金分红。

(11) 工程付款进度或结算周期异常等。

【例11-1】 审计项目组在审计工作底稿中记录了所了解的被审计单位的内部控制,部分内容摘录如下:

(1) 出纳员李敏负责从银行获取对账单。

(2) 采购部负责验收所采购的原材料,并将验收合格的原材料交予仓储部门保管。

(3) 公司财务印鉴和行政印鉴合并,统一由行政人员李敏保管。

(4) 负责记录应付账款账目的财务部人员每月根据相关部门交来的存货采购发票,记录应付账款。

要求:

逐项指出上述被审计单位相关内部控制是否存在缺陷。如果存在缺陷,简要提出改进建议。

【解析】

事项序号	内部控制是否存在缺陷(是/否)	改进建议
(1)	否	—
(2)	是	应由采购部门以外的其他部门(例如单独设立的验货部门等)负责所采购原材料的验收工作
(3)	是	公司财务印鉴和行政印鉴应该由不同的人员保管,以确保相互监督和制衡的原则
(4)	是	应付账款的确认依据应包括订购单、验收单,而不能只检查采购发票

任务二 进行货币资金控制测试

一、库存现金控制测试

(一) 库存现金付款审批和复核

1. 内部控制要求

(1) 部门经理审批本部门的付款申请,审核付款业务是否真实发生、付款金额是否准确以及后附票据是否齐备,并在复核无误后签字认可。

(2) 财务部门在安排付款前,财务经理再次复核经审批的付款申请及后附相关凭据或证明,如核对一致,进行签字认可并安排付款。

2. 控制测试程序

(1) 询问相关业务部门的部门经理和财务经理其在日常现金付款业务中执行的内部控制,以确定其是否与被审计单位内部控制政策要求保持一致。

(2) 观察财务经理复核付款申请的过程,是否核对了付款申请的用途、金额及后附相关凭据以及在核对无误后是否进行了签字确认。

(3) 重新核对经审批及复核的付款申请及其相关凭据,并检查是否经签字确认。

(二) 库存现金盘点

1. 内部控制要求

(1) 会计主管指定应付账款会计每月月末的最后一天对库存现金进行盘点,根据盘点结果编制库存现金盘点表,将盘点余额与库存现金日记账余额进行核对,并对差异调节项进行说明。

(2) 会计主管复核库存现金盘点表,如盘点金额与库存现金日记账余额存在差异且差异金额超过2万元,需查明原因并报财务经理批准后进行财务处理。

2. 控制测试程序

(1) 在每月最后一天参与被审计单位的库存现金盘点,检查是否由应付账款会计进行现金盘点。

(2) 观察库存现金盘点程序是否按照盘点计划的指令和程序进行,是否编制了库存现金盘点表并根据内控要求经财务部相关人员签字复核。

(3) 检查库存现金盘点表中记录的现金盘点余额是否与实际盘点金额保持一致,库存现金盘点表中记录的现金日记账余额是否与被审计单位库存现金日记账中余额保持一致。

(4) 针对调节差异金额超过2万元的调节项,检查是否经财务经理批准后进行账务处理。

【例11-2】 北京嘉达酒厂制定了以下与库存现金相关的内部控制措施:

(1) 库存现金盘点表需经过财务部相关人员的签字复核。

(2) 会计主管复核库存现金盘点表,如发现差异金额超过20 000元,查明原因后直接进行财务处理。

(3) 付款申请需经过财务经理的复核与签字。

(4) 出纳每日进行库存现金盘点并与账面余额核对。

要求:判断以上哪些与库存现金相关的内部控制措施是无效的。

【解析】

第(2)项是不正确的。会计主管复核库存现金盘点表时,如盘点金额与库存现金日记账余额存在差异且差异金额超过20 000元,须查明原因并报财务经理批准后进行财务处理。

二、银行存款控制测试

(一) 银行账户开立、变更和注销

1. 内部控制要求

会计人员根据被审计单位的实际业务需要就银行账户的开立、变更和注销提出申请,经财务经理审核后报总经理审批。

2. 控制测试程序

(1) 询问会计人员被审计单位本年开户、变更、撤销的整体情况。

(2) 取得本年度账户开立、变更、撤销申请项目清单,检查清单的完整性,并在选取适当样本的基础上检查账户的开立、变更、撤销项目是否已经财务经理和总经理审批。

(二) 银行付款的审批和复核

1. 内部控制要求

(1) 由部门经理审批本部门的付款申请,审核付款业务是否真实发生、付款金额是否准确,以及后附票据是否齐备,并在复核无误后签字认可。

(2) 财务部门在安排付款前,财务经理再次复核经审批的付款申请及后附相关凭据或证明,如核对一致,进行签字认可并安排付款。

2. 控制测试程序

(1) 询问相关业务部门的部门经理和财务经理在日常银行付款业务中执行的内部控制,以确定其是否与被审计单位内部控制政策要求保持一致。

(2) 观察财务经理复核付款申请的过程,是否核对了付款申请的用途、金额及后附相关凭据,以及在核对无误后是否进行了签字确认。

(3) 重新核对经审批及复核的付款申请及其相关凭据,并检查是否经签字确认。

(三) 银行存款余额调节表编制

1. 内部控制要求

(1) 每月月末,会计主管指定应收账款会计核对银行存款日记账和银行对账单,编制银行存款余额调节表,使银行存款账面余额与银行对账单调节相符。如存在差异项,查明原因并进行差异调节说明。

(2) 会计主管复核银行存款余额调节表,对需要进行调整的调节项目及时进行处理,并签字确认。

2. 控制测试程序

(1) 询问应收账款会计和会计主管,以确定其执行的内部控制是否与被审计单位内部控制政策要求一致,特别是针对未达账项的编制及审批流程。

(2) 针对选取的样本,检查银行存款余额调节表,查看调节表中记录的企业银行存款日记账余额是否与银行存款日记账余额保持一致、调节表中记录的银行对账单余额是否与被审计单位提供的银行对账单中的余额保持一致。

(3) 针对调节项目,检查是否经会计主管的签字复核。

(4) 针对大额未达账项进行期后收付款的检查。

任务三 实施货币资金实质性程序

一、库存现金的实质性程序

库存现金通常被列为审计的重点。通常情况下,虽然库存现金占资产总额比例不高,却是最容易出问题的几个科目之一。

(一) 库存现金的审计目标

库存现金是指单位为了满足经营过程中零星支付需要而保留的现金。库存现金的审计目标通常包括:

(1) 确定被审计单位资产负债表的"货币资金"项目中的库存现金在资产负债表日是否存在("存在"认定)。

(2) 确定记录的库存现金是否为被审计单位所拥有或控制("权利与义务"认定)。

(3) 确定被审计单位所有应当记录的现金收支业务是否均已记录完毕,有无遗漏("完整性"认定)。

(4) 确定库存现金的期末余额是否正确("准确性、计价和分摊"认定)。

(5) 确定库存现金在财务报表中的列报是否恰当("列报"认定)。

(二) 库存现金的实质性程序

库存现金的实质性程序一般包括:

(1) 核对库存现金日记账与总账的金额是否相符,如果不相符,应查明原因,必要时应建议作出适当调整。

(2) 监盘库存现金。监盘库存现金是证实资产负债表中货币资金项目所列库存现金是否存在的一项重要审计程序。盘点的库存现金包括已收到但未存入银行的现金、零用金、找换金等。盘点库存现金的时间和人员应视被审计单位的具体情况而定,参加盘点的人员包括被审计单位的现金出纳员和会计主管人员,同时,注册会计师进行现场监盘。监盘库存现金的步骤与方法如下:

(1) 制定库存现金盘点程序,实施突击性的检查。盘点时间最好选择在上午上班前或下午下班后。在进行现金盘点前,应由出纳员将现金集中起来存入保险柜(必要时可加以封存),然后由出纳员把已办妥现金收付手续的收付款凭证内容记入库存现金日记账。如被审计单位库存现金存放部门有两处或两处以上的,应同时进行盘点。

(2) 审查库存现金日记账,同时与现金收付凭证核对。检查库存现金日记账的记录与凭证的内容和金额是否相符,日期是否相符或接近。

(3) 由出纳员根据库存现金日记账的加计数额和累计数额,结出库存现金的结余额。

(4) 盘点保险柜内的现金实存数,由审计人员编制"库存现金监盘表",分币种、面值列示盘点金额。出纳员、会计主管及注册会计师应在"库存现金监盘表"上共同签字,作为重要的审计工作底稿。

库存现金监盘表如表11-1所示。

表 11-1　　　　　　　　　　　　　库存现金监盘表

企业：　　　　　　　　　　编制：　　　　　　　　　　日期：
币种：　　　　　　　　　　复核：　　　　　　　　　　日期：

项　　　目	金　　额	备　　注
实点库存现金金额 加： 减： 库存现金实际占用额		
库存现金账面金额(　年　月　日) 银行核定库存现金金额		

(5) 将盘点金额与库存现金日记账余额进行核对。如有差异，应查明原因，并进行记录和调整。

(6) 若有冲抵库存现金的借条、未提现支票、未作报销的原始凭证，应在"库存现金监盘表"中注明，必要时应提请被审计单位作出调整。

(7) 在资产负债表日后进行盘点时，运用调节法，调整至资产负债表日的金额。调整公式为：

$$\text{资产负债表日库存现金实存金额} = \text{盘点日库存现金实存金额} + \text{资产负债表日后至盘点日库存现金支出数} - \text{资产负债表日后至盘点日库存现金收入数}$$

(三) 抽查大额库存现金收支

注册会计师应检查大额现金收支的原始凭证是否齐全、内容是否完整，有无授权批准，记账凭证与原始凭证是否相符，账务处理是否正确。如有与被审计单位生产经营无关的收支事项，应查明原因，并作适当的记录。

(四) 审查库存现金收支的正确截止日期

注册会计师应抽查资产负债表日前后若干天、一定金额以上的现金收支凭证实施截止测试，验证库存现金收支截止日期的正确性，以确定是否存在跨期事项。

(五) 检查库存现金在财务报表中的列报

检查库存现金是否在财务报表中作出恰当充分的列报。

【例 11-3】 在对 A 公司年度财务报表进行审计时，甲注册会计师负责审计货币资金项目。A 公司在总部和分部均设有出纳部门。

(1) 甲注册会计师在监盘前一天通知 A 公司会计主管人员做好监盘准备。

(2) 对总部和分部库存现金的监盘时间分别定在上午九点和下午三点。

(3) 监盘工作由甲注册会计师和 A 公司会计主管人员共同进行。

(4) 现金盘点前，出纳员将现金集中起来存入保险柜，把已办妥现金收付手续的收付款凭证登入库存现金日记账。然后，甲注册会计师当场盘点现金。

要求：

判断上述第(1)至第(4)项库存现金监盘工作中是否存在不当之处。如果存在不当之处，提出改进建议。

【解析】

序号	不当之处	改进建议
(1)	提前通知A公司会计主管人员做好监盘准备的做法不当	甲注册会计师最好实施突击性检查
(2)	没有同时监盘总部和营业部库存现金的做法不当	甲注册会计师应组织同时监盘总部和分部的库存现金;若不能同时监盘,则应对后监盘的库存现金实施封存
(3)	甲公司现金出纳员没有参与盘点的做法不当	盘点人员应包括出纳、会计主管人员,监盘人员为注册会计师
(4)	现金盘点操作程序不当	库存现金应由出纳盘点,由注册会计师监盘

二、银行存款的实质性程序

银行存款审计是指对银行存款及其收付业务的真实性、正确性和合法性进行的审查。银行存款审计对揭示银行存款收支业务中存在的差错弊端、保护银行存款的安全完整、保证企业严格遵守国家结算纪律等方面有着重要的意义。银行存款审查的要点是:①审查银行存款内部控制制度的健全性和有效性;②审查银行存款余额的真实性和正确性;③审查银行存款收支业务的合规性和合法性。

(一) 银行存款的审计目标

银行存款是指企业存放在银行的货币资金。按照国家现金管理和结算制度的规定,每个企业都要在银行开立账户,称为"结算户存款",用来办理存款、取款和转账结算。银行存款的审计目标通常包括:

(1) 确定被审计单位资产负债表的"货币资金"项目中的银行存款在资产负债表日是否确实存在("存在"认定)。

(2) 确定记录的银行存款是否为被审计单位所拥有或控制("权利与义务"认定)。

(3) 确定被审计单位所有应当记录的银行存款收支业务是否均已记录完毕,有无遗漏("完整性"认定)。

(4) 确定银行存款的期末余额是否正确("准确性计价和分摊"认定)。

(5) 确定银行存款在财务报表中的列报是否恰当("列报"认定)。

(二) 银行存款的实质性程序

银行存款的实质性程序一般包括:

(1) 获取或编制银行存款余额明细表。获取或编制银行存款余额明细表,复核加计是否正确,并与总账数和日记账合计数核对是否相符。如果不相符,应查明原因,必要时应建议作出适当调整。

(2) 执行实质性分析程序。注册会计师应比较银行存款余额的本期实际数与预算数以及与上年度账户的差异变动;应计算银行存款累计余额应收利息收入,分析比较被审计单位银行存款应收利息收入与实际利息收入的差异是否恰当;检查银行存款中定期存款的比例,确定是否存在高息资金拆借的情况。

(3) 取得并检查银行存款余额对账单和银行存款余额调节表。取得并检查银行存款余额对账单和银行存款余额调节表是证实资产负债表中所列银行存款是否存在的重要程序。注册会计师在取得或编制银行存款余额调节表后,首先应核实银行存款余额调节表数据计算的正确性,然后调查未达账项的真实性。

(三) 函证银行存款余额

函证银行存款余额是证实资产负债表所列货币资金中的银行存款是否存在的又一重要程序。注册会计师应当对银行存款(包括零余额账户和在本期内注销的账户)、借款及与金融机构往来的其他重要信息全部实施函证程序。

银行询证函示例如图 11-1。

银行询证函

编号:

×××银行:

本公司聘请×××会计师事务所正在对本公司的财务报表进行审计,按照中国注册会计师审计准则的要求,应当询证本公司与贵行的存款、借款往来等事项。下列数据出自本公司的账簿记录,如与贵行记录相符,请在本函下端"数据证明无误"处签章证明;如有不符,请在"数据不符"处列明不符金额。有关询证费用可直接从本公司账户中收款。回函请直接寄至×××会计师事务所。

通信地址:

邮编: 电话: 传真:

截至 年 月 日,本公司银行存款、借款账户余额等列示如下:

1. 银行存款

账户名称	银行账号	币种	利率	余额	备注

2. 银行借款

银行账户	币种	余额	借款日期	还款日期	利率	借款条件	备注

3. 其他事项

(公司签章)

结论:(1) 数据证明无误。

(银行签章)

(日期)

(2) 数据不符,不符金额为:

(银行签章)

(日期)

图 11-1 银行询证函示例

(四) 抽查大额银行存款收支

注册会计师应抽查大额银行存款收支的原始凭证,检查原始凭证是否齐全、记账凭证与原始凭证是否相符、账务处理是否正确、是否记录于恰当的会计期间等内容。如有与被审计单位生产经营无关的收支事项,应查明原因并进行相应的记录。

(五) 检查银行存款收支的正确截止日期

审计人员应选取资产负债表日前后若干张、一定金额以上的凭证实施截止测试,关注业务内容及对应项目,如有跨期收支事项,应考虑是否提请被审计单位进行调整。

(六) 检查银行存款在财务报表中的列报

检查银行存款是否在财务报表中作出恰当充分的列报。

【例 11-4】 A 公司是 B 会计师事务所的常年审计客户,甲注册会计师负责审计 A 公司 2023 年度财务报表,确定财务报表整体的重要性为 500 万元。与货币资金审计相关的部分事项如下:

(1) 甲注册会计师实施实质性分析程序发现,甲公司 2023 年度账面记录的银行存款利息收入明显少于预期值,经调查系年内向关联方借出资金,因借出资金已于年末收回,不影响银行存款余额,A 公司账面未作记录。故甲注册会计师认为不存在错报。

(2) A 公司一笔 1 000 万元的定期存款于 2024 年 1 月到期。甲注册会计师于 2023 年年末检查了相关的开户证实书原件,于 2024 年 2 月检查了到期兑付的银行凭证及相关的银行对账单,并据此认可了该笔定期存款的存在。

(3) A 公司与其子公司 C 银行签订的集团现金管理账户协议约定,子公司银行存款账户余额超过 500 万元的部分自动拨入甲公司银行账户。甲注册会计师检查了相关协议及甲公司银行存款日记账,结果满意。

(4) 为验证银行对账单的真实性,甲注册会计师要求 A 公司财务人员提供相关的网银记录截屏,并亲自到银行获取对账单。此外,甲注册会计师还观察 A 公司财务人员登录并操作网银系统导出信息的过程,核对网银界面的真实性,核对网银中显示和下载的信息与对账单中信息的一致性,结果满意,决定不实施函汇程序。

要求:

针对上述资料,逐项指出甲注册会计师的做法是否恰当。如不恰当,简要说明理由。

【解析】

事项序号	是否恰当 (恰当/不恰当)	理　　由
(1)	不恰当	可能存在关联方交易的披露错报
(2)	不恰当	定期存款期末余额重大,应当实施银行函证程序
(3)	不恰当	甲注册会计师应该通过函证向 C 银行确认资金归集账户的具体信息
(4)	恰当	——

引导案例解析

审计要严格遵守相关准则，按照制订的审计程序实施控制测试和实质性测试，评估重要性，对涉及重大金额以及控制薄弱环节的增加审计程序。通过控制测试和实质性测试，可以从总体上把握审计质量，控制审计风险。审计是一项具有高风险的工作，而且这种风险难以完全避免，只能通过实施各种有效的审计程序，保持谨慎的态度而降低。注册会计师应增强风险意识，提升自我水平，识别被审单位内部控制漏洞，评估风险。审计工作主要由注册会计师主持进行，注册会计师的水平很大程度上影响到审计报告的可靠性，注册会计师应以谨慎的态度实施审计程序。

素养园地

康得新复合材料集团股份有限公司（以下简称"康得新"）是一家主营新材料、智能显示、碳纤维的上市公司。2019年1月15日，公司因未能按照约定筹措足额资金兑付短期融资券本息，构成实质违约。根据康得新控股股东康得投资集团与北京银行西单支行的现金管理合作协议，康得投资集团可以实时从康得新公司账上划资金，使本该属于康得新的122亿元现金被控股股东占用。北京银行对瑞华会计师事务所函证的回复显示"银行存款该账户余额为0元，该账户在我行有联动账户业务，银行归集金额为122.1亿元"。根据上述协议，康得新的账户余额按照零余额管理，即康得新账上的钱会自动划到康得新投资集团账户，康得新没有自主支配的权利。2019年4月29日，瑞华会计师事务所对康得新2018年度财务报表出具了无法表示意见。

根据《上市公司治理准则》，控股股东与上市公司应实行财务分开、独立核算。在审计过程中，会计师事务所要按照制定的审计程序实施控制测试和实质性测试，评估重要性水平，对涉及重大金额以及控制薄弱环节的事项增加审计程序。通过控制测试和实质性测试，会计师事务所要从总体上把握审计质量，控制审计风险，提升审计监督的效能，保障经济社会健康发展。

我国自1982年《宪法》确立国家审计制度以来，从最初学习借鉴西方，到不断探索完善，走过了一段不平凡的历程，审计工作在维护国家财政经济秩序、提高财政资金使用效益、促进廉政建设、保障经济社会健康发展等方面发挥了重要作用，但也存在一些影响审计监督效能发挥的深层次问题。坚持敢审敢严、真审真严，牢固树立"有问题没有发现是失职、发现问题不报告是渎职"的意识，坚持查真相、说真话、报实情，在职责范围内大胆监督，不管多大的问题，不管涉及谁，都坚持原则、一查到底。着力提升斗争本领，通过强化专业训练和审计实践锻炼，增强审计干部能查能说能写本领，以专业能力确保审计质量。

项目知识结构

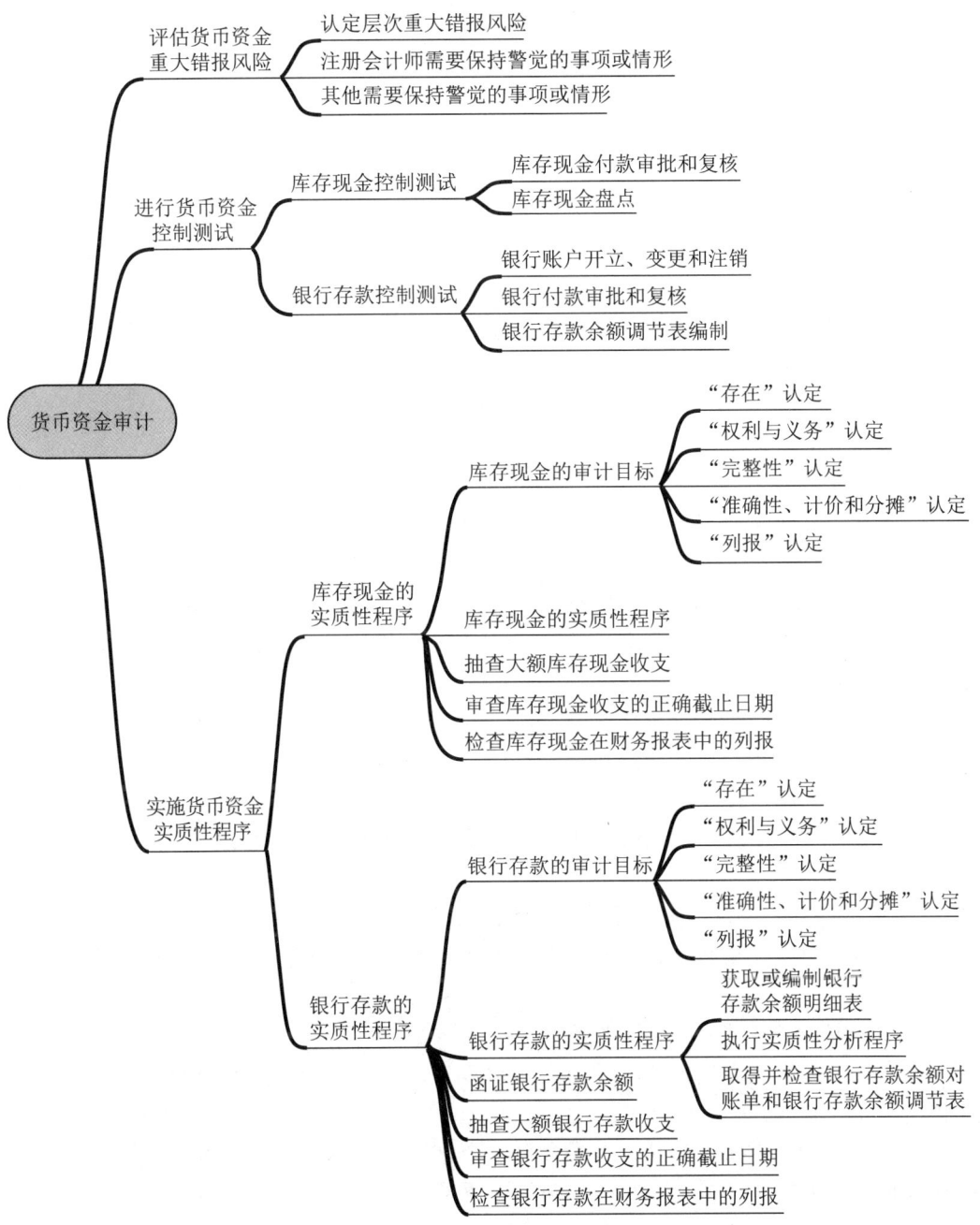

技能训练

一、单项选择题

1. 下列与库存现金业务有关的职责可以不分离的是（　　）。
   A. 库存现金支付的审批与执行
   B. 库存现金保管与库存现金日记账的记录
   C. 库存现金的会计记录与定期盘点监督
   D. 库存现金日记账与库存现金总账的记录

2. 在下列各项措施中，最有可能防止员工挪用现金收入的内部控制是（　　）。
   A. 库存现金收取与应收账款过账之间职责分离
   B. 坏账冲销直接由主管授权，不经过信用审批部门的批准
   C. 监督每日库存现金汇总表与库存现金日记账之间的核对
   D. 对库存现金日记账和每日库存现金汇总表实施独立的内部控制

3. 货币资金审计不涉及的凭证与记录是（　　）。
   A. 库存现金盘点表　　　　　　B. 银行对账单
   C. 银行存款余额调节表　　　　D. 库存现金对账单

4. 对库存现金实有数额的审计应通过对库存现金实施（　　）来进行的。
   A. 函证　　　B. 重新计算　　　C. 分析程序　　　D. 监盘

5. 核实银行存款的实有数额，采用（　　）或派人到开户银行取得资产负债表日银行存款数额的证明。
   A. 询问　　　B. 函证　　　C. 重新计算　　　D. 监盘

二、多项选择题

1. 以下审计程序中，与货币资金项目的权利和义务认定相关的有（　　）。
   A. 函证银行存款余额
   B. 关注是否存在质押、冻结等对变现有限制或存在境外的款项
   C. 检查银行存款账户存款人是否为被审计单位，获取该账户户主和被审计单位的书面声明
   D. 检查银行存款收支的截止是否正确

2. 在（　　）情况下，注册会计师应对被审计单位会计报表的期初余额作适当的审计。
   A. 进行股份制改造或申请公开发行股票企业，按法规规定，委托注册会计师对其会计报表进行审计，而其以前未接受过注册会计师审计
   B. 国有企业按法规规定委托注册会计师对其会计报表进行审计
   C. 被审计单位破产清算，按法规规定，委托注册会计师对其会计报表进行审计
   D. 被审计单位更换注册会计师

3. 注册会计师对期初余额进行审计，应当获取充分、适当的证据以证实（　　）。
   A. 会计报表期初余额是否存在对本期会计报表有重大影响的错报和漏报
   B. 上期期末余额是否正确结转至本期，或者已按要求恰当地重新表述

C. 本期期末存在的或有事项是否已作恰当处理
D. 上期适用的会计政策是否恰当,是否一贯遵循,变更是否合理

三、判断题

1. 单位对于重要货币资金支付业务,应当实行集体决策和审批,并建立责任追究制度。（　　）

2. 审计其他货币资金应当关注其是否有质押、冻结等对变现有限制,或存放在境外,或有潜在的回收风险。（　　）

3. 监盘库存现金通常采用突击的方式进行,库存现金保管人员不必始终在场。（　　）

4. 监盘库存现金必须有出纳员和被审计单位会计机构负责人参加,并由注册会计师亲自进行盘点。（　　）

5. 银行存款函证的目的不包括查找未入账的银行借款。（　　）

四、简答题

1. 试述现金的审计目标。
2. 试述银行存款实质性测试程序的主要内容。

项目十二
审计信息化

学习目标

素养目标

1. 熟悉信息化时代的审计模式,提高审计工作效率。
2. 通过了解国家推进审计信息化的战略定位,理解国家治理的内涵与重要性。

知识目标

1. 了解审计信息化的基本内容与发展历程。
2. 了解计算机辅助技术的基本概念。
3. 熟悉现阶段审计信息化的发展现状。
4. 掌握大数据审计。

能力目标

1. 能够明确计算机辅助技术的主要内容。
2. 能够通过学习审计信息化的主要内容,掌握信息化时代审计的发展方向。
3. 能够熟悉审计平台,理解实际操作中审计工作底稿的编制步骤。

任务一　认知审计信息化

一、信息化环境的形成

在我国,20 世纪 80 年代起,金融、财政、海关、税务、民航、铁道等重要行业开始广泛运用计算机、数据库、网络等现代信息技术进行管理,国家机关、企事业单位信息化趋向普及。信息化环境如图 12-1 所示。可见,信息技术对一个组织的运行起着至关重要的作用。以银行为例,银行的业务运行都离不开信息技术的支持,如存款系统、贷款系统、资金交易系统、国际业务系统、身份证识别系统、理财资产管理系统、信用风险管理系统、信用卡审批影像平台等,以及当前流行的手机银行系统、直销银行系统、微信银行系统等。

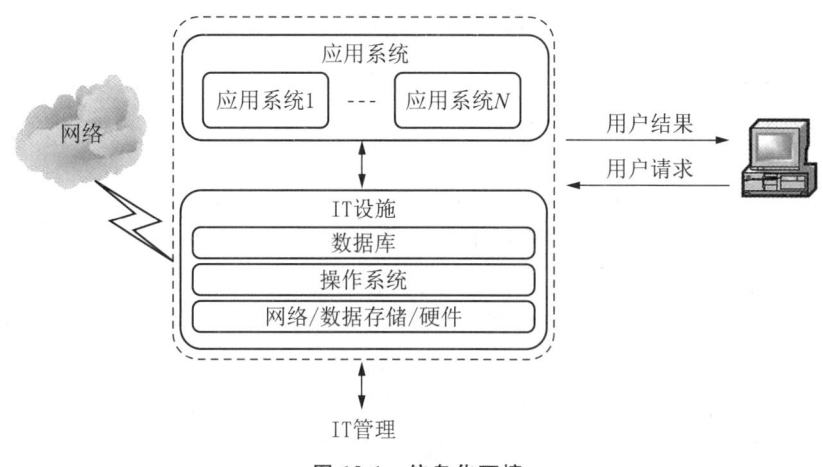

图 12-1　信息化环境

不难发现,信息化环境下审计工作发生了巨大的变化,以查账为主要手段的审计职业遇到了来自信息技术的挑战。审计对象的信息化客观上要求审计单位的作业方式必须及时作出相应的调整,要运用信息技术,全面检查被审计单位的经济活动,发挥审计监督的应有作用。因此,利用信息技术开展审计工作成为必然。

一方面,信息化环境下信息技术成为审计的对象,即如何对被审计单位应用的信息技术进行审计,一般情况下多称为信息系统审计(information system audit);另一方面,审计信息化环境下信息技术成为审计的技术,即审计人员如何应用信息技术开展审计工作,即计算机辅助审计技术(computer assisted audit techniques)。

计算机辅助审计技术是国际上比较流行的一个概念,为了满足信息化环境下审计的需要,基于计算机的应用对信息系统,或被信息系统处理的数据进行审计的技术。概括来说,常用的计算机辅助审计技术可以分成两类:一类是用于验证程序或系统的计算机辅助审计技术,即面向系统的计算机辅助审计技术;另一类是用于分析电子数据的计算机辅助审计技术,即面向数据的计算机辅助审计技术,也可以称为电子数据审计技术。电子数据审计是目前我国开展审计信息化的重点。计算机辅助审计技术内容如图 12-2 所示。

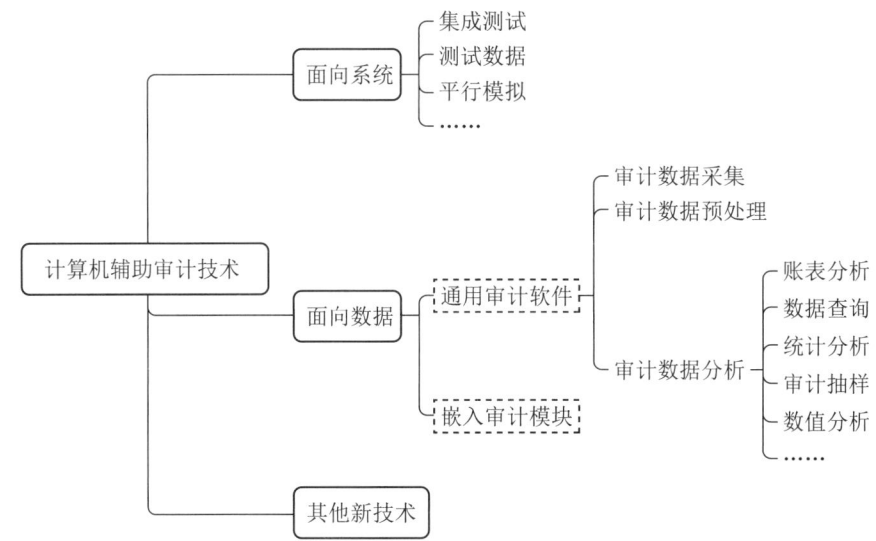

图 12-2 计算机辅助审计技术内容

二、审计信息化的发展

20世纪90年代末起,随着信息技术的迅猛发展,计算机技术在各行各业的运用越来越广泛,使得以审查会计账册和相关经济活动资料为主要方式的审计职业遇到了前所未有的挑战。不掌握计算机技术,就无法打开账本,更难以开展审计工作。1998年,审计署开始筹划审计信息化建设,1999年年底正式向国务院请示建设审计信息化系统。至此,中国审计信息化建设开始逐步推进。

根据国务院批复,审计署进一步明确了"总体规划、统一设计、整体推进、分步实施、推广应用、加强指导、勤俭节约、严谨细致"的建设思路。按照这一目标和思路,"金审工程"一期于2002年4月启动,突出了"规划、基础设施和基本应用";"金审工程"二期于2008年7月启动,突出了"初步建成国家审计信息系统""提升审计监督能力"。目前,"金审工程"一期、二期均已完成建设并通过国家发展改革委验收,"金审工程"三期已经国家发展

■ 审计信息化的发展

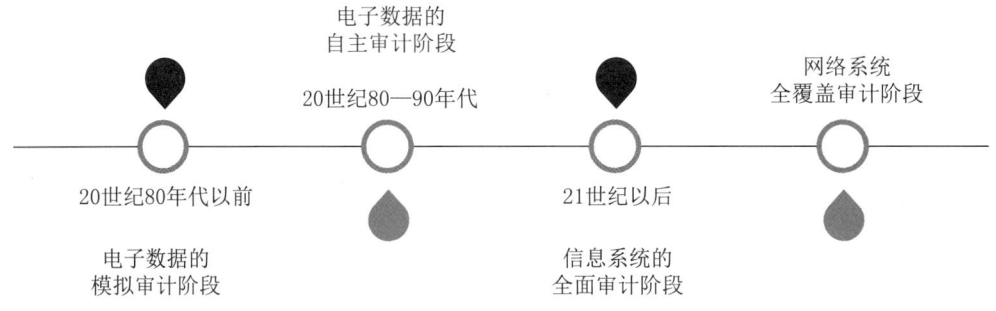

图 12-3 审计信息化的发展阶段

改革委批复并全面启动,国家审计大数据中心等应用系统需求梳理已完成,进入了全面开发阶段,网络系统、安全系统等其他内容建设正稳步推进。

三、审计信息化的内容

审计信息化是将传感、通信、计算机、控制等信息技术手段应用于审计工作,以全面改造审计业务流程、建立并完善新的审计工作方式、提高审计能力和水平的转变过程。

传统环境下,审计人员采用检查法、观察法、重新计算法、外部调查法、分析法、鉴定法等收集审计证据。信息化环境下,审计证据的获取更多是采用计算机技术对被审计电子数据进行分析来完成的,也就是说,通过对被审计单位的数据的分析,发现可疑数据,通过对可疑数据进行确认,最终获取审计证据。因此,信息化环境下,电子审计证据成为一种重要的证据形式。此外,信息化环境下,除了通过审计电子数据获得审计证据之外,审计被审计单位的信息系统,即信息系统审计,也是目前开展审计工作的一项重要工作。

目前,审计信息化可以主要归纳成两部分内容:审计管理信息化和审计作业信息化。审计作业信息化的内容与计算机审计相似,主要包括信息系统审计和电子数据审计,如图 12-4 所示。

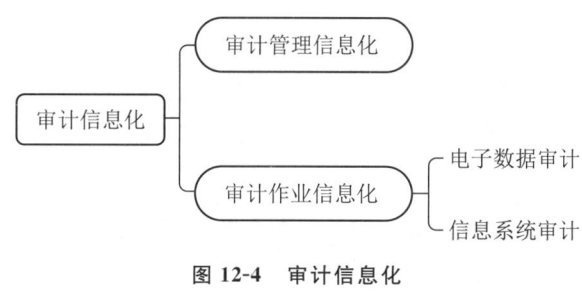

图 12-4 审计信息化

四、审计管理信息化

审计管理一般包括审计公文与文书处理、被审计单位资料信息管理、审计人员信息管理、项目资料管理、项目计划管理、经费安排、法律法规管理、人员培训等,除审计作业外,都可以归入审计管理系统。信息化环境下,审计管理信息化势在必行。办公自动化是目前管理信息化的重要实现方式,办公自动化主要是为了改变传统复杂、低效的手工办公方式,推行一种无纸化办公模式,它面向单位的日常运作和管理,采用互联网或移动互联网技术,使单位内部工作人员可以方便快捷地共享信息,高效协同工作,从而实现迅速、全方位的信息采集、处理,为单位管理和决策提供科学依据。办公自动化对审计单位的管理工作同样非常重要,审计单位开展审计管理信息化时可以借助"OA 办公",提升审计行政管理水平,实现公文办理等全过程的数字化。

概括来说,开展审计管理信息化的意义主要表现在如下方面:

(1) 减少纸质文件流转,审计单位需要大力推进无纸化办公,审计管理信息化越来越重要。

(2)通过建立科学的审计管理系统,实现审计单位管理信息化,可以有效促进审计管理上规范、上层次。

(3)通过审计管理信息化,可以加强审计单位的审计管理,规范电子文件的流转处理程序。

(4)通过审计管理信息化,可以为审计单位提供风险评估、审计计划制订、审计项目实施、审计整改跟踪、档案管理等方面的全过程规范化管理,从而提高审计管理效率。

五、电子数据审计

电子数据审计是目前审计工作的一个重要方面。在实际的审计工作中,为了避免影响被审计单位信息系统的正常运行,并保持审计的独立性,规避审计风险,审计人员在开展电子数据审计时,一般不直接使用被审计单位的信息系统进行查询分析和检查,而是将所需的被审计单位的电子数据采集到审计人员的计算机中,利用相关软件进行分析,电子数据审计工作中,数据对审计人员来说非常重要,审计的过程也是一个"用数据说话、用数据决策"的过程。电子数据审计原理如图12-5所示。

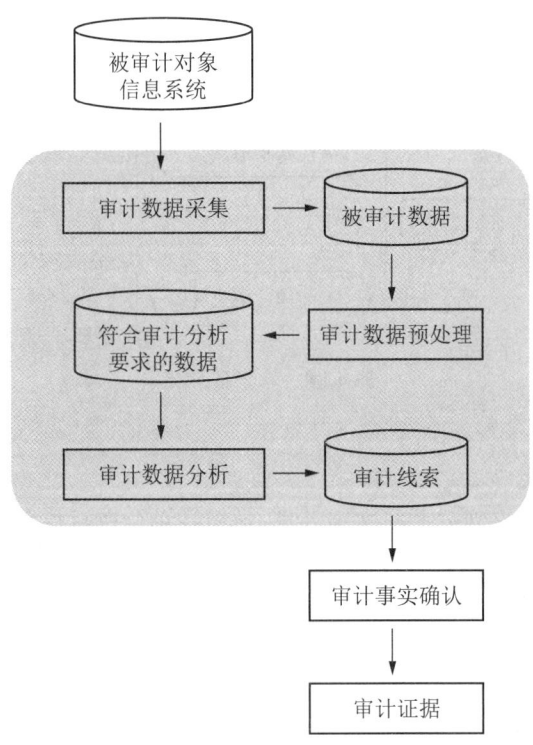

图 12-5　电子数据审计原理

六、信息系统审计

信息系统审计也是目前常用的概念,一般理解为对计算机系统的审计,信息系统审计的国际权威组织,国际信息系统审计与控制协会将信息系统审计定义如下:信息系统审计是收集和评估证据,以确定信息系统与相关资源能否适当地保护资产、维护数据完整、提供相关和可靠的信息、有效完成组织目标、高效率地利用资源并且存在有效的内部控制，以确保满足业务、运作和控制目标，在发生非期望事件的情况下，能够及时地阻止、检测或更正的过程。

七、大数据审计

大数据审计是指审计机构运用审计与大数据的技术、方法和工具，深度挖掘大量经济和社会运行数据，对被审单位的重大财务事项、经营管理活动以及相关资料的可靠性开展的一种独立的监督活动。随着大数据时代的到来，大数据审计会成为一种全新的数字化审计方式。审计人员通过收集数据资源，并运用数据整合的思维和方法，进行广泛而多维的关联分析，以验证被审计单位经济活动的真实性、合法性、合规性及效益性。

（一）大数据审计的发展

大数据审计是传统审计信息化的发展方向，大数据技术对审计工作的强大赋能，使得审计工作能够突破多方面的传统限制因素，带来多方面的深刻转变，这主要体现于以下几个方面。

1. 由抽样审计向全样本审计转变

传统审计模式是基于抽样方法的。通常审计人员通过对样本数据的检查和分析来判断系统的整体特征情况。选择抽样检查主要是为了控制审计成本，但是被抽样本的代表性太过于依赖审计人员的主观经验判断，容易导致审计结果的偏差。而大数据时代的到来，审计人员获得数据的广度和深度的大幅增加，以及大数据分析技术的大量应用，使得全样本审计成为可能，从而全面提升审计发现问题的能力，规避了抽样风险。

2. 由现场审计向非现场审计转变

传统审计模式通常采取现场审计，工作受到时间、地点以及人力的限制，导致审计效率不高。大数据审计则可以突破时间及空间的制约，审计人员通过互联网可以远程查询被审计单位相关数据信息，随着审计信息数据库的不断建设和完善，甚至可以实现全天候远程在线审计，极大地节约了审计成本，提高了审计效率。

3. 由关注因果关系向关注相关关系

一般情况下，发现事物之间的因果关系比较困难，而且许多因素会削弱特定的因果关系，从而导致因果关系的局限性。然而，即使审计人员不了解事物内在的因果关系，通过相关性关系还是能够把握事物现在的状态和未来的发展趋势。因此，相关性关系不仅给审计人员提供新的审计视角，而且能够突破传统审计视野局限。传统审计中，审计人员往往花费较大精力去探索审计样本数据之间的因果关系，审计成本较高，导致审计效率较低，而且容易受到偏见的影响，从而导致错误的结论。大数据环境下，更多的是通过对全样本数据进行基于关联性原则的技术分析，找出指标之间的相关性，进而快速挖掘出审计线索，发现重点怀疑对象并形成待核清单，制订有针对性的具体审计计划，不再轻易解释和探究指标之间的因果关系，进而大幅提升审计效率。

（二）大数据审计的优势

（1）全面覆盖。大数据审计能够深入分析企业的各个业务领域，全面了解企业经营情况，提高审计的准确性。

(2)实时监控。通过大数据技术监测企业业务数据,审计人员可以实时发现潜在的风险和问题,提前采取预防性措施。

(3)智能分析。利用数据挖掘、关联分析等大数据技术手段,大数据审计可以挖掘出企业内部隐藏的业务风险和违规行为。

(4)依据优化。大数据审计为传统审计提供了海量数据依据,能够帮助审计员发现问题、提供证据、支持结论。

(5)价值挖掘。大数据审计通过对企业的数据分析和研究,不仅可以实现风险控制,同时还能发现企业的发展潜力和优化方向。

(三)大数据审计的发展方向

大数据审计将从如下三方面推动审计工作的变革与创新。

(1)审计智能化。利用人工智能和机器学习技术,进行数据挖掘和自动化审计,提高审计效率和准确性。

(2)审计混合化。将传统审计方法和大数据审计方法相结合,利用传统的审计流程和技术,通过大数据分析来弥补传统审计的不足。

(3)审计实时化。随着技术的发展,未来大数据审计将逐渐实现实时化审计,通过实时监控和预警,及时发现潜在的风险和异常情况。

任务二 开展大数据审计分析实训

操作录屏:
大数据审计
分析(创建
数据集)

【大数据审计分析】的模块包括:文档上传、报表创建、数据集创建、主题创建等功能,主要用于同行业财务报表数据分析。接下来的实训中,我们将就利用平台进行数据分析操作。

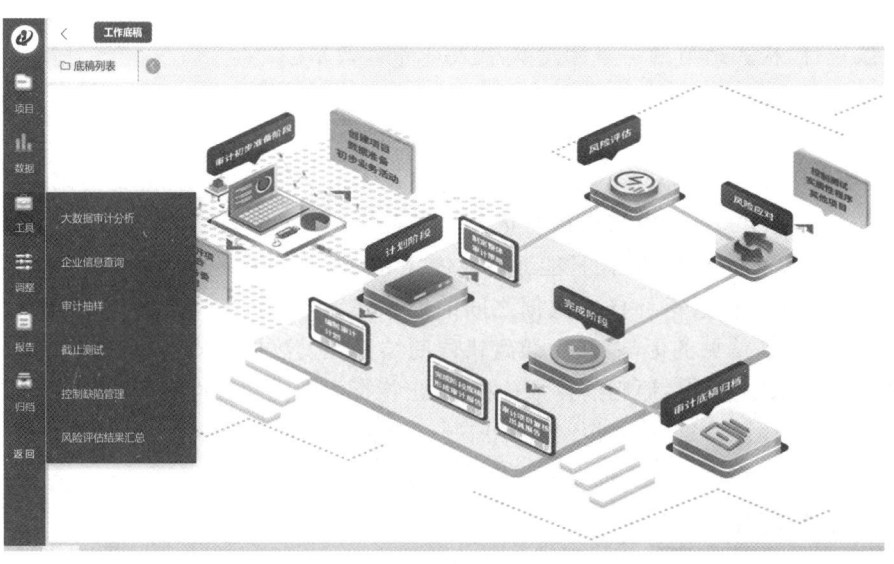

图 12-6 大数据审计分析平台首页

1. 大数据分析工具界面

单击进入大数据审计分析模块,可以查询到内置数据,如图12-7所示。

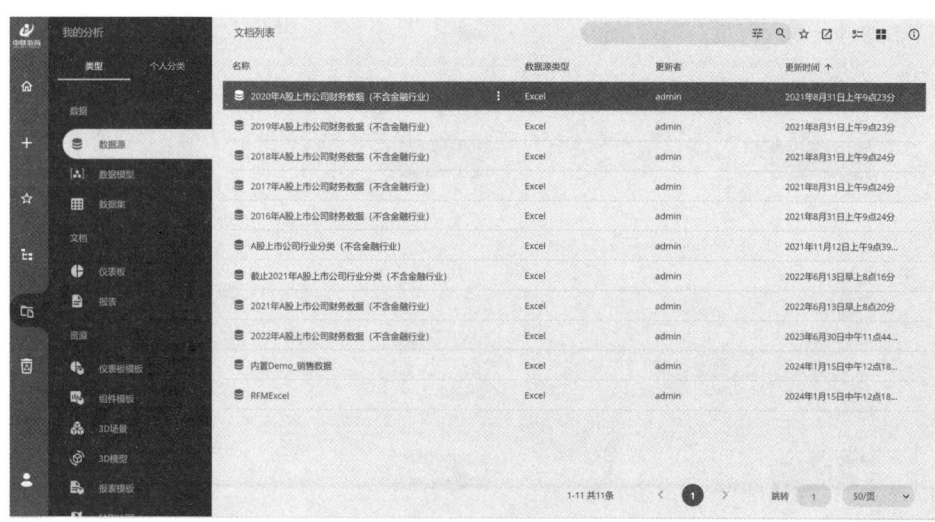

图12-7　内置数据源

2. 数据集的创建与使用

(1) 创建数据集。

① 创建数据集是数据加工的前提,是指将数据源添加到数据集设计器中,以便进行数据加工形成有效的数据模型。在创建数据集时,可以选择同一个数据源中的数据表,也可以选择多个数据源中的多个数据表进行联合跨源查询。如图12-8所示。

图12-8　创建数据集

② 点击数据集按钮,进入数据集设计器界面,如图12-9所示。

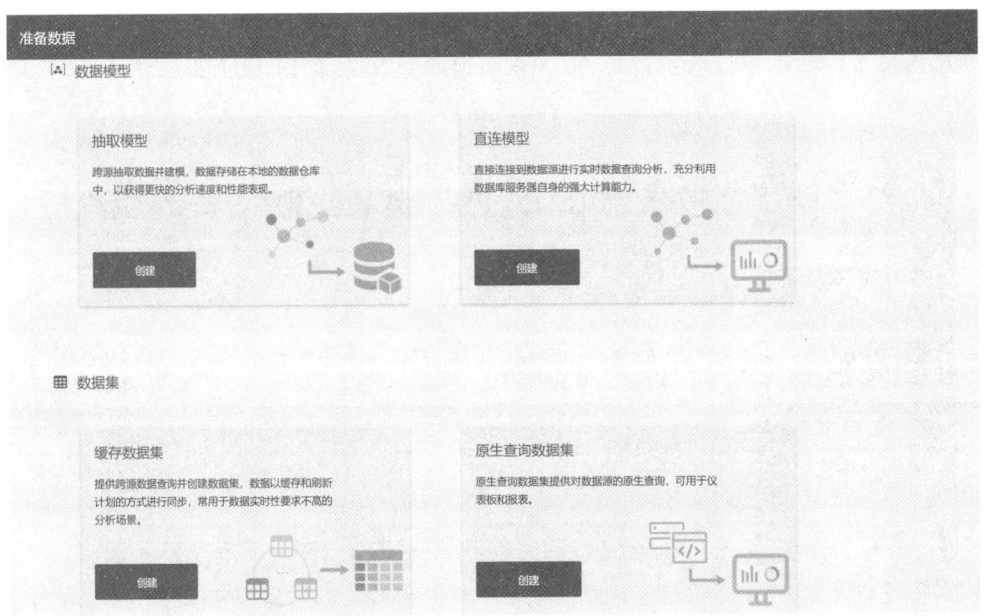

图 12-9 点击数据集

（2）报表数据集使用。

① 在数据集设计器的左侧，单击下拉箭头展开数据源列表。如图 12-10 所示。

图 12-10 数据源列表

② 在展开的数据源列表中选择一个或多个数据源，单击"确定"，将所选数据源包含的数据表及视图加载到数据源列表区。如图 12-11 所示。

图 12-11 加载数据表

③ 鼠标悬停至数据源,右侧即会出现预览图标"🔍",单击可预览表中的数据,如图 12-12 所示。

图 12-12 预览表中数据

3. 多表关联

(1) 在实际使用数据的过程中,经常会有需要将多个数据表拼接成一张表使用的情况,因此本数据分析工具提供了连接(join)和联合(union)功能来实现数据表的左右拼接和上下拼接。

(2) 连接解决的是横向合并(即左右合并)需求,它根据两个或多个表中列之间的关系进行数据查询,从而实现数据表的合并。连接的操作步骤如下:

① 将主表拖拽至关联关系设置面板中,如图 12-13 所示。

图 12-13 拖拽主表至关联关系设置面板

② 拖拽另一个数据表至主表的"连接"关系设定区域,释放鼠标即可弹出连接配置对话框,如图 12-14 所示。

图 12-14 连接配置对话框

③ 在弹出的配置对话框中,选择连接类型并配置连接条件,最后单击"保存"即可完成连接。两张表都含有证券代码字段,可自动连接。

图 12-15 保存连接配置

④ 连接后的界面,如图 12-16 和图 12-17 所示。

图 12-16 连接后的界面(一)

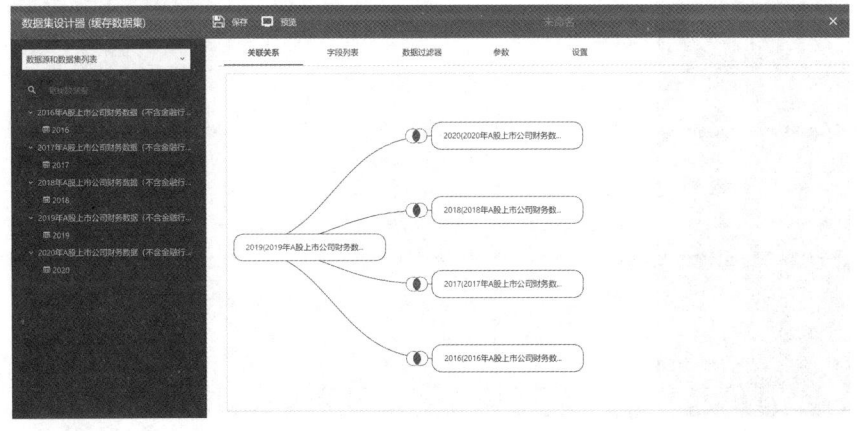

图 12-17 连接后的界面(二)

小贴士

数据加工名词解释

① 内连接(inner join):只返回两个表中联结字段相等的行,在表中存在至少一组匹配数据时返回行,若无匹配数据,则不返回。

② 左连接(left join):返回包括左表中的所有记录和右表中联结字段相等的记录。

③ 右连接(right join):返回包括右表中的所有记录和左表中联结字段相等的记录。

④ 全连接(full join):返回左表和右表中所有的行。

⑤ 全联合(union all):上下拼接数据表,结果集包含参与联合的数据表的所有行,记录中可能会有重复。

⑥ 联合(union):上下拼接数据表,结果集将在全联合的基础上去掉重复行。

4. 数据表内字段选择

(1) 可以从不同数据表中选择需要的字段。

图12-18 选择字段

(2) 选择完成后点击保存。

图12-19 保存选择

（3）保存数据集名称。

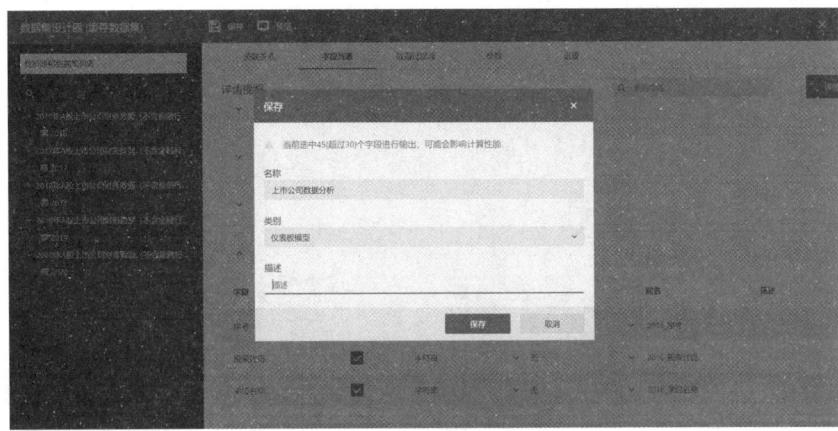

图 12-20　保存数据集名称

（4）数据集中预览已经选择好字段的数据。

图 12-21　预览数据

（5）可继续编辑数据集。

图 12-22　编辑数据集选项

5. 数据加工——添加计算字段

在详情视图中,可找到添加计算字段选项,如图 12-23 所示。

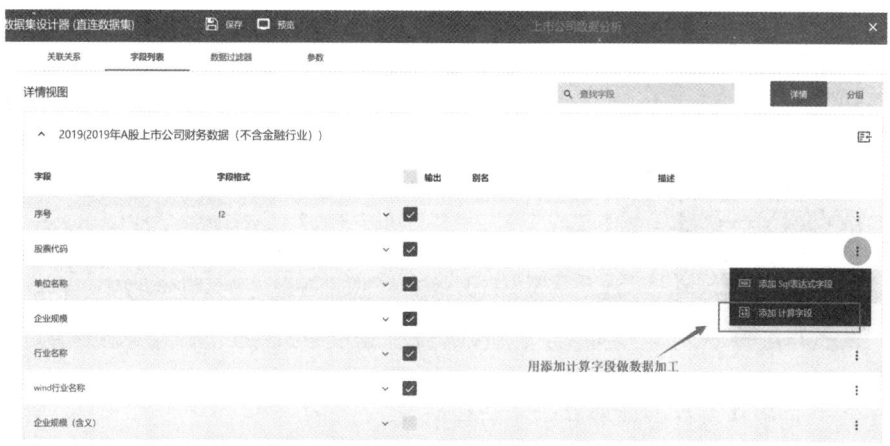

图 12-23 添加计算字段

(1) 添加资产负债率计算公式的页面如图 12-24 所示。

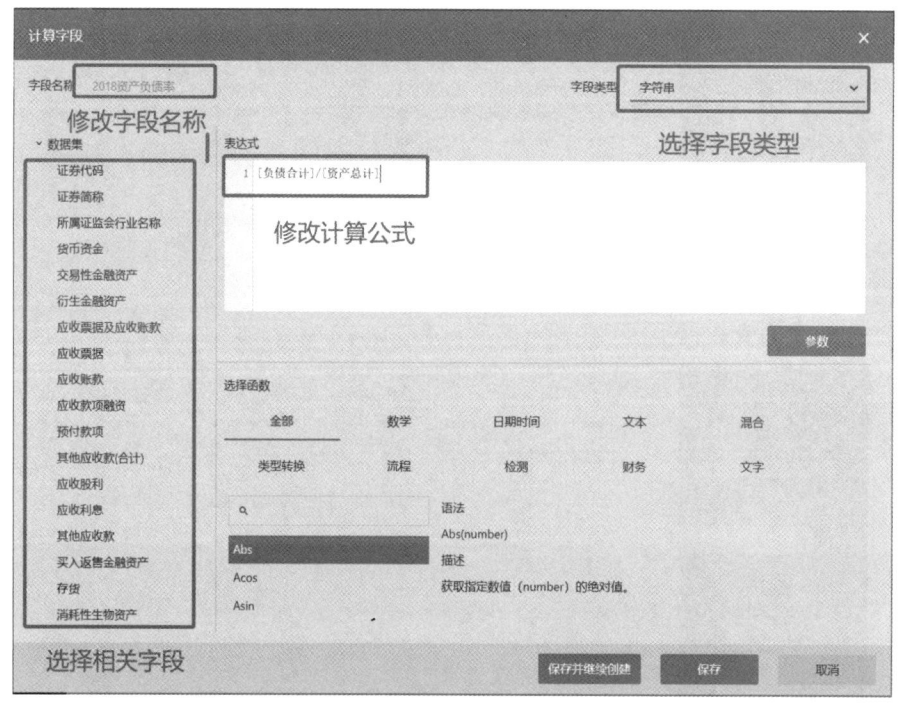

图 12-24 添加资产负债率计算公式

（2）查看添加的计算公式。

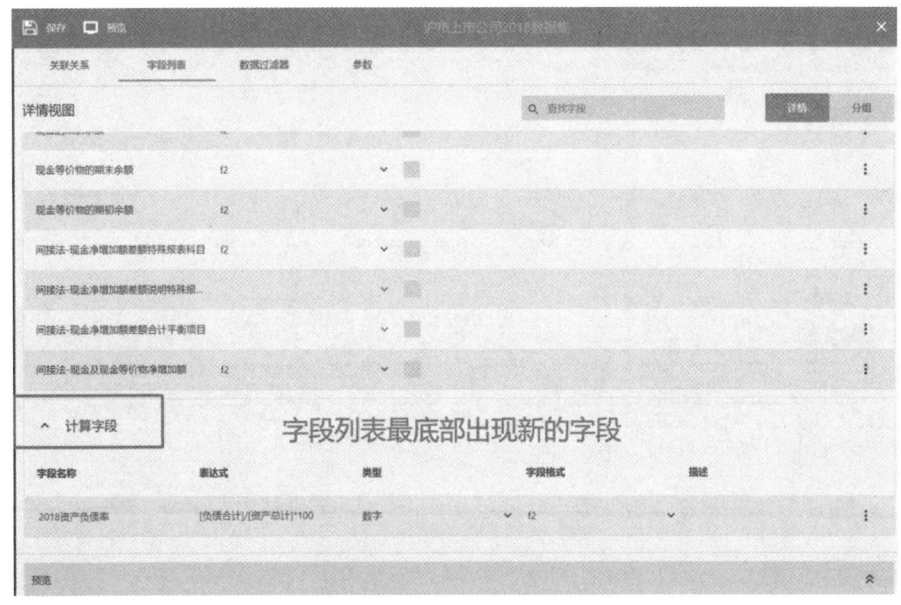

图 12-25　查看已添加的字段

6. 数据加工——添加数据过滤规则

在数据过滤器中可添加数据过滤规则，如图 12-26 所示。

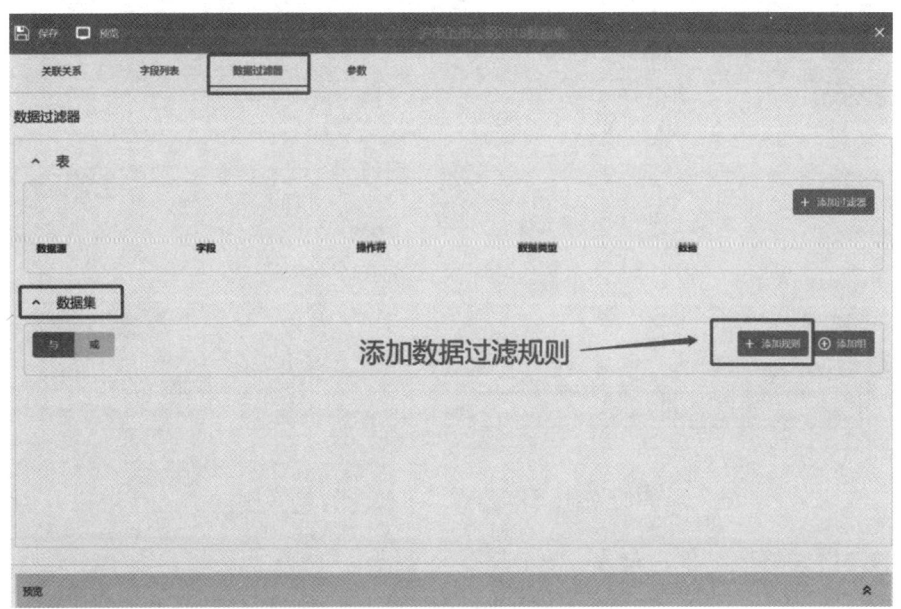

图 12-26　"添加数据过滤规则"选项

(1) 添加数据过滤规则,如图 12-27 所示。

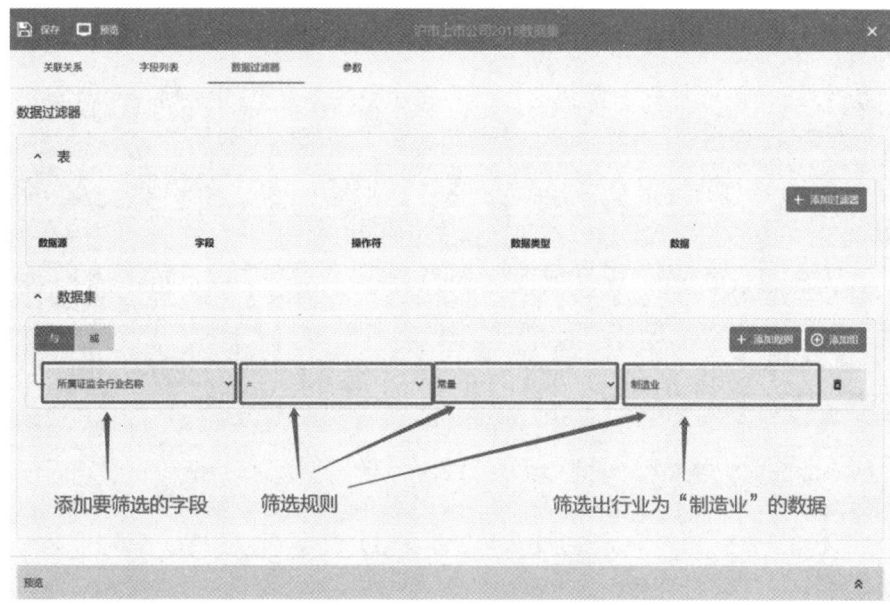

图 12-27　筛选行业为"制造业"的数据

(2) 添加多条筛选规则,如图 12-28 所示。

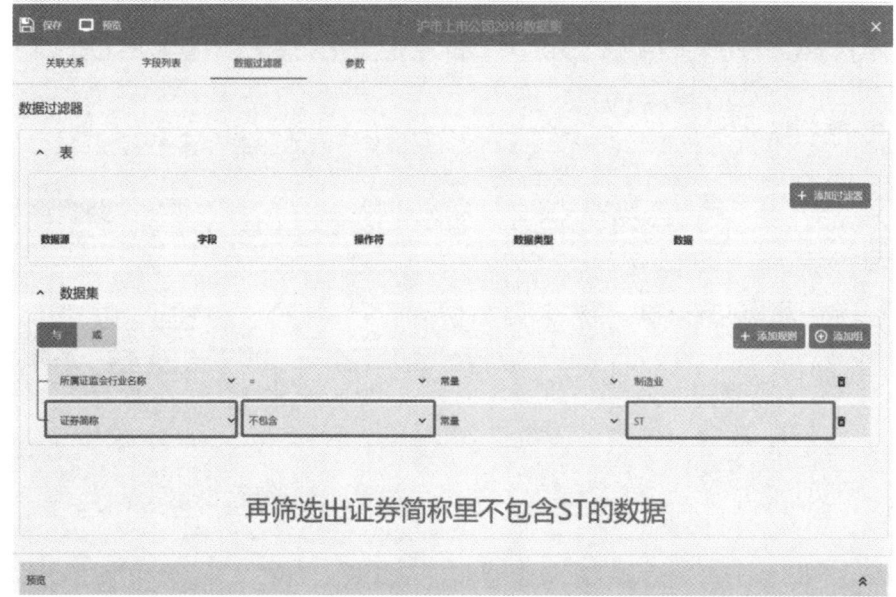

图 12-28　添加多条筛选规则

（3）保存后进行数据刷新，如图 12-29 所示。

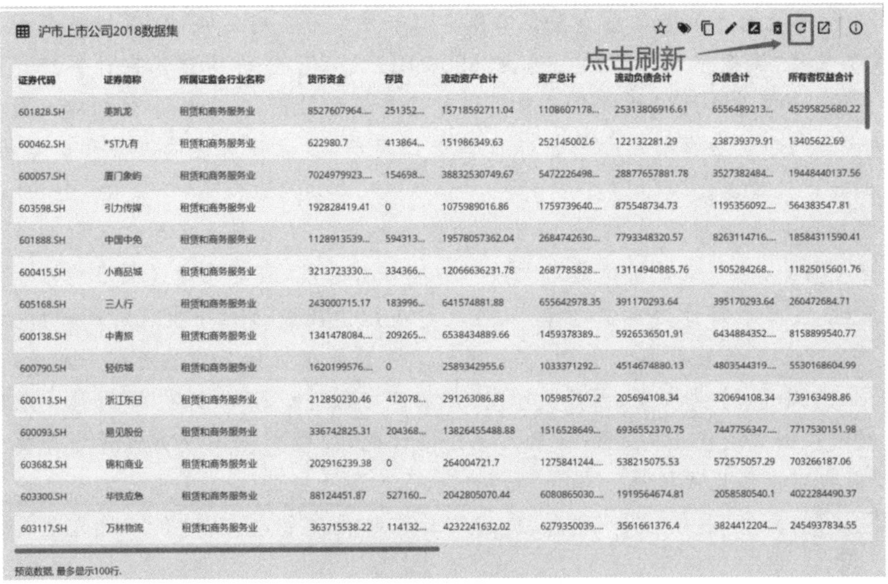
沪市上市公司2018数据集

证券代码	证券简称	所属证监会行业名称	货币资金	存货	流动资产合计	资产总计	流动负债合计	负债合计	所有者权益合计
601828.SH	美凯龙	租赁和商务服务业	8527607964....	251352...	15718592711.04	1108607178...	25313806916.61	6556489213...	45295825680.22
600462.SH	*ST九有	租赁和商务服务业	622980.7	413864...	151986349.63	252145002.6	122132281.29	238739379.91	13405622.69
600057.SH	厦门象屿	租赁和商务服务业	7024979923....	154698...	38832530749.67	5472226498...	28877657881.78	3527382484...	19448440137.56
603598.SH	引力传媒	租赁和商务服务业	192828419.41	0	1075989016.86	1759739640....	875548734.73	1195356092....	564383547.81
601888.SH	中国中免	租赁和商务服务业	1128913539...	594313...	19578057362.04	2684742630...	7793348320.57	8263114716....	18584311590.41
600415.SH	小商品城	租赁和商务服务业	3213723330....	334366...	12066636231.78	2687785828...	13114940885.76	1505284268...	11825015601.76
605168.SH	三人行	租赁和商务服务业	243000715.17	183996...	641574881.88	655642978.35	391170293.64	395170293.64	260472684.71
600138.SH	中青旅	租赁和商务服务业	1341478084....	209265...	6538434889.66	1459378389...	5926536501.91	6434884352....	8158899540.77
600790.SH	轻纺城	租赁和商务服务业	1620199576....	0	2589342955.6	1033371292...	4514674880.13	4803544319....	5530168604.99
600113.SH	浙江东日	租赁和商务服务业	212850230.46	412078...	291263086.88	1059857607.2	205694108.34	320694108.34	739163498.86
600093.SH	易见股份	租赁和商务服务业	336742825.31	204368...	13826455488.88	1516528649...	6936552370.75	7447756347....	7717530151.98
603682.SH	锦和商业	租赁和商务服务业	202916239.38	0	264004721.7	1275841244....	538215075.53	572575057.29	703266187.06
603300.SH	华铁应急	租赁和商务服务业	88124451.87	527160...	2042805070.44	6080865030....	1919564674.81	2058580540.1	4022284490.37
603117.SH	万林物流	租赁和商务服务业	363715538.22	114132...	4232241632.02	6279350039....	3561661376.4	3824412204....	2454937834.55

预览数据，最多显示100行.

图 12-29　进行数据刷新

（4）相关数据已经更新，界面中筛选出了制造业且不包含被 ST 企业的上市公司数据，如图 12-30 所示。

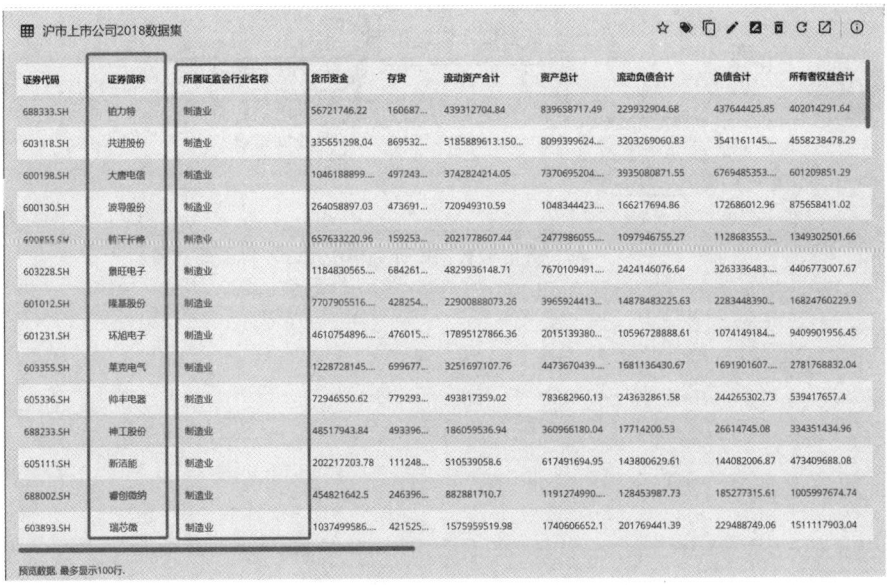
沪市上市公司2018数据集

证券代码	证券简称	所属证监会行业名称	货币资金	存货	流动资产合计	资产总计	流动负债合计	负债合计	所有者权益合计
688333.SH	铂力特	制造业	56721746.22	160687...	439312704.84	839658717.49	229932904.68	437644425.85	402014291.64
603118.SH	共进股份	制造业	335651298.04	869532...	5185889613.150...	8099399624....	3203269060.83	3541161145....	4558238478.29
600198.SH	大唐电信	制造业	1046188899....	497243...	3742824214.05	7370695204....	3935080871.55	6769485353....	601209851.29
600130.SH	波导股份	制造业	264058897.03	473691...	720949310.59	1048344423....	166217694.86	172686012.96	875658411.02
600855.SH	航天长峰	制造业	657633220.96	159253...	2021778607.44	2477986055....	1097946755.27	1128683553....	1349302501.66
603228.SH	景旺电子	制造业	1184830565....	684261...	4829936148.71	7670109491....	2424146076.64	3263336483....	4406773007.67
601012.SH	隆基股份	制造业	7707905516....	428254...	22900888073.26	3965924413...	14878483225.63	2283448390...	16824760229.9
601231.SH	环旭电子	制造业	4610754896....	476015...	17895127866.36	2015139380...	10596728888.61	1074149184...	9409901956.45
603355.SH	莱克电气	制造业	1228728145....	699677...	3251697107.76	4473670439....	1681136430.67	1691901607....	2781768832.04
605336.SH	帅丰电器	制造业	72946550.62	779293...	493817359.02	783682960.13	243632861.58	244265302.73	539417657.4
688233.SH	神工股份	制造业	48517943.84	493396...	186059536.94	360966180.04	17714200.53	26614745.08	334351434.96
605111.SH	新洁能	制造业	202217203.78	111248...	510539058.6	617491694.95	143800629.61	144082006.87	473409688.08
688002.SH	睿创微纳	制造业	454821642.5	246396...	882881710.7	1191274990....	128453987.73	185277315.61	1005997674.74
603893.SH	瑞芯微	制造业	1037499586....	421525...	1575959519.98	1740606652.1	201769441.39	229488749.06	1511117903.04

预览数据，最多显示100行.

图 12-30　数据筛选结果

12

素养园地

2023年中国国际服务贸易交易会工程咨询与建筑服务专题展中,青矩技术股份有限公司(以下简称"青矩技术",股票代码:836208.BJ)展示了公司的智慧审计系统。通过智慧审计系统,审计人员可以标准化采集项目建设全流程数据,在系统后台构建大数据分析模型,从而进行审计数据智能化分析并推送审计疑点,实现针对性的审查和疑点核实,做到全面提升审计效能。

在国核示范大数据审计、郑州高新区工程智慧审计以及三山岛金矿工程智慧审计等多个重点项目中,智慧审计系统通过大数据智能分析手段,实现了建设项目的全生命周期标准化管理,变事后审计为事中预警监督,及时披露出建设过程中出现的问题疑点,极大提高了项目审计工作的效率与质量,实现审计工作前置和审计工作的跨越式发展。

2022年12月,中共中央、国务院印发的《数字中国建设整体布局规划》强调数字中国建设是推进中国式现代化的重要引擎。大数据时代,海量数据不仅为审计工作提供更多证据,同时也带来了巨大挑战。如何利用大数据资源及先进的信息化技术来促进审计工作高质量发展,落实"科技强审"理念,促进审计信息化发展,是新时代审计人值得思考的问题。

项目知识结构

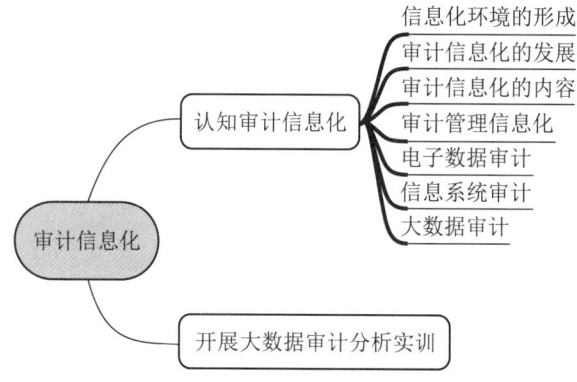

技能训练

一、多项选择题

1. 开展审计管理信息化的意义包括(　　　　)等。

A. 减少纸质文件流转,大力推进了无纸化办公

B. 建立科学的审计管理系统,有效促进审计管理的规范

C. 加强审计管理,规范电子文件的流转处理程序

D. 提供风险评估、审计计划制订、审计项目实施、审计整改跟踪、档案管理等方面的全过程规范化管理,从而提高审计单位的管理效率

2. 大数据审计是传统审计信息化的发展方向,大数据技术对审计工作的强大赋能,使得审计工作突破多方面的传统限制因素,大数据审计有(　　　　)优势。

A. 大数据审计能够深入分析企业的各个业务领域,全面了解企业经营情况,提高审计的准确性

B. 大数据技术监测企业业务数据,审计员可以实时发现潜在的风险和问题,提前采取预防性措施

C. 大数据审计可以挖掘企业内部隐藏的业务风险和违规行为

D. 大数据审计通过对企业的数据分析和研究,不仅可以实现风险控制,同时还能发现企业的发展潜力和优化方向

二、实训题

使用中联智能审计平台完成销售合同测试工作底稿填制。

操作录屏:销售与收款循环(销售合同测试工作底稿填制)

主要参考文献

[1] 中国注册会计师协会.审计[M].北京:中国财政经济出版社,2023.

[2] 中国注册会计师协会.中国注册会计师执业准则应用指南[M].上海:立信会计出版社,2023.

[3] 马春静,隋丽莉,刘艳梅.审计原理与实务.7 版.大连:大连理工大学出版社,2022.

郑重声明

高等教育出版社依法对本书享有专有出版权。任何未经许可的复制、销售行为均违反《中华人民共和国著作权法》,其行为人将承担相应的民事责任和行政责任;构成犯罪的,将被依法追究刑事责任。为了维护市场秩序,保护读者的合法权益,避免读者误用盗版书造成不良后果,我社将配合行政执法部门和司法机关对违法犯罪的单位和个人进行严厉打击。社会各界人士如发现上述侵权行为,希望及时举报,我社将奖励举报有功人员。

反盗版举报电话 (010)58581999 58582371
反盗版举报邮箱 dd@hep.com.cn
通信地址 北京市西城区德外大街 4 号 高等教育出版社知识产权与法律事务部
邮政编码 100120

教学资源服务指南

感谢您使用本书。为方便教学，我社为教师提供资源下载、样书申请等服务，如贵校已选用本书，您只要关注微信公众号"高职财经教学研究"，或加入下列教师交流QQ群即可免费获得相关服务。

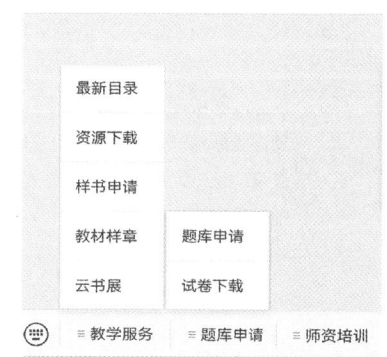

资源下载：点击"**教学服务**"—"**资源下载**"，注册登录后可搜索相应的资源并下载。（建议用电脑浏览器操作）

样书申请：点击"**教学服务**"—"**样书申请**"，填写相关信息即可申请样书。

样章下载：点击"**教学服务**"—"**教材样章**"，即可下载在供教材的前言、目录和样章。

题库申请：点击"**题库申请**"，填写相关信息即可申请题库或下载试卷。

师资培训：点击"**师资培训**"，获取最新会议信息、直播回放和往期师资培训视频。

联系方式

会计QQ3群：473802328　　　会计QQ2群：370279388　　　会计QQ1群：554729666
会计QQ4群：291244392
（以上4个会计Q群，加入任何一个即可获取教学服务，请勿重复加入）
联系电话：(021)56961310　　　电子邮箱：3076198581@qq.com

在线试题库及组卷系统

我们研发有十余门课程试题库："基础会计""财务会计""成本计算与管理""财务管理""管理会计""税务会计""税法""税收筹划""审计基础与实务""财务报表分析""EXCEL在财务中的应用""大数据基础与实务""会计信息系统应用""政府会计""内部控制与风险管理"等，平均每个题库近3000题，知识点全覆盖，题型丰富，可自动组卷与批改。如贵校选用了高教社沪版相关课程教材，我们可免费提供给教师每个题库生成的各6套试卷及答案（Word格式难中易三档，索取方式见上述"题库申请"），教师也可与我们联系咨询更多试题库详情。